感官代偿与赋能

数字适老化设计理论、方法与实践

侯冠华／著

上海三联书店

目　录

第一章

通用、包容与无障碍：
数字适老化设计研究的挑战与机遇

　　适老化设计最早出现在公共建筑和环境改造中，以解决残障人群的生活障碍问题。之后，产品设计进入了适老化设计范畴，发展出如通用设计、包容性设计等新的设计理论[1]。然而，当下信息技术爆发式发展与人口老龄化程度加深凸显了数字排斥困境，适老化设计理论发展面临着"银色数字鸿沟"等新兴难题。"适老化"中的"适"意为"适应"，"适应"原为生态学术语，是指生物的形态结构和生理机能与其赖以生存的一定环境条件相适合的现象[2]，设计学将这一概念延展到了设计理论中，在应对老龄化挑战的社会语境下，适老化设计应运而生。

　　已有研究通过纵向梳理适老化设计理念生发与流变，探索了相关理论发展的历史脉络。李京擘梳理了无障碍设计与通用设计的发展历程，凝练出从"残疾"到"障碍"的发展主线，提出多角度、多层次的人文关怀，以推动设计在老龄化问题的协调和解决中发挥重要作用[5]。黎昉通过对通用设计和包容性设计原则发展历程的梳理，归纳出两类原则——一类反映原则所代表的价值取向和目标，另一类则是达成目标价值的方法和手段，并提出了包容性设计原则存在的问题和挑战[6]。胡飞深入解析了1945年以来涉及老年人的设计理念的萌发、演化与确立，梳理出以无障碍设计为起点的三条主线：以残障者为中心、以老年人为中心以及面向全民[3]。上述研究分别从理论根基、原则演变、发展

1

脉络等不同维度对理论进行了纵向梳理,为适老化设计理论探寻方向,从历史进路的视角夯实更坚实的理论基础。

适老化设计理论的设计价值和方法论在演进中剧变。Hans Persson 等人通过对各种理念在概念、方法论、历史发展以及哲学内涵等多维度的比较分析,发现了理论演进中的多样性[7]。赵超在人本哲学理论范式下比较包容性设计与通用设计,阐释包容性设计不同于通用设计接近乌托邦式的崇高理想,更偏向于不断接近和完善的实际过程[8]。黎昉对比辨析了通用设计与包容性设计不同语境下不同平等观念的内涵,提出通用设计与包容性设计虽都面向多样性的期待,但包容性设计更强调边际意义上的平等[9]。上述研究横向对比分析了理论的共性和特性,提出各类理论存在相互借鉴、碰撞、融合,但在设计价值观、工具与方法等方面都有新的进展。

适老化设计理论建构于工业时代背景,多将老年群体置于弱势群体或社会边缘群体,存在历史局限性。适老化设计理论缘起于西方的特定时代背景与文化历史,工业化大生产和城市化的发展削弱了老年群体在传统家庭生产中的决策性地位。以经济资本为主导、漠视文化资本,导致社会舆论形成老年歧视和老人边缘化等弱化老年群体社会地位的舆情[3]。老年人经济资本与文化资本的弱化导致社会地位资本的降低,使得在设计理论的探讨中将老年群体边缘化,常常强调老年群体的冗余。然而,这一论调与中国本土化的文化历史渊源与社会家庭结构影响下的中国老年群体角色地位并不相符。天地君亲师所承孝亲顺长的价值取向,血脉传承和家庭绵延的文化情结,关心老人生活成为中国社会的普遍共识。

信息化与智能化便利了大众,却使老年人生活举步维艰。生活中随处可见数字信息不可及现象,具体表现为数字设备不可及,即老年人获取先进数字设备存在障碍;数字流量不可及,高昂的流量费用让以退休金为主要收入来源的老年人望而却步;数字功能不可及,产品设计示能性弱,叠加老年人视觉老化加剧,导致误触增多,损害老年人自我效能。诸如此类问题不胜枚举,以可及、公平、包容为目标的数字适老化设计需求迫切。

第一节　适老化设计内涵的变革：从消除
障碍到提升生活质量

西方适老化设计缘起于无障碍运动，逐步发展出通用设计、包容性设计等诸多适老化设计理论。起初，为应对两次世界大战遗留下的失能者剧增的社会问题，无障碍设计与可及性设计旨在消除残障者的生活障碍。老年人并非无障碍设计关注的焦点，但部分失能者属于其服务对象。随着发达国家逐步进入老龄化，通用设计、包容性设计、可及性设计在无障碍设计理念的影响下，以消除失能者生活障碍为出发点，将服务对象拓展为涵盖失能者和健全者的所有人，老年人也被包含其中，以更加民主、平等、包容的价值观对待老年人。

为应对全球老龄化挑战，跨代设计、积极老龄等设计理论兴起，凸显了老年人的主体角色。进入 21 世纪，动态多样性设计、老年福祉设计、橘色设计、老龄服务设计、老龄友好型城市、适老科技都是以老年人为核心服务对象，通过设计解决老年群体与物、社会、科技等之间的矛盾与问题。老年人日益重要的主体地位为适老化设计开启了新思路。老年群体的生理能力、心理情感、个人生活、社会参与、行为触点、系统服务都成为适老化设计理论关注的焦点。

多元化的老年群体、复杂的利益相关者体现了适老化设计理论的社会设计属性。老年群体作为适老化设计的主体对象，既是适老化设计的服务对象、受惠主体，也是适老化设计的重要参与者。老年群体在适老化设计过程中，在个体和社会相互作用下，动态地、持续地扮演社会角色。如何准确定位老年群体在适老化设计中的角色，处理好其与设计师以及其他利益相关者等主体之间的互动关系还未形成定论和共识。老年群体的定位和老年群体与设计师以及其他利益相关者之间的互动关系关乎适老化设计在应对"银色数字鸿沟"等老龄化问题上取得的成效。

为厘清适老化设计理论的内涵变革，本研究采用纵向与横向研究，对适老化设计论文进行梳理（如表1.1，图1.1所示），将老年人作为主体，分析适老化设计理论的演进脉络，依据老年群体在适老化设计理论中解决问题的目标与思路，将理论演进分为障碍阶段、全设计阶段与以人为中心三个阶段，分段式探讨在社会语境、价值取向影响下适老化相关理论中的内涵变革过程。

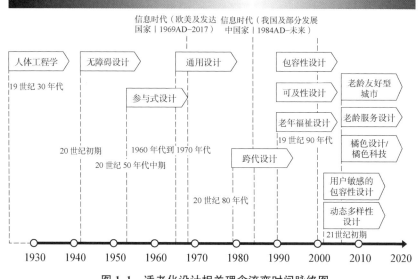

图1.1　适老化设计相关理念流变时间脉络图

适老化设计理论内涵随时代发展变革巨大，大致分为以形式平等为核心理念的消除障碍阶段、以普适思想为核心的通用设计阶段和以边际平等思想为核心的包容性设计阶段，如表1.1所示。适老化设计内涵的变革体现了设计价值观的改变，以人为本的理念在历史发展进程中逐渐被彰显。

消除障碍阶段主要以无障碍设计、可及性设计为代表。无障碍设计的内涵旨在消除建筑与环境中的障碍，使残疾人参与到社会生活，重点解决残疾人与普通大众对环境需求差异化的矛盾；可及性设计旨在

表 1.1 适老化设计理论流变

理论	设计目标	设计内涵	设计价值	设计对象	时代特征
无障碍设计	消除建筑与环境中"障碍"，使残疾人和老年人能够像健全人一样，充分享受各种权利	消除建筑与环境中的障碍，使残疾人参与到社会生活	平等	建筑、环境	工业时代
通用设计	产品和环境不需要作特别的调整而尽最大可能为所有人可用，强调对待用户的一致性	产品、环境的普适性	平等	环境、产品	
跨代设计	主张产品、服务和环境同时满足不同年龄和能力人群的需求，尤其强调老年人应能与年轻人在同一环境中共事	强调老年人享有平等人权和有质量的生活	平等（强调禁止年龄歧视）尊重多样性 生命全周期	环境、产品、服务	
可及性设计	设计注重将标准设计原则扩展到一些能力受限的人员，以最大限度地提高高能能够方便地使用产品、建筑或服务的潜在客户数量	满足与保障残疾人群对环境和产品通达方要求的最低标准	平等 尊重多样性	环境、产品、服务	工业社会向信息社会的过渡转型
包容性设计	倡导主流的产品、服务和建成环境应尽可能满足更多人的需求，更关注多样性和承认多样性和差异性的存在	产品、服务、环境的主要适用人群在合理的可能性下最大化	平等 尊重多样性	环境、产品、服务、网站	

5

续 表

理论	设计目标	设计内涵	设计价值	设计对象	时代特征
全民设计	产品应被设计为让最广泛的用户群使用，包容人的多样性，尊重人的平等	产品拥有最广泛的用户群	平等 尊重多样性	产品、体验、服务	体验经济语境
用户敏感性包容性设计	用户敏感的包容性设计（USID）被作为UCD（User Centered Design）的扩展，提倡通过共情，在需求多样的用户（包括残疾用户，特别是有沟通困难的用户）获得一个具有代表性的小样本，以此为基础设计出所有潜在用户都能访问的产品	用户群体的需求多样性，包容特定群体的产品	平等 尊重多样性	产品、体验	体验经济语境
动态多样性设计	是在为老年人设计无障碍界面的背景下讨论的，通常考虑到随着人们年龄增长，他们的能力（认知、生理和感官功能）会发生变化这一事实，设计师必须考虑到的动态多样性	随年龄增长而动态变化的需求	平等 尊重多样性	产品、数字	数字科技语境
老年福祉设计	设计科技与环境，使高龄者能够健康、舒适、安全、独立地生活并参与社会	以需求导向应用技术辅助手段	平等（强调禁止年龄歧视）	产品、环境、数字	数字科技语境
橘色设计/橘色科技	强调老年人的幸福与关怀，以人性化为本质，强调人性关怀的产品或服务	利用科学技术，强调产品与服务的人性化设计	平等 人性关怀 维护个人尊严	产品、服务、数字、体验	数字科技语境

信 息 时 代

续 表

理论	设计目标	设计内涵	设计价值	设计对象	时代特征
老龄服务设计	在养老领域，从服务设计的视角出发构建系统性的思维和策略，通过改善服务过程中的"触点"并对其进行重新整合（有形产品和无形产品）以新产品、新体验和新服务提升整个服务质量	提升老年人体验	平等尊重多样性 系统性	服务、数字、体验、组织	体验经济
老龄友好型城市	以提高老年人的生活质量为目标，为满足老年人身体、心理、安全、方便、舒适、健康的城市环境。其受益群体不仅应包括不同类型的老人，更应包含全体年龄层	提升老年人生活质量	平等尊重多样性 生命全周期	环境、体验、组织、社会	社会创新语境
适老科技	为平衡有限养老资源与大量养老服务需求而兴起的科技，保障老年人顺应时代变化	科技保障老年人顺应时代变化	平等尊重多样性	产品、服务、数字、体验	数字科技语境

通过降低使用成本,保障残疾人群对环境和产品使用要求的最低标准;动态多样性设计根据人的能力随年龄动态变化这一基本现象,提出可持续、动态服务用户,分阶段持续改进的设计理念;上述设计理论的核心内涵是为残疾人、老年人提供基本保障,通过降低使用门槛和难度使残疾人和老年人享有最基本的权利。

通用设计阶段的代表性设计理论包括通用设计、跨代设计与全民设计。通用设计强调产品、环境的普适性,即不需做任何特别的调整而尽最大可能为所有人可用;跨代设计强调老年人与年轻人一样享有高质量的生活的权利,在环境设计中考虑他们的需求,使老年人能够和年轻人在同一个环境中工作;全民设计将产品和服务用户范围最大化,在设计中包容用户的多样性;该阶段设计理论内涵在于将所有人都纳入设计对象,从人的共性特征出发,让产品符合所有人的需求。

包容性设计阶段的代表理论包括包容性设计、老年福祉设计、橘色设计等。包容性设计则从经济效益视角使产品、服务、环境的主要适用人群在合理的可能性下最大化,在方便用户的同时促进经济发展;用户敏感性包容性设计支持用户群体的需求多样性,但在设计中重点关照了特定群体的产品使用需求;老年福祉设计以需求导向应用技术辅助手段保障老年人基本生活需求;橘色设计/橘色科技强调老年人的幸福与关怀,应用科学技术,以人性化为本质,强调人性关怀的产品或服务;老龄服务设计主要服务于养老,从服务设计的视角建构系统性的思维和策略,通过改善服务过程中的"触点"(有形产品和无形产品)对其进行重新整合与联结,以新产品、新体验和新服务提升整个服务质量;老龄友好型城市以提高老年人的生活质量为目标,为满足老年人身体、心理与社会需求而建设安全、方便、舒适、健康的城市环境。其受益群体不仅应包括不同类型的老人,也包含全体年龄层;适老科技是在数字信息时代为平衡有限养老资源与大量养老服务需求而兴起的科技,保障老年人顺应时代变化。该阶段设计理论内涵强调个体差异,根据需求差异开发对应方案,提升老年人生活质量。

第二节　数字适老化的现实困境：感官弱化与思维失配

　　数字适老化设计面临着老年人感官弱化与思维失配双重困境。在数字时代中，老年人能较好地顺应社会发展、不被时代抛弃的前提是接受和使用智能化设备。对于习惯于传统服务模式的老年人，由于不会使用智能手机、不懂移动支付，给他们的日常生活带来了较大的难题。据工信部统计，我国使用智能手机的老年用户约 2.74 亿，其中手机上网的老年用户约 1.34 亿，还有将近 1.4 亿的老年用户选择不接触网络，处于完全"老年机"的状态[10,11]。国务院在 2020 年 11 月印发《关于切实解决老年人运用智能技术困难实施方案》的通知，提出持续推动充分兼顾老年人需要的智慧社会建设，坚持传统服务方式与智能化服务创新并行等指导方针，要求切实解决老年人在运用智能技术方面遇到的困难[12]。

　　数字化技术的发展导致智能产品无处不在，老年人与公共智能系统之间的交互难以避免，如医疗、出行等。然而，年轻设计师在设计时很难通过同理心、共情等手段兼顾老年用户所面临的实际困难，导致信息界面交互适老化设计的可及性低。老年人有限的数字界面交互经验，导致老年人对信息交互界面图标语义的不解，其对界面菜单和层次结构缺乏空间认知而无法理解菜单的层次结构，都是交互失败的根源。国内外学者对影响老年人使用智能设备的研究主要聚焦于个体特征、生理健康、心理和家庭因素。已有研究发现，老年人生理机能的退化和随着年龄增大而频发的疾病，阻碍了他们对智能设备的使用[13]。老年人因手指灵活性下降、视力的退化，对智能产品和屏幕字体大小、颜色等有特殊需求。经济实力、认知能力和社会适应能力强的老年人会更倾向使用智能设备[14]。在影响老年人使用智能设备的生理因素中，王萍发现老年人智能设备使用率会受到身体体征的影响，健康状况好的老年人使用智能设备比例会更高[13]。许肇然评估了老年人的自我效能和期望时发现,老年人在使用智能设备中的自我效能明显低于年轻人,这种低自我效能容易产生负面情绪,从而降低使用意愿[15]。在家庭方面,家人和朋友的支持和关怀,家庭经济收入等能够显著增加老年人使用智能产品的可能性。

国内外探讨老年人使用智能设备障碍的问题主要从两个方面入手,一是从教育程度和经济水平等内部因素对老年人生理功能(视觉、听觉等感官)和心理方面进行了分析;二是从家庭、社会等外部因素入手,考察了家庭和社会环境对于老年人智能设备使用的影响,并在此基础上提出指导性的建议。其不足之处在于,老年人"触网难"由多种因素导致。在思考其解决方案时,应综合全面地加以探究,结合影响因素建构理论框架或者表格,厘清产生的来源并给出应对方案。老年人认为使用智能设备可以与亲人、朋友保持有效联系[16,17]。美国一项针对高龄老年人的研究发现,使用智能设备可以获取新信息、学习新技能,有利于老年人身心健康的发展[18]。智能产品可以有效缓解老年人的孤独感、提升幸福感,改善其心理健康状况[19]。在家庭层面,老年人可以通过网络沟通弥补家庭角色的缺失[20]。在社会层面,智能设备能够促进老年人较好地融入信息社会,对老年人自身福祉和生活质量的提升大有裨益。基于质性分析的研究同样认为老年人使用智能产品可以感受到更强的社会联结,对心理健康具有积极的促进作用[19]。

感官代偿是指人的某个感官退化或者受到损害时,其他感官功能会随之增强或者替代[21]。它最早起源于医学领域,是人体的一种自我调适机制。比如视觉障碍者可以通过听觉、嗅觉、触觉等来代偿视觉信息。将感官之间相互补偿的这一自然生理现象应用于设计中,不仅能使产品更容易被感官障碍者感知,也能充分锻炼其感官代偿功能,这就是感官代偿设计[22]。

以感官代偿为基础的适老化设计,也是解决老年人交互障碍问题的新途径[23,24]。张萍等人应用了多种感官代偿、心理代偿、运动能力辅助等代偿方法,提出以知觉为导向的功能认知适老化、以效用为导向的行为交互适老化、以互动为导向的情感体验适老化设计策略与方法[18]。熊兴福等人分析了人的感知系统，将感官代偿融入到设计中，通过相关的产品来验证感官代偿是一个有效的设计方法[19]。王亦敏希望老年用户参与代偿设计之中，从感官出发体验产品，增加情感上的满足[25]。刘晶学者考虑在面向老年人的用户界面设计时，通过声音来增强交互，充分发挥老年人的感知优势，增强交互认知，提升产品的可用性[26]。目前国内感官代偿下的老年产品交互设计研究较少，且新的研究产出于近几年，在领域方面多应用于工业产品设计研究。国家已将软件改造推向实践阶段，缺少理论的研究往往导致实际改造效果受到其影响。感官代偿设计作为适老化、无障碍设计的新兴研究方向，针对软件产品进行理论创新与实践必不可少。

第三节　挑战与机遇并存：数字适老化的理论基础

无障碍设计的提出具有一定的时代背景，在 20 世纪 60 年代，当时为了照顾大批战争致残的老兵生活，在建筑设计的"可及性"方面最早提出了无障碍设计的概念。因此，无障碍设计主要针对残障人士，在建筑设计中最为常见。无障碍设计在环境中非常显眼，明显区分了正常人和残疾人的生活空间，将二者隔离，强调了无障碍的特殊性。以"用户金字塔"模型为参考，无障碍设计强调满足极端用户（金字塔顶端）的需求为首要任务，再拓展至主流用户群体。其缺陷是，无障碍设计容易使设计异化，满足了特殊群体的需求但是对于普通用户来说却过于特殊难以使用。然而，随着生活中人们对无障碍设计的熟悉，渐渐发现这些无障碍设计也能够为普通人所用。因此，通用设计的概念随之产生，与无障碍设计不同，通用设计以关注主流健全用户为前提，力求提升设计对于特殊用户群体的适用（通用）。但是，通用设计很容易在实际中由于商业利益的考量而忽略了特殊用户的需求。

包容性设计与通用设计的概念更为接近，但在设计过程中更关注用户的能力与产品对能力需求的匹配，最大化满足用户人群。尽管源于不同的历史渊源和视角，包容性设计和通用设计的目的是近乎一致的，即减少和消除失能者与普通人之间在生理和思想观念上的隔阂。包容性设计和通用设计努力帮助失能者融入主流群体，两者之间存在许多交叉重叠的灰色区域，大量产品、服务和环境难以界定自身的通用性和包容性。

一、无障碍设计：从受制遵循、推陈意识到参与修改

无障碍设计立法由政府主导，对设计进行引导，要求设计师按照法规要求对老年人进行关怀设计。20世纪中期，欧美各国纷纷通过立法推广无障碍建设。随后，国际标准化组织（ISO）发布了一系列无障碍设计标准，英国、加拿大、日本等几十个国家和地区相继制定了有关法规，以权利为本位，以物质无障碍、信息无障碍、社区服务无障碍为目标[27]，使无障碍设计实践得到全面而深入的发展。由此可见，无障碍建设是国家干预的领域，一系列法律法规要求设计专业人士严格遵守法律法规和行业规范，依法履行相应的义务，维护老年人的基本权利，提升设计的可访问性（如表7.4）。无障碍设计进程中，设计师需要按照国家政府制定的残疾人法案和老年人的权利保障法案，通过法律条约遵循的形式来进行无障碍设施、环境等设计。

表 1.2　欧美设计法规的发展和对设计师的要求

国家	阶段	时间	法规	内容/意义	设计师与契约主体的关系
美国	起步	1961年	美国标准委员会（American Standard Association）制定的《A 117.1——方便残障者接近和使用的建筑物标准》	为了方便伤残军人就业不受限制而着手建设专门的设施，建立了世界上第一个《无障碍标准》	该标准由美国国家标准研究所（ANSI）提供详细的信息、尺寸和规范，要求设计师在对建筑与工作环境进行无障碍重点改造的过程中按照规范进行规划设计，使得设施和场所能够为残障人士使用

续 表

国家	阶段	时间	法规	内容/意义	设计师与契约主体的关系
		1968年	《建筑障碍法案》	保障残障人士在建筑中的使用权益	政府对设计师的建筑设计和场所规划做出法律规范,政府兴建或不住的建筑必须满足无障碍设计要求
		1973年	《残疾人康复法》(The Rehabilitation Act)	较全面保障残疾人生活、就业平等权利	政府通过法律形式要求设计师进一步改善残障者的日常生活(广泛设计)
	发展	1973年	"住宅与城市发展部"(HUD)发布"建筑最低标准"	对建筑物的设计的法律规范	政府要求设计师对老年住宅设计 10% 无障碍住户(政府补助兴建的住宅须有一定比例的残疾人住户)
		1982年	《无障碍设计最低需求指南》(MGRAD)	《建筑障碍法》配套设计规范	政府对设计师的建筑设计和场所规划做出法律规范,政府兴建或不住的建筑必须满足无障碍设计要求
		1988年	修订《公平住宅补充法案》	对民间住宅设计的无障碍设计要求	政府要求设计师在进行民间住宅设计时也必须考虑无障碍设计
欧洲	起步	1959年	议会通过了《方便残疾人使用的公共建筑的设计与建设的决议》	首次形成了"无障碍"的概念	政府通过法律形式要求设计师在公共建筑的设计和改造时考虑残障人士的权益保障
		1959年	瑞典《残疾人住宅建设法规》	世界上最早的无障碍设计法规	政府通过法律形式要求设计师在公共建筑的设计和改造时考虑残障人士的权益保障
		1965年	制定的《以色列建筑法》		
		1965年	制定的《瑞典建筑法》		
	发展	1988年	《关于英国残疾人疏散方法的标准》行业规定	对于建筑物的设计和管理的权威指导	要求建筑设计师对建筑的设计中考虑残疾人在火灾时易于安全疏散的方案

续　表

国家	阶段	时间	法规	内容/意义	设计师与契约主体的关系
		1995年	通过《禁止歧视残疾人法案》	明确新建筑的无障碍环境要求，允许公众参与建筑项目工程的无障碍设计标准讨论	
联合国	起步	1959年	国际康复协会为了便于残疾人接近和使用，首次制定了"国际无障碍标志牌"		官方对无障碍标志牌的设计进行规范化

　　设计师逐渐意识到无障碍设计的特殊化处理方式是一种区别对待，主动意识到需要对无障碍设计进行改进，革新无障碍设计理念，开展"平等使用"话题的通用设计。实际上，早期无障碍设计和建筑可及性的倡导者们已经意识到为残障人士提供可变化的环境可以消除歧视性。美国北卡罗莱纳州立大学（NCSU）设计学院通用设计中心的罗纳德·梅斯教授是一名小儿麻痹症患者，他深刻体会到无障碍设计存在的弊端。1997年，梅斯和同事们在实践研究的基础上，提出了通用设计的7个原则，即公平原则、弹性原则、简单直观、信息明显、容许错误、省力原则、尺度和空间的适度。这七个原则从价值观、实用性层面强调对所有用户一视同仁，通过改善设计，尽可能降低对用户的能力要求，包含感知和认知能力，设计标准设置为最低能力的用户以覆盖全体用户群，满足个人使用的需求；从供给层面，着重提供尽可能高的灵活性和容错能力，包容用户的差异性，扩大用户群体覆盖面。2013年，由布法罗大学包容性设计与环境准入中心的施泰因费尔德（Edward Steinfeld，《通用设计原则》的作者之一）和梅塞尔（Jordana L. Maisel）合作完成的《通用设计——创造包容性环境》总结了通用设计的目标：合身、舒适、觉察、理解、健康、社会融合、个性化、文化适宜性，在个人因素

之外融入了社会心理和文化的需求考虑，为设计师提供指导。设计机构和设计师们通过设计实践，探究发现无障碍设计的不足，对无障碍设计进行改进，形成通用设计这一新理论，以实现老年群体的真正的平等。

二、通用设计：从被动约束、主动承担到内生自觉

通用设计的目标是让所有人都能无障碍地使用公共设施，包括使有能力缺陷的人群有尊严地使用产品、保护残障人士权利、反对人群歧视。20 世纪 80 年代，美国建筑师麦克·贝德纳（Michael Bednar）提出"当环境障碍被清除时，每个人的能力都会得到提升"；作为残障人士代表，美国建筑设计师、工业设计师罗纳德·梅斯（Ronald L. Mace）对残障人士和老年人的境遇理解深刻（如图 1.2 所示），在无障碍设计原则的基础上提出了"通用设计"原则（Universal Design）。1989 年，梅斯受美国国家残疾人康复研究所资助在北卡罗来纳大学设计学院创建了"通用设计中心"；1998 年 6 月在纽约主办的"为 21 世纪设计：通用设计国际会议"上，梅斯进一步完善了通用设计的原则、方法与设计对象[28]；

图 1.2 装扮成老年人的摩尔在街头进行社会实验

（资料来源：《通用设计与包容性设计原则的发展和挑战》，https://zhuanlan.zhihu.com/p/81774360）

图 1.3　罗纳德·梅斯教授

（资料来源：《造物研究：通用设计》）

在 2010 年国际通用设计大会上，P. 摩尔明确指出"设计致残（Design Disables）"的概念，批判无障碍设计背后仍包含着对社会中特殊群体的歧视[29]。此外，美国"通用设计教育计划"在全美 25 所大学推广通用设计相关课程，推动了通用设计在美国的发展；通用设计是社会学家、设计师在亲身经历、探索后共同推动的，促进了国家立法（如表 1.3 所示）。在该阶段，设计师主动承担社会责任，承认老年群体的尊严，为老年群体谋求平等享受权益的机会。

表 1.3　美国通过法律形式维护残障人士尊严

时间	主体	法律法规	内容/意义
1973 年	美国	政府通过了《复健法案》（The Rehabilitation Act）	以进一步改善残障者的日常生活（广泛设计）
1990 年	美国	颁布了《美国残疾人法案》（America with Disability Act）	从制度上更加体现了对残障者的关怀
1991 年	美国	建筑与交通障碍合规委员会（The Architectural and Transportation Barriers Compliance Board）发布了"可及性设计的辅助功能指南"	成为强制性的可及性设计法律标准，保障残障人士权益

通用设计在实践中具有一定的理想主义色彩，难以在实践中平衡多方诉求，为解决这一问题，包容性设计专注于理解和解决老龄化人口和残障人士在日常生活中的问题。"包容性设计"（Inclusive Design）一词在 1994 年被首次使用[19]，是设计师基于对民主权利、社会公平性考虑的基础上提出的一种更具社会责任感的设计方法。包容性设计以满足尽可能更多用户需求且不被消费者年龄和能力以及背景所限制为目标，涵盖产品的各个方面乃至整个生命周期（如表 1.3 所示）。包容性

设计产生的原因有三个方面：(1)20 世纪全球人口呈现老龄化趋势（如图 1.4）；(2)残障者权利运动推动包容性设计和相关法律颁布；(3)科技发展促进商品经济空前发展，企业主希望扩大产品消费群体，需要包容性设计提出设计应对策略。自 1997 年以来，英国工程科学研究理事会征集关于老年人、残障人士与建筑环境的关系研究课题，在工业设计和产品中加入"设计为人人"理念，期望在一个更广泛的科学、工程中引入"康复"主题，多学科促进人的独立生活和生活品质提升；英国剑桥大学、皇家艺术学院等机构联合研发了一系列包容性设计的标准和工具包；2002 年，美国成立可及性设计咨询机构 Paciello 集团（The Paciello Group, TPG），归纳了《包容性设计原则》作为设计阶段的设计指导准则；2006 年，英国建筑环境委员会（the Commission for Architecture and the Built Environment, CABE）出版了弗莱彻（Howard Fletcher）的《包容性设计原则》。微软设计部将包容性设计研究成果和实践案例总结成设计原则。通用设计仅限定了设计的框架，无限扩大产品适用对象导致相应设计方法匮乏，而包容性设计则被视为一个实际的过程，可以进行动态调整，通过自适应设计包容更多用户。包容性设计理念源自设计研究者对通用设计理念的进一步优化，即不要求设计能够为所有人使用或操作，而是试图充分认识和理解老年用户群体的多样性，将设计方案拓展至一个相对的、能受益于最大化老年群体范围。

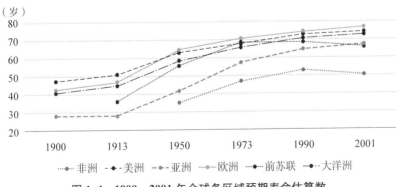

（岁）

…… 非洲　 ● 美洲　 亚洲　 欧洲 …… 前苏联　 大洋洲

图 1.4　1900—2001 年全球各区域预期寿命估算数

（资料来源：《通用设计 中国档案》）

三、包容性设计：从障碍消除、尊严提升到情感关怀

英国标准协会(BS7000－6,2006)为包容性设计制定了标准定义，将包容性设计定义为"一种不需适应或特别设计，而使主流产品和服务能为尽可能多的用户所使用的设计方法和过程"，强调按照包容性设计原则开发的产品应能够被多数人使用。剑桥大学的 John Clarkson 和 Simeon Keates[30] 在 2003 年提出了包容性设计立方体，将用户人群按照用户认知能力分为：可以使用此设计的群体、考虑到目标群体可能存在潜在的变化和多样性而具有一定延展性的群体、能够受益于此设计的最大化用户群体和每个人。包容性设计并不是要求设计能够被每个人使用，而是力图充分认识用户群体之多样性，将其拓展至一个相对能够收益的最大化用户群体，尽可能地在设计过程和结果中减少对用户产生无意识的排除。

包容性设计强调产品应被设计为可让最广泛的用户群使用，包容人类的多样性，尊重人的平等。除了扩展设计对于不同使用能力(或者是使用难度)的用户群体的包容性，随着产品设计的国际化，现在更多还包括对不同文化、种群的考虑，比如为不同肤色的用户、少数族群、各个国家民族等进行更包容友好的设计。

微软对包容性设计的定义也有独特的见解："我们的使命，是让地球上的每个人获得更多。设计的包容性开启了用户体验，反映了人们如何适应周围的环境"。这个定义将用户体验纳入了对个体包容性设计中。因此，在设计过程中，更多借用了用户体验研究的工具，如用户画像、用户旅途等用户研究方法。因此，包容性设计致力于产出更加普适化的设计，消除产品面向能力障碍群体的生理和心理隔阂，让能力存在缺陷的人同样可以使用这些设计，并感受到更容易的使用体验。

包容性设计的内涵在于其核心的理论体系。一般而言，包容性设计原则、通用设计原则、无障碍设计原则等都不能称之为理论，而只能算作是指导设计的实践导则。理论的核心需要具有一定的方法论为

基础。

　　包容性设计的核心理论是由剑桥大学工程设计中心提出的"反设计排斥"(Countering Design Exclusion)理论。该理论强调当产品的使用能力要求超过终端用户的实际能力时,就会产生设计排斥。该理论并非只停留在哲学层面的辩证讨论,而是开发出相应的"反设计排斥"计算方法。设计师可以通过该公式,计算出产品设计所排除掉的用户群体数量。"反设计排斥"公式的数学逻辑思维明确了包容性设计不是"人人可用的设计",而是"产品的使用能力要求与终端用户的实际能力相匹配的设计",因此其计算的核心是产品的使用能力要求,然后根据产品对人的基本能力要求与所在国人口统计数据进行比较,计算出大致被该产品排除掉的用户规模。另一个包容性设计核心理论是"用户金字塔"理论,该理论由瑞典包容性设计理论专家 Benktzon[31] 提出,并通过绘制"用户金字塔"模型对该理论进行阐述,如图 1.5 所示。

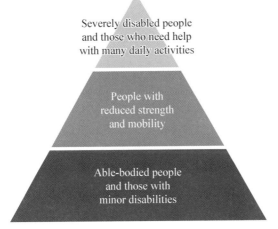

图 1.5　用户金字塔模型(图片来源:Benktzon, 1993)

　　金字塔的底层是身体机能健全或能力完整的用户,以及那些身体机能出现轻微障碍(如听力、视力出现衰退)的老年用户;金字塔中部是由疾病或严重的器官功能衰退引起身体力量和行动能力下降的用户。金字塔顶层则是严重残疾、日常生活需要人照顾的群体。在设计过程中应当将这些用户考虑进去，一旦确定了金字塔顶层的用户需求，那么更多的终端用户就能从中获益。

参考文献

[1] 路文娟. 我国居住建筑"适老化"问题研究[J]. 安徽建筑, 2011, 18(06):
26-27.

[2] 李坤华. 浅谈应激性和适应性的关系[J]. 南京农专学报, 1999(04):44-46.

[3] 胡飞, 张曦. 为老龄化而设计:1945年以来涉及老年人的设计理念之生发与流变[J]. 南京艺术学院学报(美术与设计), 2017(06):33-44,235.

[4] Michael E. Miller & James J. Pirkl. Transgenerational Design: Products for an Aging Population. New York: Van Nostrand Reinhold 1994, p.260.

[5] 李京璘. 从无障碍设计到通用设计[J]. 艺术评论, 2014(09):143-146.

[6] 黎昉, 董华. 通用设计与包容性设计原则的发展和挑战[J]. 南京艺术学院学报(美术与设计), 2018(05):71-78+210.

[7] Persson H, Åhman H, Yngling A A, Gulliksen J. Universal design, inclusive design, accessible design, design for all: different concepts — one goal? On the concept of accessibility — historical, methodological and philosophical aspects [J]. Universal Access in the Information Society, 2015, 14(4): 238-244.

[8] 赵超. 老龄化设计:包容性立场与批判性态度[J]. 装饰, 2012(09):16-21.

[9] 黎昉, 赵阳, 刘胧. 从普世平等到边际平等——面向多样性的设计价值观[J]. 装饰, 2020(11):40-44.

[10] 国家统计局. 国务院第七次全国人口普查领导小组办公室负责人接受中新社专访[EB/OL]. (2021-05-13)[2023-2-29]. http://www.stats.gov.cn/sj/zxfb/202302/t20230203_1901094.html.

[11] 央广网. 互联网适老化改造加速老年人上网越来越"6"[EB/OL]. (2021-02-27)[2023-2-29]. https://baijiahao.baidu.com/s?id=16928167749773227338&wfr=spider&for=pc.

[12] 国务院办公厅. 国务院办公厅印发关于切实解决老年人运用智能技术困难实施方案的通知[EB/OL]. (2020-11-24)[2023-2-29]. http://www.gov.cn/zhengce/content/2020-11/24/content_5563804.htm.

[13] 王萍. 新媒介使用对老年人生活质量的影响[J]. 理论界, 2010(10):186-188.

[14] 汪斌. 多维解释视角下中国老年人互联网使用的影响因素研究[J]. 人口与发展, 2020(3):98-106.

[15] 许肇然, 胡安安, 黄丽华. 国内外老年人互联网使用行为研究述评[J]. 图书情报工作, 2017,61(20):140-148.

[16] 谢祥龙, 陈艳, 劳颖欣, 江雅琴. 老年人互联网使用现状、影响因素及应对策略[J]. 中国老年学杂志, 2017,37(13):3368-3370.

[17] Cotten S R, Ford G, Ford S, et al. Internet use and depression among older

adults［J］. Computers in human behavior, 2012,28(2):496－499.

［18］ Sims T, Reed A E, Carr D C. Information and communication technology use is related to higher well-being among the oldest-old［J］. The Journals of Gerontology: Series B, 2017,72(5):761－770.

［19］ Miller A M, Iris M. Health promotion attitudes and strategies in older adults ［J］. Health Education & Behavior, 2002,29(2):249－267.

［20］ 孟伦.网络沟通对老年人家庭角色缺失的补偿［J］.新闻界,2013(7):3－8.

［21］ 张萍,丁晓敏.代偿机制下适老智慧产品交互设计研究［J］.图学学报,2018,39 (04):700－705.

［22］ 熊兴福,李姝瑶.感官代偿设计在产品中的应用［J］.包装工程,2009,30(10): 131－132,139.

［23］ 李旭初.我的老龄观［M］.武汉大学出版社,2014.

［24］ Jess, James, Garrett.用户体验要素:以用户为中心的产品设计:第2版［M］. 机械工业出版社,2011.

［25］ 王亦敏,焦斐.多感官参与下的体验式产品设计［J］.艺术与设计(理论),2013, 2(09):135－137.

［26］ Wagner N, Hassanein K, Head M. Computer use by older adults: A multidisciplinary review ［J］. Computers in human behavior, 2010, 26(5): 870－882.

［27］ GOLDSMITH S. Designing for the Disabled ［M］. London: Royal Institute of British Architects, 1963.

［28］ Mace R. Universal design: Barrier free environments for everyone ［J］. Designers West, 1985,33(1):147－152.

［29］ MOORE P, CONN C P. Disguised: A True Story ［M］. Waco, TX: Word Books, 1985.

［30］ CLARKSON P J, COLEMAN R. History of Inclusive Design in the UK ［J］. Applied Ergonomics, 2015,46:235－247.

［31］ Benktzon, M., 1993. Designing for our future selves: the Swedish experience. Applied Ergonomics 24(1),19－27.

第二章

对照与驱动:中国式数字
适老化设计的内生动力

　　地区文化塑造了当地群众的思想、行为和规范,对设计思想和行为具有重要影响。长期以来,适老化设计理论研究对概念溯源、发展历程、思想流变等做了深入分析,应用比较分析法提出适老化设计思想的地域差异,但对不同地区适老化设计思想差异产生的根源却鲜有探究,无法从根本上回应适老化设计的本土化问题。单纯复制、移植国外设计理念仅在形式上具备了适老化人文关怀,却始终不能解决本土老年人的问题。因此,本研究旨在通过探讨美国适老化设计理念的演进逻辑,分析其演进动因,为适老化设计本土化提供参考。

　　美国适老化设计始于"无障碍"设计理念,逐步演进,形成了通用设计、可及性设计、跨代设计等设计思想[1]。无障碍设计旨在消除特定群体于物理环境下所面临的障碍问题,其解决问题的思路是为特殊人群建立单独的通道,将不同群体进行隔离。20世纪80年代,在普同主义思潮的影响下,"通用设计"将使用者从特殊人群扩展为所有人,不再强调残障人群的特殊性[2,3]。通用设计理念逐步发展,关注群体多样性问题[4]。美国适老化设计理念经历了从特殊到普适的转变,这些理念传播到欧洲后,英国发展出包容性设计理念,北欧则提出了"设计为人人"的设计理念。适老化设计理念被广泛接受是社

会共识的客观反映,因此,有必要探索推动适老化设计理念演进的文
化动因。

文化可分为三种结构:深层结构、表层结构和条件结构。文化深层
结构指精神文化;文化表层结构指制度文化和生活文化;文化条件结构
指器物文化。"器物文化"体现"制度文化"和"生活文化",受到"精神文
化"指引。人类对某种器物的接受被文化行为模式、生活文化观念乃
至精神文化影响。器物是设计的载体,亦受"制度文化""生活文化"
和"精神文化"引领。因此,本研究将以文化结构理论为视角,分解无
障碍设计、通用设计发展脉络中的历史线索,分析适老化设计理念嬗
变动因。

第一节　文化的单极到多元:美国
 适老化设计发展动因

美国文化发展经历了三个重要发展阶段:英裔美国(Anglo-
America, 1789—1861)、欧洲裔美国(Euro-America, 1875—1957)和多
元文化美国(1972 年至今)[5-7]。美国建国初,其国民以英裔为主,其文
化与英国接近,即盎格鲁—撒克逊文化(White Anglo-Saxon
Protestant)。盎撒文化是在殖民统治时期逐渐建立起来的一种白人至
上、种族优越的文化观,其文化内核崇尚强者,对弱者充满傲慢,缺乏包
容性[8]。18—19 世纪的英国移民凭借自身优势地位对其他移民采取同
化政策,要求少数族裔顺应盎撒文化,包括使用英语、适应社会规范、习
俗等[9]。社会达尔文主义认为盎撒文化理应成为美国社会的文化主
流,而其余民族若要融入主流则必须放弃自身族群文化而顺应认同盎
撒文化[10]。然而,美国国土面积大,仅依赖英裔移民无法实现对广袤国
土的开发。因此,美国实施了宽松的移民政策,鼓励欧洲移民来美国开
荒、建设。

　　由于各国文化存在差异，美国作为典型的移民国家，一直面临文化认同的问题。随着大批新移民涌入美国，人口结构发生重大变化，文化认同成为影响社会稳定的重要因素。为解决文化认同问题，学者们提出建立"美国文化"。克雷夫科尔把美国人描述为新人，强调美国人不是任何欧洲人的翻版，而是许多不同人种融合而成的新人种[11]。1795年的5美分金币上刻着当时社会广为人知的格言"合众为一"（E Pluribus Unum）[12]。1782年，在纽约加入美国国籍的法国移民赫克托·圣约翰·德·克雷夫科尔发表了《美国农夫信札》，提出了"美国作为许多国家人民的熔炉"这一概念，奠定了美国处理族裔文化差异时采取"熔炉论"的立场[13]。20世纪初熔炉论逐渐受到社会关注与支持。1908年，犹太剧作家赞格威尔的剧作《熔炉》在百老汇上演并引起巨大反响。此后"熔炉"成为美国族群同化的代名词。熔炉理论为美国本土文化认同提出了一条路径，即以盎撒文化为主导，其他文化要主动融入盎撒文化。

　　在文化认同过程中，哪类人应当被同化，而哪类人应当被保留，一直是冲突热点，然而，尽管美国一直在实行文化熔炉政策，但其关注的对象只有白人种族，黑人和黄种人文化并未被关注。例如，白人移民的后代如果选择不接受同化，会被看作不正常的行为，但如果是非洲裔黑人想融入主流，则会被视作美国文化舞台上的异类，受到社会限制[14]。盎撒文化缺乏包容性，选择性同化策略造成了白人与有色人种的隔离与排斥现象。这种选择性同化策略也存在于弱势群体中，如有学者认为聋哑人应当通过学习读唇语主动适应生活在有听力的世界，避免或减少手语交流。美国部分聋哑学校甚至禁止使用手语，通过体罚和身体约束来强制执行[15]。盎撒文化推崇白人至上，带有种族歧视色彩，有失公平。

　　随着移民不断涌入，美国文化认同展现出多元化趋势。1920年前后，美国文化认同存在一个巨大争议，即美国文化的主导是"熔炉"文化还是多元性文化？在19世纪，大多数美国人相信所有新移民均可被同化，即认可"熔炉文化"的学者占主导。随着大批来自东欧、南欧、北欧的移民涌入美国,美国人口结构发生重大变化,盎格鲁文化所占人数比率降低。1890 年至 1914 年间,由于大量白人盎格鲁-撒克逊新教徒反对来自南欧和东欧的大规模移民浪潮,1915 年卡伦向公众提出了施行"文化多元主义"作为解决"美国化"意识形态冲突的方案[16]。之后,卡伦于 1924 年正式于《美国的文化与民主》中提出文化多元概念,他认为多种族共存的政策不应是同化,而是承认并有意培养种族差异的持久特性[17],并设想美国应该成为一个由不同民族组成的联邦,使用英语作为统一的语言,但为每个民族的"情感和自愿生活"保留"自己独特的方言或语言,自己独特的、不可避免的审美和智力形式[18]"。随后文化多元论与文化熔炉论出现争议与对抗。文化多元论的出现意味着公众应当尊重和公正地对待差异,而非强加自己的主观偏见和意识形态。1965 年移民法颁布之后,来自亚洲、非洲、拉丁美洲的新移民进一步推动美国社会文化多样性的发展。同年,卡伦本人在《文化多元主义与美国观念》一书中将他的文化多元主义扩展到黑人和美洲印第安人[19]。在此之前,无论是文化熔炉论还是文化多元论都局限在白人种族内部。20 世纪 70 年代经历一系列的民权运动后,多元文化主义取代"熔炉论"成为共识(如图 2.1 所示)。

美国文化从单元向多元的融合发展,表明其文化价值观实现了从差异排斥到融合包容的转向。文化发展驱动了设计理念转向,美国适老化设计理念从特殊对待转向普适包容的文化动因有二:首先,盎撒文化塑造了排异性的设计价值观。主导美国文化走向的主体是盎格鲁-撒克逊白人,其文化理念缺乏对差异的体认与共情,从而导致设计理念带有隔离和排斥属性;其次,新移民文化在与盎撒文化的冲突、交融中生成多元文化,形成新的社会共识。在多元文化影响下,设计理念走向理解与包容,不因差异而强调隔离,避免反向歧视。综上,美国适老化设计理念的演进是文化重构的必然结果,文化变迁是设计理念转向的内生动力。

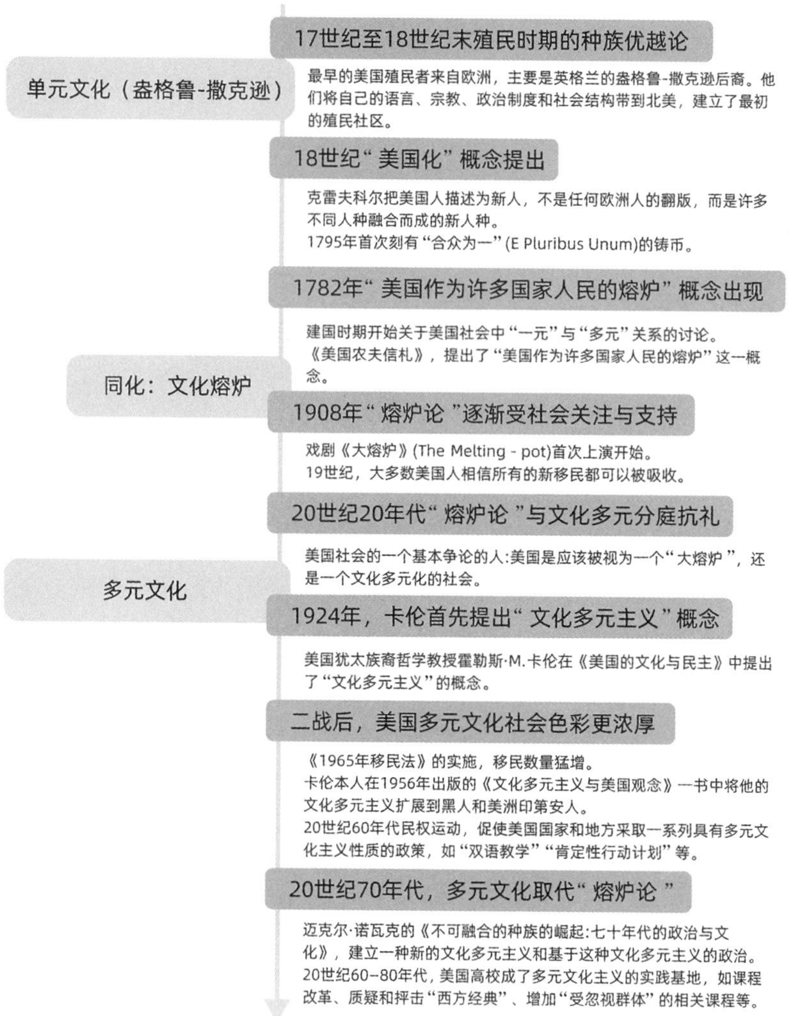

单元文化（盎格鲁-撒克逊）	**17世纪至18世纪末殖民时期的种族优越论** 最早的美国殖民者来自欧洲，主要是英格兰的盎格鲁-撒克逊后裔。他们将自己的语言、宗教、政治制度和社会结构带到北美，建立了最初的殖民社区。
	18世纪"美国化"概念提出 克雷夫科尔把美国人描述为新人，不是任何欧洲人的翻版，而是许多不同人种融合而成的新人种。 1795年首次刻有"合众为一"(E Pluribus Unum)的铸币。
同化：文化熔炉	**1782年"美国作为许多国家人民的熔炉"概念出现** 建国时期开始关于美国社会中"一元"与"多元"关系的讨论。 《美国农夫信札》，提出了"美国作为许多国家人民的熔炉"这一概念。
	1908年"熔炉论"逐渐受社会关注与支持 戏剧《大熔炉》(The Melting - pot)首次上演开始。 19世纪，大多数美国人相信所有的新移民都可以被吸收。
多元文化	**20世纪20年代"熔炉论"与文化多元分庭抗礼** 美国社会的一个基本争论的人：美国是应该被视为一个"大熔炉"，还是一个文化多元化的社会。
	1924年，卡伦首先提出"文化多元主义"概念 美国犹太族裔哲学教授霍勒斯·M.卡伦在《美国的文化与民主》中提出了"文化多元主义"的概念。
	二战后，美国多元文化社会色彩更浓厚 《1965年移民法》的实施，移民数量猛增。 卡伦本人在1956年出版的《文化多元主义与美国观念》一书中将他的文化多元主义扩展到黑人和美洲印第安人。 20世纪60年代民权运动，促使美国国家和地方采取一系列具有多元文化主义性质的政策，如"双语教学""肯定性行动计划"等。
	20世纪70年代，多元文化取代"熔炉论" 迈克尔·诺瓦克的《不可融合的种族的崛起：七十年代的政治与文化》，建立一种新的文化多元主义和基于这种文化多元主义的政治。 20世纪60–80年代，美国高校成了多元文化主义的实践基地，如课程改革、质疑和抨击"西方经典"、增加"受忽视群体"的相关课程等。

图 2.1   美国文化单元—多元进程

第二节   实践对照：西方适老化设计发展演进

一、隔离和排斥：盎撒文化塑造的无障碍设计理念

1. 无障碍物理环境：面向伤残军人的设计

美国"无障碍"设计理念源于一战与二战中伤残军人面临艰难的生

活困境。第二次世界大战期间,外科医疗技术进步使得更多在战争中受伤的士兵得以幸存。在第一次世界大战期间,约 10% 的战斗伤员能幸存,而这一数字在二战结束时增加到约 80%[12]。战争结束,大量的残障军人需要社会救助。《退伍军人权利法案》在立法上保障退伍军人获得美国优质生活的权利:如工作、教育和住房[13]。但该法案存在种族不平等,例如非洲裔美国退伍军人很少有机会获得抵押贷款、教育或流动;女性军人难以获得贷款资格或参加高级培训。对于退伍军人而言,衡量其受益程度的标准是种族、阶级和性别。换言之,该法案存在种族和性别歧视。

随着残障人士数量日益增长,政府开始重视建构"无障碍"环境。残障群体由大量战争伤残士兵与先天性疾病患者构成,该群体中许多人希望回归正常社会,获得适合的工作岗位。另一方面,对残障士兵的照护消耗了大量财政资源。因此,华盛顿在 1947 年就该问题召开了首次会议,由总统委员会倡导全国残疾人就业。一方面,该倡议带动了残障人士问题协商机制的建立,即相关专家和倡导者定期开会讨论残疾人救助与就业的相关问题;另一方面,政府改变了直接救助残疾人的策略,将部分资源投入到公共场所无障碍建设中,为残疾人就业铺平道路,例如在公共交通系统、建筑物和工作场所的设计时考虑残疾人需求[12]。

在政治需要与社会呼吁的双重作用下,无障碍设计作为一种问题解决方法被提出。无障碍设计的首要任务是解决出行问题。在公共出行层面,无障碍设计为轮椅用户和行动不便群体提供支持。通过设计无障碍入口、坡道、特有的座位布局,确保残障人士能够方便、安全地使用公共交通工具和设施(如图 2.2)。在居住环境层面,无障碍设计强调宽敞的内部通道、易于操作的设施以及合理的家具布局,使得行动不便的人能够相对自由地活动。例如,无障碍设计在卫生间墙壁设置了便于起坐的水平扶手与垂直扶手,并在扶手下方放置了卫生纸收纳器,该设计为行动受限人群提供了便利(如图 2.3)。无障碍设计以功能性、实用性为主要考量,保障弱势群体最基础的出行可及。

图 2.2　美国无障碍设计实例

图 2.3　美国无障碍卫生间设计

2. "形式性"废除隔离政策，制定无障碍环境的法律框架

20 世纪 60 年代暴发大规模民权运动，民众呼吁法律平等，停止歧视，引发社会集体反思，迫使立法委员会删除了无障碍法案中的"歧视语句"。大规模民权运动的产生有着深远历史原因，自 17 世纪开始，西方就建立了奴隶买卖制度，将黑人奴隶作为私人财产进行买卖，长期实施种族压迫政策。延宕了超过 300 年的奴隶买卖制度，在西方世界铸造了根深蒂固的白人至上思想基础，即使在奴隶制度废除后，种族歧视

和隔离依然广泛存在。20世纪初，"吉姆·克劳法"时期，美国南方地区实行了严格的种族隔离制度，即"种族隔离法"，将黑人与白人严格分开，黑人被完全剥夺了基本的社会和政治权利[14]。蒙哥马利公共汽车抵制运动是民权运动开端的标志性事件。1955年，罗莎·帕克斯因在蒙哥马利市公交车上拒绝给白人让座而锒铛入狱，引发了长达381天的黑人群众抵制公共汽车运动，掀开了反对种族隔离政策的序幕。此后，类似的民权运动在美国其他地区得到广泛呼应[15]，迫使美国立法机构在1964年通过了第一部解除种族隔离的民权立法。《民权法案》规定了"禁止基于种族、肤色或国籍的歧视，并保证所有美国人享有选举权、平等就业机会的权利，以及使用酒店、餐馆和剧院等公共设施的权利"。尽管《民权法案》的颁布并非针对残疾人，但它为保障残疾人权利的民权立法奠定了基础，例如1973年颁布的《康复法案》第504条首次明确定义了对残疾人的歧视行为[16]。民权运动启发了美国残疾人，使他们开始意识到其所面临的偏见与刻板印象与少数族裔经历相似，并开始要求获得与其他美国人相同的权利和保护[17]。越来越多的残障人士加入了民权运动抗议的浪潮中，敦促政府废除具有歧视意味的法规并确保弱势群体的生活需求得到保障。

为维护社会稳定，美国政府开始健全无障碍法规。美国国家标准协会（ANSI）于1961年发布了全球第一个无障碍设计标准《便于肢体残疾人进入和使用的建筑设施的美国标准》[18]。虽然ANSI A117.1（1961）没有立即被采用，但它为可及性功能和法规的建立奠定了基础。1968年美国国会通过了《建筑障碍法》，成为公共建筑与设施的无障碍设计基本法，美国国民由此开始认识"无障碍设计"[19]。美国政府在20世纪70年代通过了《美国残疾人法》（Rehabilitation Act of 1973），要求联邦机构和受联邦资助的机构提供合理的无障碍设施和服务，以保障残疾人的平等权益和融入社会的机会。1974年，联合国国际身心障碍者专门会议发布无障碍设计报告书[20]，正式提出了"无障碍设计"概念。

早期无障碍设计在实施过程中面临标准混乱与措施失当问题。20世纪70年代，美国的各州与市政建筑采用ANSI A117.1标准，但在实施过程中却发现该标准缺乏必要的无障碍建筑规范,设计实践缺乏指导规范[21]。此外,含义不明的"无障碍标准"造成了20世纪70至80年代的建筑设计和施工存在措施不统一的现象,开发商、设计师和制造商无法对设计细节实施标准化。此外,开发商不愿意为无障碍设施支付多余的经济成本,《公平住房修订案》和《美国残疾人法案》虽将大部分建成环境纳入范围,但并没有考虑过无障碍设计失当的惩罚措施[21]。

3. 白人至上主义引发设计思维的排他性,设计服务于隔离

盎撒文化核心是白人至上,无障碍设计理念的"排他性"难以消除。百余年的黑人奴隶贩卖导致白人至上思想根深蒂固。尽管美国积极宣传为弱势群体提供保障,并试图促使他们融入社会。然而,公众并未从心理上接受黑人和残障人群的准备,很难认同自身与弱势群体享有平等权利。这种排他性思想源于文化观、历史观以及长期形成的白人至上社会认同。在盎撒文化思想主导时期,强者通常被视为成功的典范,受大众尊敬和崇拜。相对地,弱者则被边缘化。这种文化传承与社会共识是设计"排他性"产生的源头,这意味着社会主流接受将成功与价值联系在一起的文化价值观,因此,弱势意味着无价值。

白人至上的精神内核隐含着种族间的隔离与歧视,即使在白人内部也存在着种族阶层划分,导致白人间的排斥和隔离。"排他性"在族群内部的显性表达分为政治经济权利高层对中层、底层的隔离、英法德裔对意大利裔、拉丁裔的隔离等。这种内部隔离受社会经济地位、性别、年龄等多个因素影响,在社会中形成接受待遇差异和不平等的社会共识。中底层人群受上层社会区别对待,并将这种隔离与不公进一步强化给有色人种和弱势群体。社会普遍认同这种逐层递进的隔离与不公行为,在这种文化精神渗透下,设计行为也与社会共识形成响应。虽然无障碍设计在物理层面为弱势群体提供了接入社会的基本方式,但从精神层面看,设计反映了当时社会对弱势群体的隔离和歧视。

设计思想是文化内涵的外在体现,因此无障碍设计亦凸显出种族隔离与社会排他性。无障碍设计的核心目标是消除物理环境障碍,以保障残疾人群能够方便进出社会场所的权利。无障碍设计建立了适合轮椅进出的建筑物通道,为公共交通系统安装了适合轮椅的升降设备,为公共场所设计了适合轮椅进入的观看表演区域等。设计师受时代的文化内涵与社会文明影响,无法从深层结构考虑特殊群体需求并加以解决,因此,无障碍设计存在历史局限性。如无障碍通道在设计之初缺乏主动思考,机械化地执行法规、标准,人为地造成事实上的隔离。后人提出"分离不等于平等"的设计反思是对无障碍设计历史局限性的恰当表述。对抗排他思想,不仅仅需要在物理层面提供便利,还需要根本性地改变文化内涵和社会认同,创造一个更加包容和平等的社会。消除有障碍的物理环境并不能彻底保障残障群体的生活权利。

二、人本与包容:多元文化重塑适老化设计理念

1. 弱势群体互助网络形成,取消面向特殊人群的设计定位

为对抗社会歧视与不公平,以追求独立生活为目标的弱势群体逐步形成互助型网络。从 20 世纪 60 年代开始,残疾人社区开始形成互助网格、分享知识和制定策略来应对制度不公,争取使用建筑和融入社会环境的生存权利[22]。20 世纪 70 年代初在美国伯克利和其他城市开始的"独立生活项目"成为数百个中心网格的典范,这些中心为生活在社区中的残疾人提供支持服务,并由残疾人消费者共同资助[22]。独立生活中心发挥作用承担了政府对残疾人应尽的责任,并且极大地减轻了国家财政支出负担,因此,联邦政府为独立生活中心建立提供了政策保障。到 20 世纪 80 年代末,美国建立了约 300 个独立生活中心,该中心为残疾人权利运动的开展提供了组织与协调服务[23]。全国独立生活联盟(NCIL)在联邦政策制定时表明"独立生活"更多的是一种声音,而不是运动。

20 世纪 60—80 年代,源自欧洲、亚非拉等地区的全球移民大量涌入美国,白人至上的盎撒文化受到巨大冲击和挑战,文化多元化势不可挡。在多元文化背景下,设计对象不再局限于残障人群,而是拓宽至所有大众消费者,从而实现避免人们对"残疾人"身份的过分关注。该时

期的设计以低调的形式表达自己的人文关怀，例如在 1986 年的一则 Cuisinart 广告底部潦草地写着："大把手；大型桨状控制；粗糙的动作 vs 手指敏捷度。在深色背景上使用大白色字母，以获得最大对比度。控制装置上的字母根据产品使用时的视角倾斜[22]。"（图 2.4）这些词语是康复和职业治疗的专业语言，反映出对关节炎、帕金森氏症和视力障碍的人文关怀，但在其宣传过程中并没有直接表明该设计针对特殊人群，而是提出便利实用、良好的体验感，将能使产品适合所有人。

图 2.4　1986 年 Cuisinart 广告

2. 制定多元体系下的设计理念与原则，完善无障碍法规不足之处

无障碍立法建立了针对建筑、公共环境的基本规定和标准，为无障碍设计设置了要求下限。"在美国，目前有三个级别的无障碍正式规定——法律、法规和标准。法律由美国国会或州立法机关等机构颁布；法规由政府实体的执法机构制定；标准由行业团体定义合规性技术标准[22]"。1961 年，ANSI 标准颁布，无障碍设计的技术标准逐渐完善和扩展。一方面，该标准被引用或采用为大多数建筑的无障碍标准；另一面，美国联邦也将此标准作为法规的基础开发新的要求和指南，如 1981 年美国联邦开发的无障碍设计指南（MGRAD），1985 年统一联邦无障碍标准（UFAS）和 1991 年的 ADA 无障碍指南（ADAAG）。

20 世纪 80 年代后，美国多元文化逐步形成社会共识，先进文化促使社会在形式公平的基础上追求实质正义。公平法案在社会文化演进下获得修改机会。1988 年,政府颁布新版《公平住房修正法》。原法案仅强调房屋出售和出租要避免对客户种族、肤色、宗教和国籍的歧视;《修正法》增加了对儿童和残障群体的保护,提出"对有儿童、有身体或精神残疾的用户,住房建筑商必须做出合理安排,以确保住房满足用户需要[24]"。1990 年,对弱势群体关爱的又一重大推进体现在《美国残障人法案》中,即对障碍人群的定义扩充至包括轮椅使用者的其他不同类型损伤人士。此法案旨在彻底消除人们对残障人士不公正的态度,缓解残障人士解决生活问题的经济压力[25]。彼时美国政府正努力寻求有力的问题解决方案,创造一个更具包容性的物理环境和社会环境,让残障人士融入社会。这些法案的陆续出台、修正和执行,提高了社会认知与公众态度,进而促进面向弱势群体的设计服务质量提升。

多元文化形成与社会共识改变,为通用设计的提出提供了适宜的文化环境。无障碍设计理念在经过 20 年的实践,其弊端和矛盾已经充分展现,时代需要对无障碍设计原则进行完善与更新。通用设计在1990 年被首次提出,旨在解决隔离与歧视,呼吁民众共情,提倡为未来的自己设计。1997 年,美国北卡罗莱纳州立大学设计学院通用设计中心主任梅斯发表《通用设计原则》[26],该书凝炼出七点重要原则:(1)使用平等;(2)使用灵活;(3)使用简单直观;(4)信息可觉察;(5)容错;(6)不费力;(7)适于接近和使用的尺度与空间。在 2012 年,《通用设计——创造包容性环境》一书中明确了通用设计的目标:(1)合身——适应各种体型和能力;(2)舒适——将需求保持在身体机能的理想限度内;(3)察觉——确保产品使用的关键信息易于获得;(4)理解——使操作和使用方法直观、清晰;(5)健康——有助于促进健康、避免疾病和预防伤害;(6)社会融合——以有尊严和尊重的方式对待所有群体;(7)个性化——包含选择机会和个人偏好的表达;(8)文化适宜性——尊重和加强设计项目的文化价值及社会和环境背景。在明确了通用设计原则和目标后,通用设计理念发展逐渐成熟,鲜明地传递出包容与尊重的精神,并在保障个人需求之外,增加了对社会心理和文化方面的思考。通用设计理念更加立体、包容。

3. 引入"正常化原则"，弱势群体关注精神追求和生活品质

反歧视民权运动的暴发和"正常化原则"引入为通用设计理念提升提供了客观条件。在无障碍设计被提出后，北欧国家特别是丹麦和瑞典，提出一个新的设计观点："正常化"。正常化原则最初被解释为从机构解放"智障人士"的方法，但随后逐渐将其使用范围扩大到身体残疾的人[27]。20世纪50年代，丹麦改革者尼尔斯·埃里克·班克-米克尔森(Niels Erik Bank-Mikkelsen)提出了"正常化"设计理念，倡导"无论智力残障程度如何，都应保障与普通公民相同的生命和权利"。本特·尼耶博士(Dr Bengt Nirje)是最早倡导这个原则的人。1959年，正常化原则被写入丹麦法律，规定学习障碍人士应该拥有和其他人尽可能一样的生活条件。"正常化"设计理念面对的环境相对简单，即丹麦不存在大量移民与有色人种。正常化原则提倡以一种普适的眼光对待残障人士，否认区别对待的态度，以平等观念维护弱势群体自尊，这对提升弱势群体权利有一定的参考价值。

后物质主义所倡导的精神追求使通用设计理念更注重人文需求。20世纪70年代后，多元文化促使西方社会的价值观发生了根本性的转变，由物质主义向后物质主义发展。物质主义强调经济资本和人身安全的价值取向，后物质主义则崇尚自我表现、生活质量的价值取向。后物质主义精神的诞生基础是欧美资本主义物质丰裕的社会生产条件，其轻物质重精神的价值取向表明现代社会走向人道化和文明化[28]。二战后，发达国家物资充裕，物质主义在西方社会形成了一种价值观，强调个人对资产的拥有以及财务追求，并以此为社会地位的划分标准[29]。相比物质主义，后物质主义价值观淡化了人们对物质财富的追求，转而关注精神价值的追求和生活品质的提升，关心人的生命价值、生态环境、种族平等、妇女权利、个人生活方式的自由选择、公共参与等，淡漠了家庭、宗教、国家等观念。在后物质主义时代，人们的生活态度发生巨大转变，认为质量优于数量，专注体验而非物质的积累，精神愉悦胜过物质享受，并将时间视作优于金钱的资源。物质主义向后物质主义演变，设计理念也随之发生变化，即从满足基本物质需求到强调个人体验和人文关怀。通用设计诞生于设计理念转变阶段，关注情感体验和社会包容性。无障碍设计旨在为身体受限群体创造"无障碍"的物理环境，以确保其能够融入社会和享受基本公共服务。随着后物质主义的到来，设计将重点转向个人体验、情感层面以及社会融合。这种文化转变促使设计思维从简单的功能性延伸至更全面的人性关怀。通用设计也从早期思考"人"与"物"的关系逐渐转变为关注"人文"，研究的对象也逐渐从"残疾人""老年人"转向"多样化人群"（考虑不同能力、年龄、文化、经济、情境等）[4]。

第三节　包容与尊严：中国式数字适老设计反思

一、包容性设计与无障碍设计、通用设计比较

无障碍设计的提出具有一定的时代背景，在 20 世纪 60 年代，当时为了照顾大批战争致残的老兵生活，在建筑设计的"可及性"方面最早提出了无障碍设计的概念。因此，无障碍设计主要针对残障人士，在建筑设计中最为常见。

无障碍设计在环境中非常显眼，明显区分了正常人和残疾人的生活空间，将二者隔离，强调了无障碍的特殊性。以"用户金字塔"模型为参考，无障碍设计强调满足极端用户（金字塔顶端）的需求为首要任务，再拓展至主流用户群体。其缺陷是，无障碍设计容易使设计异化，满足了特殊群体的需求，但是对于普通用户来说却过于特殊，难以使用。

然而，随着生活中人们对无障碍设计的熟悉，渐渐发现这些无障碍设计也能够为普通人所用。因此，通用设计的概念随之产生，与无障碍设计不同，通用设计以关注主流健全用户为前提，力求提升设计对于特殊用户群体的适用（通用）。但是，通用设计很容易在实际中由于商业利益的考量而忽略了特殊用户的需求。

包容性设计与通用设计的概念更为接近，但在设计过程中更关注用户的能力与产品对能力需求的匹配，最大化满足用户人群。尽管源于不同的历史渊源和视角，包容性设计和通用设计的目的是近乎一致的，即减少和消除失能者与普通人之间在生理和思想观念上的隔阂。包容性设计和通用设计努力帮助失能者融入主流群体，两者之间存在许多交叉重叠的灰色区域，大量产品、服务和环境难以界定自身的通用性和包容性。

二、设计尊老：中国适老化设计的始与终

"尊严"作为人权之源应当被视作适老化设计的价值判断和目标导向。人本理念[30,31]、平等观念[32]、后结构主义[33]等哲学思考，拓宽了适老化设计肩负的责任伦理。1948 年，国际社会通过《世界人权宣言》在世界范围内强调"尊严"价值为人权基础。然而，由于生理机能衰退、经济文化资本弱化，老年群体所受的尊严挑战更胜普通人。从工业时代的社会歧视、人权忽视到信息时代的信息泄露、金钱诈骗，老年人的尊严体验进一步恶化。因此，在理论与实践中强化伦理约束、融入人文关怀，有助于提升适老化设计尊严体验，以实现"尊严老去、老有所用"。

设计如何"尊"老？设计的"尊"老聚焦老年人权利、情感与价值实现等多重诉求。1991 年，《联合国老年人原则》（第 46/91 号决议）将尊严列入人权问题。人权觉醒的语境催生无障碍设计、通用设计等思潮，为残障人士以及老年群体争取基本权利。参与式设计、协同设计应用在适老化设计领域，使权利实现从设计结果渗透至过程。此外，"尊严养老"理念重视老年人的情感关怀以及价值实现[34]，是尊严作为道德伦理在设计中的融入。东西方尊老的设计回应形成个体与社群两个导向。西方尊严历经外显性尊严、内在性尊严和具体性尊严[35]，形成地位、权利、自为等多要素综合体。儒学文化的尊严一是重"仁"下对自身道德的规范，一是重"义"下"耆老长幼之施"[36]，是理智与情感、责任与道德统一的情感性尊严。此根源下，西方尊老重个体，着眼保护权利与

独立性；东方则重社群，视尊老为家庭与社会的道德伦理与情感构建，适老化设计承担相应社会责任。

尊严涉及诸多复杂因素，如理性权利与感性情感、个体权利与社群认同等，设计尊老需要兼容感性、理性及其与本土文化的适宜性。用户体验是产品或服务供给用户理性价值与感性体验的载体[37]。如何提升尊严体验使用户感知到设计价值，进而完善适老化设计的伦理关怀是当下亟待解决的设计问题。本研究试图从数字包容的新视角，提出尊严体验设计的提升路径，为适老化设计的中国尊老方案提供参考和依据。

三、设计"尊"老的伦理变迁

1. 伦理转向：从平等尊严、包容差异向实质正义

设计伦理转向映射了社会对尊严的思辨与认同过程。"尊严"一词源于等级社会的身份符号。"dignity"来源于拉丁语"dignus"，意为worthiness，在政治学上主要指一个人的阶层和身价。汉语中"尊严"出自《荀子·致士》，"尊严而惮，可以为师"，亦彰显地位色彩。词源分析发现，保护尊严首先应"承认"个体的权利与身份，即"承认尊严"。弱势群体、少数团体等社会成员受到不平等认同，"承认尊严"尤是保障弱势群体权益的首要追求。两次世界大战以及经济危机导致住房紧缺、残障人群急剧扩张，美国民权运动激发残障人群抗争博取基本权利和社会认同。残障人群争取"作为共同权利的公民资格"的"平等尊严"运动思潮为"无障碍设计"生发奠定基础。多样性认知觉醒下，人们逐渐从追求"作为共同权利的公民资格"，转为能够承认和包容差异的"区别对待的公民资格"。Ronald L. Mace主张"设计应该不因年龄、能力、性别而有差异，应该为所有人做设计"。此后长达二十多年的通用设计运动，对"残疾人"进行了重新定义和身份认同，在"权利本位"和"非歧视"的政治层理念下，塑造"非耻辱"和"包容"的态度[38]。从"平等尊严"转向"包容差异"，平等、多样性等设计伦理逐渐充盈尊严的内在价值。

受残障人群尊严斗争的惠及，同时社会老龄化稳步扩大，老年人的主体利益成为设计的焦点。此前，工业化和城市化发展削弱了老年人的生产性作用，经济资本主导、漠视文化社会资本的惯性思维，形成老年人口结构性依赖、老年歧视和老人边缘化等说法，映射出奉身份地位为尊荣的外显性尊严观念。跨代设计是"残疾人权利运动"（Disability Rights Movement）和早期无障碍设计的副产物，也是追求老年群体"平等尊严"的先行者，诱发从外显性尊严向内在性尊严的转向。维也纳召开的第一届老龄化问题世界大会（World Assembly on Aging）强调使老年人享有平等的人权和有质量的生活并不亚于长寿问题。而动态多样性设计意识到老年人处于一个认知、身体和感官功能差异化减少过程，积极回应动态性、持续性、复杂性的需求，为老年人设计的尊严伦理由"平等尊严"走向"包容差异"。经此伦理思辨，老年群体拥有普遍尊严达成社会共识。设计开始思考如何通过具体性尊严实现"实质正义"，即在社会、经济、文化等方面均存在差异的客观生活中，切实思考老年群体如何获得平等的主体尊严，在不对等前提思考如何平等。老年福祉设计、橘色设计/橘色科技、老龄服务设计、老龄友好型城市等都以设计为工具，处理具体生活中老年群体与物、社会、科技的关系，以内在性尊严为价值导向，逐步实践具体性尊严。从"平等尊严""包容差异"向"实质正义"的设计伦理转向，将设计"尊"老从外显性尊严、内在性尊严转向具体性尊严，由潜在性推往实践性（图 2.5）。

2. 设计实现：从保障"人之为人"向支持"我之为我"

为切合实质正义，适老化设计情境实现了由生理能力至情感体验、障碍消除至能力可行、个人生活至社会参与的跨越发展。设计者运用服务设计、社会设计、参与式设计等应对老龄化问题，例如老龄服务设计从服务设计的视角出发，通过改善、重整与连结服务老年人过程中的触点，提升整个服务质量与体验。老龄友好型城市是适老化设计在城市规划层面的实践，旨在提供包容的、可接近的城市环境，促进老年人的健康、公众参与和社会安全。情境拓展对适老化设计提出愉悦性、自主性、协同性等更高的体验要求。

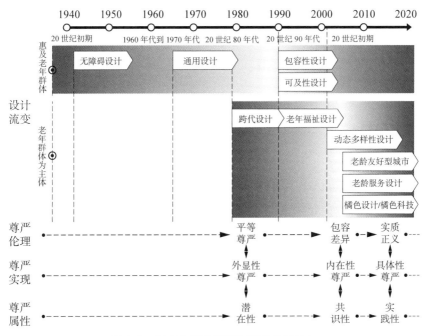

图 2.5 适老化设计流变与尊严伦理转向

作为提供自我效能感与群体归属感的积极情感体验，尊严的情感性因素也成为设计目标。如为了保障老年人独立出行，德国柏林公交系统除了满足乘车无障碍以及目的地可达，也考虑自尊可接受、费用可负担等情感上的接受度[39]。另有学者们从易用性[40,41]、增智[42]、参与[43]、自我成长[44]等不同角度呼吁在适老化设计中尊重老年群体的价值实现与自我满足。可见，尊严的设计实现满足老年群体的生理、安全需求，保障"人之为人"最基本、最底限的普遍性尊严，也开始重视用户的自我满足体验感，支持"我之为我"的独特性尊严(图2)。"我之为我"的情感体验是在"人之为人"的理性价值基础上的更高要求，"虽能其事，不能其心，不贵"，儒家尊严观强调具体情感及其体现，在理性认识和遵从之上，对发自内心、投入情感和积极创造的体认和敬重有更高的渴求，即在情感体验上对尊严价值有更高的感知要求。现有设计适老的实践与研究，尚缺尊严感知视角，缺少对产品与服务是否让用户感知到尊重与肯认的考察。

参考文献

[1] 胡飞,张曦.为老龄化而设计:1945 年以来涉及老年人的设计理念之生发与流变[J].南京艺术学院学报(美术与设计),2017(06):33-44,235.

[2] 王国羽.障碍研究论述与社会参与:无障碍、通用设计、能力与差异[J].社会,2015,35(06):133-152.

[3] 李京擘.从无障碍设计到通用设计[J].艺术评论,2014(09):143-146.

[4] 袁姝,姜颖,董玉妹等.通用设计及其研究的演进[J].装饰,2020(11):12-17.

[5] Huntington S P. The erosion of American national interests [J]. Foreign Aff., 1997,76:28.

[6] 费舍尔.阿尔比恩的种子:美国文化的源与流[M].广西师范大学出版社,2018:147-148.

[7] 余志森."熔炉""拼盘"还是"葵花"？——对美国多元文化的再思考[J].历史教学问题,2013(5):8.

[8] Ratner S. Horace M. Kallen and cultural pluralism [J]. Modern Judaism, 1984:185-200.

[9] Paul H. The myths that made America: An introduction to American studies [M]. transcript Verlag, 2014.

[10] Gleason P. The Melting Pot: Symbol of Fusion or Confusion? [J]. American Quarterly, 1964,16(1):20-46.

[11] Berbrier M. Assimilationism and pluralism as cultural tools [C]//Sociological Forum. Kluwer Academic Publishers-Plenum Publishers, 2004,19:29-61.

[12] Welch P, Palames C. A brief history of disability rights legislation in the United States [J]. Strategies for teaching universal design. Boston, MA: Adaptive Environments Center, 1995.

[13] Berland K J. Accessible America: A History of Disability and Design [J]. 2020.

[14] 张春满.美国种族政治的结构性困境、发展态势与拜登政府的政策应对[J].世界民族,2023(03):1-12.

[15] 强梅梅.论真正的公民不服从者——理性与勇气的完美结合[J].政治与法律,2010(01):45-51.

[16] Peterson W. Public policy affecting universal design [J]. Assistive Technology, 1998,10(1):13-20.

[17] Groce N. The US role in international disability activities: A history and a look towards the future [M]. Rehabilitation International/World Institute on Disability/World Rehabilitation Fund, 1992.

[18] 贾祝军.无障碍设计[M].化学工业出版社,2015:14.

[19] 贾巍杨,王小荣.中美日无障碍设计法规发展比较研究[J].现代城市研究,2014(04):116-120.

[20] Hammerman S. Barrier Free Design: Report of the United Nations Expert Group Meeting on Barrier Free Design held June 3-8, 1974 at the United

Nations Secretariat, New York [M]. Rehabilitation International, 1975.

[21] Preiser W F E, Ostroff E, Ivy R. Universal design handbook [J]. (No Title), 2001.

[22] Williamson B. Electric moms and quad drivers: People with disabilities buying, making, and using technology in postwar America [J]. American Studies, 2012,52 (1):5-29.

[23] Fox D M, TANENBAUM S. Disability policy: Restoring socioeconomic independence [J]. The Milbank Quarterly, 1989,67(2).

[24] Schill M H, Friedman S. The fair housing amendments act of 1988: The first decade [J]. Cityscape, 1999:57-78.

[25] Null R L, Cherry K F. Universal Design: Creative Solutions for ADA Compliance Professional Publications [J]. 1996.

[26] Duncan R. Universal design and overview of center for universal design at North Carolina State University [J]. Japan Railway & Transport Review, 2006,45:232-37.

[27] Perrin B. The original "Scandinavian" normalization principle and its continuing relevance for the 1990s [J]. A quarter-century of normalization and social role valorization: Evolution and impact, 1999:181-196.

[28] 高力克. 全球化中的物质主义与后物质主义[J]. 浙江社会科学,2018(05): 152-155.

[29] 王国胜. 从物权意识走向共享意识的设计[J]. 装饰,2017(12):18-23.

[30] 赵超. 老龄化设计:包容性立场与批判性态度[J]. 装饰,2012(09):16-21.

[31] 王骏发,陈伯炜,李圣捷. 橘色科技:以人为本的科学技术与未来应用发展[J]. 计算机工程与科学,2012(34):143-147.

[32] 黎昉,赵阳,刘胧. 从普世平等到边际平等——面向多样性的设计价值观[J]. 《装饰》,2020(11):40-44.

[33] Persson H, Ahman, Henrik, Yngling A A, et al. Universal design, inclusive design, accessible design, design for all: different concepts — one goal? On the concept of accessibility — historical, methodological and philosophical aspects [J]. Universal Access in the Information Society, 2015, 14 (4): 505-526.

[34] 刘志敏,李健,张岩松. 中国尊严养老现状、原因分析及解决策略[J]. 中国老年学杂志,2017,37(04):1032-1034.

[35] 张尧均. 从身份到尊严:西方尊严观的演变 [J]. 浙江学刊,2019 (06): 148-158.

[36] 倪培民. 求则得之,舍则失之——儒家尊严观之探讨[J]. 社会科学,2011(01): 111-120.

[37] 辛向阳. 从用户体验到体验设计[J]. 包装工程,2019(8):60-61.

[38] 曹盛盛. 平等与尊重——美国通用设计理论的演变和实践发展[J]. 装饰,2016 (05):108-110.

［39］张玉,李明帅.保障老年人独立出行的德国公交系统适老化服务及设施设计［J］.装饰,2022(01):104 - 108.

［40］霍春晓.针对城市空巢老人的产品易用性设计研究［J］.南京艺术学院学报(美术与设计),2015(06):205 - 208.

［41］张为威,刘明惠,王韫.数字时代的包容性:设计伦理视角下老龄化智能产品设计研究［J］.装饰,2022(05):46 - 51.

［42］林璐.增智设计——优势视角下的老年设计新形态［J］.装饰,2022(05):31 - 39.

［43］束亦冉.公共图书馆应对老龄化社会之服务创新——解读新加坡国家图书馆老年读者服务［J］.新世纪图书馆,2019(03):80 - 85.

［44］江加贝,孙童心,郑址洪.面向居家养老人群的精细化智能服务设计研究［J］.装饰,2022(05):40 - 45.

第三章

从生理到心理：感官
代偿与赋能的数字适老化设计进路

第一节　感官代偿：面向生理弱化
的适老化设计思考

　　老年人由于身体机能退化等生理问题导致交互障碍，感官代偿作为一种行之有效的适老化设计方法，旨在借助科技等外在辅助设施补偿老年人生理能力衰退，平等地参与社会生活。早期感官代偿研究主要集中于医学和教育领域，医学感官代偿是指人体的一种自我调适机制，即人体会运用多感官整合以弥补损伤器官功能缺陷，形成对事物完整的感知。如视觉障碍者通过增强听觉、嗅觉、触觉能力等来代偿视觉损失[1]；教育领域则采用多感官组合模式，为障碍者提供来自另一种感官知觉的补充信息。如对听障学生开展视觉强化训练，补偿听觉的缺陷[2]；感官代偿指当某个感觉器官退化或损伤时，其他感官能随之增强或者替代[3]。随着科技不断发展，设计领域也引入感官代偿理念为弱势群体做服务设计，如通过感官代偿辅助技术（SSD），将一种感觉模式的表征转化为另一种感觉模式的新表征，也是一种感知和认知现象[4]。再如为视碍的老年人用户研发智能手杖 WeWalk，设计师将手势交互与实体交互结合，通过震动反馈方式，使老年用户从触觉通道获取有效信息[5]。但目前关于老年人感官代偿的研究仍处于探索阶段,集中于通过感官替代辅助技术(SSD)用一种感知形式来代替另一种。有研究发现,感觉替代装置可以通过振动触觉反馈提供体感信息,Conrad Wall[6]比较了振动触觉的倾斜反馈(VTTF)和振动触觉的压力反馈(VTPF)两种振动触觉反馈装置在老年运动任务中的效果,发现振动触觉的压力反馈效果更好;Levy-Tzedek[7]等人则使用声音来表示视觉信息,研究老年人与感官方式(视觉或听觉)对虚拟迷宫导航的影响,发现老年人使用听觉提示进行导航有一定可行性。当前,关于老年感官代偿研究处于使用感官替代辅助技术(SSD)解决问题阶段,对多感官整合和组合模式研究还存在不足。随着中国老龄化问题不断严峻,通过感官代偿解决老年交互障碍问题是交互设计研究的新方向,如何利用感官代偿辅助技术(SSD)或多模态技术解决适老化问题仍有待思考。

感官代偿辅助的"视觉"既不是视觉,也不是触觉感知,它是由触觉感官刺激触发的视觉心理意象。其中多模态心理意象作为一种心理映射是心理意象的一种特殊形式,能够激发不同感觉形态的相应感官[8]。由此模态感知引发出感官替代辅助技术与多模态技术,并通过整合和组合等方式来弥补感官问题。

尽管多模态技术具有广阔前景,但模态之间的选择,多模态之间如何实现跨模态等实际设计问题仍未形成标准的操作指南。当前,多模态交互设计研究主要探讨了用户在不同情境下的模态偏好以及模态组合问题,如Saktheeswaran[9]等人比较了语音或触摸的单模态与两者结合的多模态交互,发现模式组合能提供更好的交互体验感,用户更青睐模态组合而非单模态;Gianluca等人[10]研究了不同年龄段用户对语音、手势的单模态和多模态交互偏好,发现尽管年龄有差异,但用户都偏好多模态交互;进一步细分发现,老年人更偏好手势优先的多模态交互设计形式。性别对单模态与多模态交互选择偏好也存在差异,Schüssel F[11]实验发现男女性都喜欢多模态交互设计的形式,但存在模式偏好差异,女性更偏好触摸优先的多模态交互。

　　随着中国老龄化问题不断严峻,通过感官代偿解决老年人因感知觉退化导致的交互障碍问题被认为是可行的,且具有很好的应用前景。因此本研究基于感官代偿理论,提出两种老年人感官代偿交互路径:单模态的感官替代设备路径和多模态的交互应用路径(图3.1),并探索如何利用感官代偿辅助技术(SSD)或多模态技术解决老年的交互问题。

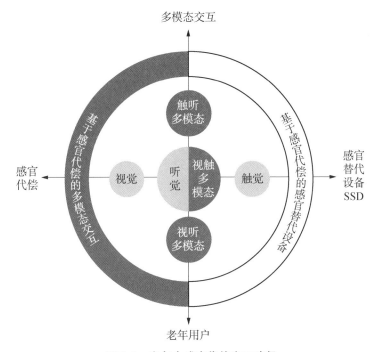

图 3.1　老年人感官代偿交互路径

　　感官代偿中感官可分为视觉、听觉和触觉,单一感官路径的各个感官并非彼此割裂,而是相互替代形成视觉-听觉或触觉、听觉-视觉或触觉以及触觉-视觉或听觉代偿方式(图3.2),最终使用感官替代设备(SSD)的相关技术解决感官障碍问题;多模态路径将多种感官组合起来,形成视觉-触、听多模态,听觉-视、触多模态和触觉-视、听多模态的代偿方式(图3.2),通过多模态应用程序等交互方式解决问题。

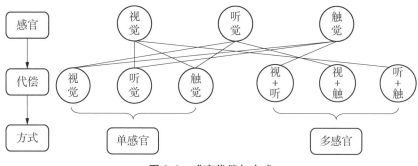

图 3.2　感官代偿与方式

一、生理衰退与感官代偿

　　老年人因生理机能衰退，各感官功能、肢体协调能力下降导致交互问题凸显，无法参与社会工作及交际活动，但现代科技为解决这一问题提供了新路径。已有研究从多个视角考察了影响老年人生理交互障碍的因素，其中部分研究证实视觉、听觉以及触觉交互障碍是影响老年人信息交互的主要因素[12,13]。一方面，学者们试图从单一视角解决老年人生理交互障碍，杨志强调文字、色彩及版式设计在缓解老年交互障碍具有重要作用，认为宋体、黑体和中圆体最易识别，网页的色彩明度对比性强的蓝底白字和横排展示最具阅读性[12]；此外，图文结合与否也被认为是导致老年人视觉交互障碍的重要因素[13]；在听觉感知上可使用语音或震动等反馈方式解决；由于老年人的肢体灵活度低，通过使用多点式触控或对操作行为给予反馈可有效缓解肢体灵活度问题，如图标下陷、振动等[14,15]。另一方面从多感官联合视角解决老年人交互障碍问题。陈建新分析老年视觉、听觉、触觉特征，并将其结合运用于老年人智能穿戴产品[16]，研究表明使用多感官结合能增益单一模式，并提高整体感觉运动的性能。然而，多感官理论集中运用于老年人身体平衡[17]和主观认知衰退中[18]，缺乏从多感官结合视角解决老年人交互问题，也较少分析不同情境下，老年人感官代偿的情况。此外，多种感知方式的替代补偿或联合可避免单一感知对老年用户造成的生理负担，优化交互绩效[1]。

1. 感官代偿研究现状

目前国内外感官代偿的研究主要关注了以下两方面内容：其一从宏观层面表明感官代偿作为行之有效的理论方法备受学者们关注。感官代偿方式分为视觉代偿和听觉代偿，视觉代偿并非直接对视觉能力进行补偿，而是指使用听觉和触觉代偿弥补听觉信息损失；感官代偿的基本机制是通过其他感官信息唤醒存在于用户认知中的心理意象，即听觉、触觉能够诱发视觉障碍者对物体的回忆感知，建立对物体形状、色彩的心理意象，从而实现视觉代偿。听觉帮助人们调用长时记忆来对信息进行编码和解码；触觉帮助人们分辨物体的材质、形态和体积。听觉代偿则通过描述图形、色彩等视觉表现内容进行信息传递，以及将声音转为震动、触觉信息等两方面代偿。感官代偿起源于张树义教授与英国爱尔兰学者的联合课题，研究敏锐听觉和准确回声定位的蝙蝠，从中提出"感官代偿"感官进化的新机制；之后葛美芹分析听力言语障碍群体特征及需求，应用视、听觉和触觉代偿方法实现了信息无障碍交流[18-21]；而王亦敏学者从人的感官体验出发，应用通感设计、感官代偿等方法实现多通道交互，提升用户体验[22]。其二较多研究从微观层面强调了视听触觉感官代偿对人们信息获取或者使用智能设备的影响，其中视觉障碍者感知缺陷是感官代偿研究的核心焦点[4]，已有研究将视觉感官信息转换成听觉或触觉，并通过处理听觉和触觉来弥补缺失的感官输入，供视觉感官受损者使用[23]。这种功能性感官系统由感官替代设备（SSD）实现，它们通常由三个组件组成：输入设备、将输入设备信息转换的专用软件，以及耳机等输出设备。从视觉到触觉的感官替代设备（SSD）被广泛使用在各种刺激部位，如背部、手指和舌头[24]。但深入研究发现产生触觉刺激的技术研发困难，后期使用听觉替代，视听 SSD 比视觉到触觉的 SSD 侵入性更小、分辨率更高[25]。如 Meijer 设计的一款叫"The VIOCE"的感官替代设备，通过标准网络摄像头捕获视觉信息，将图像分解为大约 4000 个灰度像素，并将每个像素转换为听觉信号。当像素亮度被编码为听觉时，声音的音量会随着像素亮度的变化而逐步增加。相反关于听觉障碍者，首先分析听觉和语言辅助设备，如人工耳蜗(CI)等成熟的助听设备技术，但人工耳蜗存在一定的局限性，用户很难定位和分离嘈杂环境中的声音。因此 Fletcher 探索了触觉刺激是否向人工耳蜗用户提供缺失的声音信息，研究表明触觉刺激可以提供缺失的声音信息并改善分离和定位[23]。首个基于视觉障碍者的"Vibratese"可穿戴设备通过振动马达驱动，在 Geldard 实验中，将五个触觉振动代码传送到用户躯干，并呈现 45 个基本元素(字母、数字、短语)，使用户阅读率达到每分钟约 38 个字[24]。感官替代设备(SSD)有效解决了人们单一感官缺陷的生活问题，但无法解决与智能设备交互问题。感官缺陷用户可启动另一种或多种感官模式刺激出发的模态与智能设备交互。

2. 感官代偿理念的引入与应用

人们的感知模式以各种方式相互作用，在知觉加工的早期阶段，一种感官模式中的信息可以影响甚至启动另一种感官模式中的信息加工。因此感官代偿可以在一种感知觉缺陷时，用另一种感知觉加工将其部分替代。当感觉替代受试者的早期视觉皮质激活，他们则具有多模态心理意象，它指一种感官模式(视觉)的早期皮质激活由另一种感官模式(触觉或听觉)的相应感官刺激触发。简言之，多模态心理意象是指一种感官模式中的心理意象，由另一种感官模式中的感官刺激诱发。

"感知"是人们对世界认知的反馈，包括视觉感知、听觉感知、触觉感知，模态是人体与外部接触的主要途径，通过人类神经传输系统将感知到的各种刺激直接传输出给大脑，即为感官[25]。多模态指人们通过不同模态将通道内的信息合并统一，它作为新一代人机交互模式已成为一种重要手段。多模态交互通过语音、视觉、动作、触屏等多种方式感知与物体(包括人、机器等)进行交互的行为，并试图以类似于自然交互的方式结合多种感官输入和输出渠道。然而"Multimodal"一词由国外引入，早期集中于计算机技术研究，计算机科学使用通道(channel)一词表示，是指信息传送的通路。之后，从人的感官出发，以生理学为基础的"多模态"应用于人机交互研究。围绕这一课题，国内学者主要从多通道和多模态两个方面开展相关研究。一方面分析老年人使用产品时的具身体验，结合其多通道感知特征，研究用户偏好，为设计实践提供客观的理论依据[26]；以及基于直觉模式-感官层、自然方式-行为层、逻辑关系-语义层、数字形式-空间层等四种映射模式，提出以高龄用户为中心的智能产品多通道交互映射路径[27]。另一方面探索多模态在不同人群和环境下的交互模式并构建相应的交互模型，如谷学静[26]提出了新型多模态人机交互模式，集成了语音处理和视线追踪功能，实现了视觉和听觉双通道交互，构建了基于 avatar 的老年智能家居人机交互原型系统；汪海波等人[28]根据智能电视语音交互界面的感知、认知、审美、情感四个体验层次，提出相应的四个层次适老化设计策略，以满足老年人使用习惯，实现视听融合的交互体验。徐洁漪[29]分析目前交互式数字艺术的表现特征，从视听触觉等多模态交互手段出发，研究和构建感官融合、虚拟环境构筑及媒介呈现的多模态感官理论方法。

国外开展多模态交互研究相对较早，除了理论层面外，在实践方面已有较为成熟的模式。如现阶段，多模态交互研究主要围绕哪种模态组合更能提高交互效率和提高用户的交互体验。其中已有研究表明手势与语音是最佳的多模态交互组合[30]；进一步探讨发现年轻人与老年人在语音和手势多模态交互选择中具有差异，Schiavo[10]研究得出年轻人平行使用多模态的手势与语音，老年人却较少平行进行，他们更倾向于手势第一；然而 Mosquera 却发现老年人更喜欢语音优先，同时需要适应期来获得更多的使用技巧，而年轻人更喜欢他们所习惯的互动模态。同时在讨论用户有无多模态和编程经验方面也发现其不同观点[31-33]，Kim 认为有多模态经验者喜欢基于语音和运动指针的输入模式，而无多模态经验者倾向于使用运动指针的单模态交互[12]；Bellal 将用户划分为无编程经验、新手、中等、精通等 4 种用户类型，最终发现用户类型对模态的选择无差异显著[34]。究其缘由为两点，首先使用多模态的实验场景不同，其次研究中选择的模态不同，最后相关研究也没有形成相应的实验规范和深入探索。

综上所述，已有研究在老年人感官问题方面取得了丰富的成果，强调了视听感官代偿设备和多模态交互对解决老年人交互障碍的有效性。首先 SSD 主要解决人们由感官缺陷造成的生活问题，其次模态主要解决人们与智能设备交互的问题，但是学者们对多模态研究结论各抒己见，同时关于老年人多模态交互的研究较少。本研究试图对交互障碍研究做进一步细化，分析不同感官缺陷老年人对模态组合的交互需求与效用，并制定具有针对性的老年人感官代偿设计策略。

二、感官代偿的三个导向

1. 以视觉为导向的感官代偿

老年交互问题引起社会的重要关注，老年人由于身体机能退化等生理问题导致交互障碍。感官代偿作为一种行之有效的适老化设计方法，旨在帮助老年人补偿生理功能，平等地参与社会生活。感官代偿指当某个感觉器官退化或损伤时，其他感官能随之增强或者替代[1]。早期感官代偿研究主要集中于医学和教育领域，医学感官代偿是指人体的一种自我调适机制，即人体利用各种感官的整合来补偿受损的器官功能，形成对事物的完整感知。如视觉障碍者通过听觉、嗅觉、触觉等来代偿视觉[5]；教育领域则利用感官之间的组合模式为障碍者提供来自另一种感官知觉的补充信息。如对听障学生开展视觉强化训练，补偿听觉的缺陷[6]；随着科技不断发展，设计领域也引入感官代偿理念为弱势群体做服务设计，如通过感官代偿辅助技术（SSD），将一种感觉模式的表征转化为另一种感觉模式的新表征，也是一种感知和认知现象[7]。再如为老年人视碍用户研发的智能手杖 WeWalk，设计师将手势交互与实体交互结合，通过震动反馈方式，使老年用户从触觉通道获取有效信息[8]。但目前关于老年人感官代偿的研究仍处于探索阶段，老年人如何进行感官代偿未有明确的路径和方式。

老年人因生理机能衰退，各感官功能、肢体协调能力下降导致交互问题凸显,他们无法借助现代科技手段来辅助参与社会工作及交际活动。

2. 以听觉为导向的感官代偿

感官代偿通过使用缺失信息刺激另一种感觉模态来替代缺失或受损感觉模态的功能,并分为视觉代偿、听觉代偿和触觉代偿(如图 6.2)。视觉障碍者可以使用单感官代偿的方式补偿他们的视觉功能,例如听觉和触觉。其中听觉帮助人们通过长时记忆来编码和理解信息,触觉帮助人们辨别物体的形状和大小。听觉障碍者通过视觉表现形式如图形和色彩,以及通过将声音转化为触觉信息如震动来补偿听觉功能。

3. 以触觉为导向的感官代偿

人们的感知模式以各种方式相互作用,在知觉加工的早期阶段,一种感官模式中的信息可以影响甚至启动另一种感官模式中的信息加工。因此感官代偿可以在一种感知觉缺陷时,另一种感知觉加工将其替代。当感觉替代受试者的早期视觉皮质激活,他们则具有多模态心理意象,它指一种感官模式(视觉)的早期皮质激活由另一种感官模式(触觉或听觉)的相应感官刺激触发。因此,感官代偿辅助的"视觉"既不是视觉,也不是触觉感知,它是由触觉感官刺激触发的视觉心理意象。其中多模态心理意象作为一种心理映射是心理意象的一种特殊形式,能够激发不同感觉形态的相应感官[9]。

综上所述,现有的文献对老年人感官问题进行了研究,强调了感官替代设备(SSD)和多模态交互对失能老年人的重要性,但学者们尚未对 SSD 与多模态的代偿方式或路径进行归纳总结。本文通过挖掘和进一步细化 SSD 和多模态代偿案例,总结出适合老年人的代偿方式和路径,并制定具有针对性的老年人感官代偿设计策略。

三、感官代偿与多模态的关联

良好的感官能力是成功感知世界和交互的必要条件。先天或后天造成的感官障碍都会给人们生活带来巨大挑战,如无法独立应对日常生活、平等地融入社会等。为了确保他们的问题得到有效解决，政府设计公共空间以满足感官障碍人士的具体需求，并不断开发技术辅助工具、设备和应用程序，以帮助用户在多个层面完成相关任务。同时在解决问题时，需要思考他们如何获得周围环境的信息、如何与设备进行输入和输出交互以及导航。

Lloyd-Esenkay[35]表明，代偿技术在导航任务、识别和社交方面是有效的，而且每种方式都有其特定的代偿方式，分为单模态和多模态。单模态主要由 SSD 设备和产品开发，多模态则从界面和产品设计两方面进行介绍。导航是人们出行必备工具，物体识别是人们根据自己的感官来感知事物的颜色和形状，社交是人们日常生活不可或缺的一部分，由此形成导航、识别和社交的认知模型。导航通过获取出行路径、位置和周围空间深度等信息帮助用户便捷、安全出行，导航信息主要为周围空间的维度，用户当前位置以及路线的指引等，基本代偿方式采用单模态感官替代设备和多模态交互界面。物体识别基于相关技术弥补人们感知信息的缺陷，实现对物体颜色、体积和形状的识别，以及人脸和文本的阅读，相应的代偿方式跟导航任务相似；社交是人们生活中必不可少的活动，由于感官上的障碍，人们无法进行基本的社交，因此采用单模态感官代替设备与多模态界面，使用户可以完成基本的购物、点餐、就医等操作，从而提升用户的生活体验。

功能设计、感觉设计、交互设计和符号设计构成完整的产品设计模型[36]。功能设计是产品设计的首要考虑因素，它包括基本功能、附加功能和关联功能。基本功能指产品具备满足人们主要的功能需求，如洗衣机的基础功能为清洗衣物；附加功能表示产品除了基本功能外的其他辅助功能；关联功能是在现代关系技术发展的基础上，通过有线或无线连接将不同的零件组成一个完整的体系。通过视觉、听觉、触觉和嗅觉组成的感觉设计帮助人们了解产品的基本外观，如产品的体积、材质和工艺等。用户的操作能力取决于产品交互设计的可用性，可用性是交互设计的基础，也是对可用程度的综合评价，从用户的角度衡量产品是否高效、易学、安全、可记忆、无误的质量指标。符号设计主要表示身份体现,产品及代表身份和地位。由于案例的特殊性,"FSIS"设计模型中的符号设计(Symbol)应用于 SSD 设备和多模态交互中并不贴切。因此,结合功能设计、感觉设计和交互设计,构建了"FSI"设计模型,然后运用导航、识别和社交的认知模型和"FSI"设计模型(功能设计、感觉设计、交互设计),对不同类型的感官代偿案例进行深入分析,并提出了案例的技术路线、产品构造、交互设计和界面设计(图 3.3)。

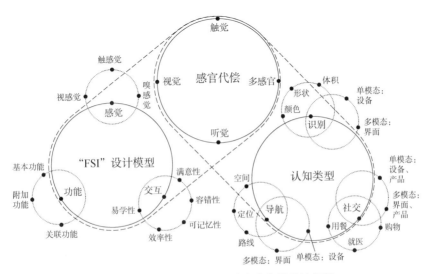

图 3.3　导航、识别、社交的感官代偿设计框架

1. 以知觉的方式融入多模态功能认知适老化

国外关于感官代偿的研究较多,尤其是视觉信息的代偿研究。因视知觉作为人的感觉感知形式之一,相对于其他感觉而言有更高的信息容量[37]。该研究领域在 20 世纪 60 年代由 Paul 建立,并开发了多种感官替代装置(SSD),它通过刺激触觉来替代缺失的视觉,即所谓的视觉-触觉替代系统[38,39]。其他学者经过更深入研究提出了进一步的视觉-听觉替代系统模式[40,41]。本研究以视觉和听觉为目标进行单模态案例分析,旨在使用单模态(SSD)来弥补用户单一感官的缺陷,让用户通过自身的触觉或听觉传达数据来感知世界和使用产品,实现对用户的生理辅助。诸如人机交互(HCI)和可访问性等研究已探索为盲人或视觉障碍用

户提供可视化。

OrCam MyEye 是一款专为盲人或视力障碍者设计的视觉-听觉可穿戴感官替代设备,它帮助用户执行导航、识别和社会交往等认知任务,如识别周围的物体和环境、识别书籍和屏幕以及阅读餐饮和购物菜单。OrCam MyEye 包括读取文本、识别面孔、识别产品等基本功能。一体附加功能帮助用户从任何产品类型表面阅读文本,补充自动页面检测、多语言阅读和检测颜色。这款产品的外观包括摄像头、按钮和扬声器,点击按钮启动和音量调节,通过呼叫"HeyOrCam"语音命令激活,然后用于智能阅读,以及识别周围环境。该设备无法改善人们的视力,而是使用红外线激光提取有关文字或物体的信息,然后通过听觉系统传送给用户(图 3.4)。

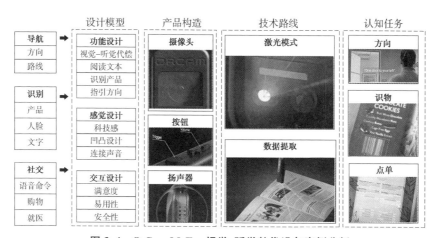

图 3.4　OrCam MyEye 视觉-听觉替代设备案例分析

mosaicOne[41]是一种腕戴式触觉刺激设备(图 3.5),它可以提取噪声中准确的声音,并植入触觉信息来提高语音理解能力。所使用的信号处理可实时应用于紧凑型设备,并将触觉刺激发送到手腕,使用户易于在实际应用中使用,如识别其周围环境、音乐和人声,以实现通信无障碍。该装置前臂上有 8 个振动电机,上臂上有一个气泵来调节压力挤压感。当振动装置被激活时,从手臂伸出的四个电机通过振动或挤压向用户传输语音信息。

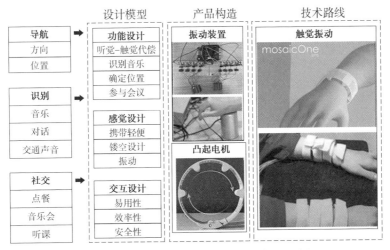

图 3.5 mosaicOne 听觉-触觉替代设备案例分析

2. 以效用的方式融入多模态行为交互适老化

多模态人机交互是响应多个模态或通信通道(例如,语音、手势、触控等)输入的系统。Jaimes[42]认为移动设备以及可穿戴设备构成了多模态交互研究的一个重要研究领域,同时感官障碍者可以从多模态人机交互技术中受益匪浅。因此本研究对不同感官障碍用户的移动和可穿戴多模态交互应用程序进行案例分析,为后期老年人多模态交互设计研究打下基础。

TapTapSee 是一款专为盲人和视障用户设计的移动摄像头应用程序(图 3.6),由 CloudSight Image Recognition API 提供支持。TapTapSee 使用手机等设备的摄像头和 VoiceOver 功能,双击屏幕右侧拍摄照片或双击屏幕左侧拍摄视频,为用户拍摄任何事物的照片或视频,并大声识别,以及使用附加的标识将照片或视频储存至图库,并通过社交媒体、文本或电子邮件共享,同时可以在几秒钟内准确地分析和识别任意角度的二维或三维物体。该设备还具有转子阅读器和闪光灯切换等附加功能。由于 TapTapSee 面向视觉障碍者,因此界面设计非常简洁,由拍摄、选择图库图片、分享信息、重复上一次识别和设置对焦与闪光灯等界面构成。

55

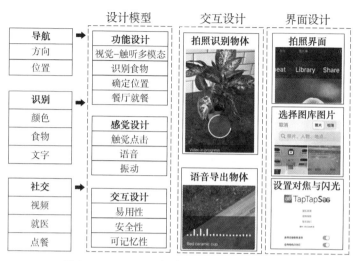

图 3.6　TapTapSee 视觉-触听多模态案例分析

SHENNONA HEAR 是一款听力放大器与多模态交互应用程序相结合适用于老年人的听觉-视触多模态案例(图 3.7)，通过物理映射简化了设备与应用程序之间的关系。听力放大器颜色靓丽，方便老年用户识别，通过打开设备按钮开启外，应用程序则具备图像放大功能、调节音量大小等功能。该设备首先对老年人进行简单的听力测试，然

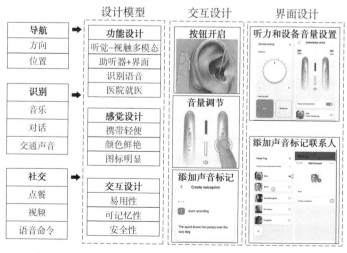

图 3.7　SHENNONA HEAR 听觉-视触多模态案例分析

后音量设置,并添加家人声音标记。应用程序以线条艺术图形的形式显示助听器的精确图像,以便老年人理解图标和调整手机上的设置。界面控件清晰直观,例如向上移动音量条以增加声音。UI映射为用户提供指导,帮助用户快速有效地操作应用程序和助听器。

Infinity Gestures 是一款适用于 Android 的手势应用程序(图3.8)。界面整体颜色鲜艳,结构整洁以及操作简洁。它可以自定义你的手势,如自定义返回、主页、上一个应用程序、最近的应用程序等,根据用户的手势使用习惯来设置相应手势任务,增加了应用程序的可用性和效率,方便用户记忆手势动作。有效缓解触觉障碍者的触控问题,尤其是触觉困难的老年人。

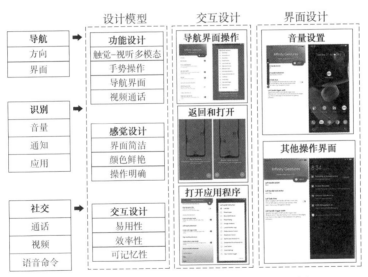

图 3.8　Infinity Gestures 触觉‑视听多模态案例分析

老年人感官代偿模式帮助设计工作基于导航、物体识别和社交等认知类型的宏观视角,重新理解现有的 SSD 和多模态交互设计方法并加以应用。首先,感官替代设备是一种利用可穿戴设备进行单一感官代偿的设计策略,它通过技术将视觉、听觉和触觉信息传递给用户,同时进一步强调了各感官之间转换的重要性。如 OrCam MyEye 的视觉‑听觉可穿戴感官替代设备,通过听觉设备进行视觉代偿的设计方法,帮助用户完成基本认知活动，对于单一感官障碍者（视觉或听觉障碍者）是可行的。但是随着年龄的增长，老年用户的各感官能力会下降，所以使用单一可穿戴替代设备可能无助于老年用户更好地完成认知任务，如挂号就医。第二是多模态交互的设计策略（图 3.2），它结合了多种感官进行感官代偿，利用多模态应用程序或可穿戴设备与多模态应用程序相结合的方式弥补用户的感官障碍问题。如老年人听觉-视触多模态案例 SHENNONA HEAR，它通过音频放大和多模态交互应用程序帮助听力受损的老年人放大声音和调节音量，同时保持界面简单，并为老年人使用大图标。多种感知方式的替代补偿或联合可避免单一感知对老年人造成的生理负担，优化交互绩效[42]。因此多模态界面整合多种感官的交互方式能够有效提高老年用户操作的可及性。

目前，国家和社会从大图标、大字体、语音读屏来解决阅读和操作障碍。随着科技的发展，如何利用多模态提高老年人的交互能力和体验，是设计师需要关注的问题，如中国工商银行 APP 为老年人提供专属界面，以及老年人居家智能养老服务等。本文以现有研究为基础构建出两条感官代偿路径，通过案例分析得出多模态更加适用于老年人交互的结论，并对案例中的设备与应用程序的技术路线、产品构造、交互设计、界面设计等方面进行分析，为设计师提供切实可行的理论依据，同时也为不同感官障碍的老年人提供了不同的多感官代偿方式。

第二节　隐喻与赋能：破除心理障碍的设计路径

解决老年人信息界面交互障碍的理论包括通用性设计理论、包容性设计理论以及无障碍设计理论等[43]。上述理论的构建基础是老年人身体机能、视力、听力、行为与认知能力下降等客观现象，生理与认知的衰退导致老年人学习能力、适应能力以及对新技术的接受程度远不及年轻人[44]。后疫情时代,老年用户的信息界面交互障碍成为设计研究焦点,但已有研究多基于上述理论聚焦于解决老年人生理交互障碍问题,如视、听交互障碍等。设计研究多通过加大字号和按钮尺寸来实现老年人对交互界面的感知和响应[45];通过适度增强视觉刺激,提高视觉敏感度,比如图标优先选用饱和度较高的颜色[46];适度增加突起程度或在按键上加凸起丝印,加强老年人触觉刺激[47];通过搭载语音提示与交互方式实现信息无障碍设计,为老年人提供简便交互操作方式[48]。当前,数字产品虽然加大了界面的字号、信息提示音量,但无疑加剧了老年人与年轻人的隔阂,导致数字产品的标签化现象严重,5G 的来临必将进一步加大老年人的数字鸿沟,无障碍信息交互设计研究迫在眉睫。

数字化技术的发展导致智能产品无处不在,老年人与公共智能系统之间的交互难以避免,如医疗、出行等。然而,年轻设计师在设计时很难通过同理心、共情等手段兼顾老年用户所面临的实际困难,导致信息界面交互适老化设计的可及性低[49]。老年人有限的数字界面交互经验,导致老年人对信息交互界面图标语义的不解[50],其对界面菜单和层次结构缺乏空间认知而无法理解菜单的层次结构[51],都是交互失败的根源。

图标识别与语义理解困难,导致老年人无法根据图标指示完成交互任务。例如,电脑维护图标中,我们能够识别听诊器、工具和速度表盘作为"始源域"的隐喻图标,它们对应的电脑维护功能分别是:硬盘诊断、显示器设置和系统加速[51]。其中,被称为"始源域"的听诊器、表盘可以被识别,而被称为"目标域"的硬盘、显示器和系统则无法被老年人感知。隐喻认知是将"始源域"的图式结构映射到"目标域",使人们从"始源域"的图式结构中获取对"目标域"的认识[52]。比如,以猪为"始源域",需要将猪转换为"目标域"邋遢、脏或臭,才能实现人像猪一样邋遢、脏或臭的比喻[9]。隐喻被理解需要转换成明喻再替换为常见意义[53]。人们将接收的信息通过提取、对比、联想等方式二次加工实现重组,再借助熟悉的经验和概念,把它们置于新的"概念"形式中,形成一个新的理解。比如,为提高图标的可用性,日历应用程序采用了人们熟

悉、具象的传统纸质日历形态作为"始源域"，其与"目标域"日历应用程
序之间仅依赖经验即可完成理解。操作系统 Windows、Mac OS 和
Linux 等都采用了基于"桌面"的隐喻设计[54]。隐喻的形成就是用户在
接收视觉信息后，与大脑中已有概念或物体进行提取、比对和联想，将
图标转化为可辨别的物体形式，因此，具象事物比抽象事物更容易
识别。

　　交互思维也是影响老年人信息界面交互成功与否的重要因素，表
现为老年人与数字系统的心智模型不匹配。格里尔、格罗弗和福勒在
他们的信息专业导论中描述了这一现实：范式既不是一种新技术，也不
是一种完成任务或活动的新技术，而是对已知事物的一种新的认识方
式[54]。人类通过范式或思维模式来开展活动，这些范式或思维模式决
定了他们如何看待和理解这个世界。老年人运用已有思维模式来理解
数字系统，这个过程形成了他们与数字系统交互的心智模型。大脑会
产生三种不同类型的心智模式，即视觉空间心理模型，视觉心理模型和
抽象心理模型[55]。视觉空间心理模型代表着在视觉和空间之间的想象
关系（例如，"那幅画在壁炉的上方"）；视觉空间心理模型反映的关系容
易形象化，但视觉心理模型则难以想象（例如，"盘子比杯子脏"）；抽象
的心理模型则反映了空间或视觉都难以想象的关系，（例如，"詹妮弗比
艾莉聪明"）[55]。心智模型是对外在真实世界的内在表征。在生活中，
老年人将经验提炼成一系列心理模型，并依靠其指导他们的思维、推
理、决策等行为。当数字系统与他们的心智模型不匹配时，易引发信息
交互障碍。

　　综上所述，已有研究通过改变字体大小、图标色彩饱和度、按钮凹
凸程度等方法解决了老年人与数字系统交互的部分问题，拓展了生理
包容性设计的研究范畴。但随着智能化水平与操作复杂度的提升，老
年人在数字交互过程中面临着广泛的思维障碍挑战，生理包容性设计
对解决此类障碍的作用有限。本文从认知思维角度出发，研究隐喻对
老年人识别图标的影响，以及老年人在信息交互操作中的思维过程，将
图标隐喻与心智模型理论运用到交互设计研究中，建立其相互联系并

构建无障碍交互设计模型。

一、设计与隐喻的关联

为了缓解老年人难以识别图标语义的问题,本文从隐喻设计和隐喻识别两个方面来进行探讨。一是研究设计与隐喻关联,隐喻是如何运用于图标设计中;二是隐喻识别,探索图标隐喻如何影响老年人识别与理解图标。

1. 隐喻设计

明喻和隐喻是文学中的常用修辞手法。在设计中,设计师通过隐喻(暗喻)、明喻、类比等设计手法,将图标与生活元素建立视觉联系,使图标对功能的表达更为深刻[50]。明喻具有明确的喻词标志,能够有效省略隐喻的辨认环节,常出现喻底,并有助于读者理解比喻的意义[57-59]。但二者在理解结果的层面存在差别,研究发现隐喻较明喻表达的语义往往更深刻、更强烈[60]。隐喻是两个事物之间的内在联系或相互借指,也是基本的认知方式和认知工具,隐喻在语言表达形式上更隐晦且有更深层次的意义,它是人类进行抽象思维的基本工具,有助于人们理解和认识抽象世界,也是形成概念的工具[61]。莱考夫和约翰逊最早提出了隐喻理论,他们认为隐喻是人们通过具体的事物或概念来理解不熟悉的、抽象的事物或概念,也是人类理解抽象概念和从事抽象推理的主要机制[62]。已有的设计隐喻研究指出:隐喻的创造性是隐喻描述和认知的最终目的,是对二者的升华[63]。在描述的基础上,映射作用提取了事物的本质属性,经过认知作用的筛选和对比,新的隐喻意义便得到解读,这种提取和再加工的创造过程,是隐喻作为认知手段的根本属性[63]。具身隐喻以具身经验为基础,在始源域与目标域之间建立联系,将抽象概念与已有经验加以匹配,不断重复的具身经验就形成了人们对相似行为和知觉的认知理解和体验[64]。

计算机系统的特殊属性导致大量功能无法应用明喻的手段进行设计,使得隐喻成为图标设计的基础,一种基本的造型观念和重要的表现手法[51]。图标是一种具有交互功能的视觉符号,在信息交互设计中,可以增强用户的记忆,降低认知负荷。设计师把操作提示信息用视觉符号的形式表现出来,用户则运用熟悉领域的知识解码符号信息,推断图标表达的隐喻含义[65]。实现隐喻信息的传递,需要同时满足以下两个条件:一是图形、文字、颜色等元素能够快速被用户识别;二是用户能够清晰地将信息纳入到常规认知系统中,体现隐喻的现实意义[61]。隐喻在信息界面交互设计中的作用是提示与表征相关功能。如前文所述,图、文、色彩识别的相关研究多在用户生理层面开展,并取得了一定成效。但是,对隐喻障碍的相关研究还比较少,多停留在采用隐喻设计手法的层面。比如,采用行为隐喻的图标会更让操作直观,删除文件时,使用鼠标把文件拖进垃圾桶要比记忆冗长的程序指令更简便,因为移动物体是我们习惯的动作行为,不需要额外的任何记忆[51]。

2. 隐喻识别

目前,适老化交互设计领域还停留在视觉习惯和对产品的直观体验层面,以解决生理问题为主。国内外研究常通过减少功能和视觉设计复杂度解决老年人识别困难问题,如改善感知过程(如大字体、大图标)和响应过程(如大按钮、减少交互步骤)[66],建议设计师使用单一图形和简单的视觉语言设计图标[67]。Ghorbel 建议将重要信息放置在信息界面中央,用不同的色彩进行分类,以此减轻老年人在搜索时的认知负荷[57]。Rice 和 Alm(2008)根据老年用户需求开发了四种数字电视导航工具(旋转木马接口、脚蹼接口、透明接口和标准数字电视接口),结果显示,老年人更喜欢旋转木马界面,缘于其移动灵活,导航项空间位置清晰的特性[67]。

现实中,老年人存在对目标域的识别障碍,导致无法理解图标所指含义。图标隐喻设计是从人们的经验中提取相似之处,通过在现有对象和新对象之间产生联系,从而更新设计[68,69]。由于老年人与年轻设计师生活环境不同,不熟悉现有的目标域,其视觉设计让老年人无法将该目标域与他们熟悉事物联系起来,从而有效地理解图标的功能。

图标的隐喻系统是复杂的。在经验方面,当第一次面对图标时,具象图标的含义比抽象图标更容易识别[68]。在年龄方面，与年轻人相比，具象的图标更有助于老年人识别和匹配图标，因为它们容易与目标域相联系从而提高图标理解的准确性[70-74]。老年人缺乏计算机使用经验加大了对隐喻系统理解的难度，在学习隐喻系统初期尝试用具象图标更有益于老年人学习使用交互系统。

上述研究表明，通过对老年人生活事物以及行为的挖掘，分析他们熟知事物所产生的始源域，分析其与目标域之间的关联，将其运用于图标设计中，能够帮助老年人识别数字系统的交互图标。

二、设计与心智模型的关联

为解决老年人数字交互操作逻辑障碍，有必要设计与心智模型的关联，本研究将从以下维度进行探索，即设计师的心智模型构建、老年人的心智模型感知与匹配。比较设计师的心智模型与老年人的心智模型是否匹配，探讨老年人数字交互障碍的成因。

1. 设计师：心智模型构建

心智模型理论源于认知心理学，被广泛应用于管理学、经济学、设计学等领域。20 世纪 40 年代最早由心理学家克雷克（Kenneth Craik）提出：心智模型（Mental Model）是真实的或想象的事物在人脑中的反映或是现实与想象的结合[75]。在心理学领域，心智模型是在人脑中形成的一个思维模型用以描述或者刻画外部世界[76]。心智模型也是生理机制具体的表象，心理表征亦称知识表征，它是一种信息在人脑中的呈现形式，包括信息被提取的选择机制和被储存的结构模式[77]。表征是对客观事物的反映，同时它也是被加工的客体，同一事物，表征形式不同，对其加工的方式也不相同[78]。在设计学领域，心智模型是根据人们的思维模式表征所看到的事物或任务操作过程，通过思维不断地发散与聚敛来完成对任务操作不同阶段的描述[79]。心智模型由 Donald Norman 引入设计领域，并提出"ACD"（Activity Centered Design）的概念，强调设计中只有先重视和理解行为，才能更好地进行产品与交互设计[79]。

设计师作为设计主体，对流行元素、造型、色彩等都具有非常敏锐的感知能力，他们将熟知事物和个体心理所表现的信息展现于界面中，通过自我认知构建出界面的心智模型[80]。

设计师在设计交互界面时会受到许多约束，这导致需要理清用户需求、社会需求等，他们在设计界面时主要受以下两方面影响，主观与客观因素。主观因素包含设计师对设计的界面和相关情景的理解，通过这种理解来挖掘设计师的心智模型，比如设计师自身的知识、经验和技能等[81-85]。系统逻辑体现了设计师的心智模型。Dimitroff(1992)基于系统文档和先前经验提出了软件系统构建逻辑，涵盖了软件系统最基本的特性，如数据库内容、系统的交互性、多文件等[86]。在软件系统逻辑构建的基础上，对系统概念模型的心智模型表征进行评估，判断解决问题的逻辑是否合理。

2. 老年人：心智模型感知与匹配

心智模型是外在逻辑在人们头脑中的表征，通过对使用行为、步骤细节的抽象与提炼，帮助人们理解数字交互系统，使学习变得简单化和概念化。认知心理学家菲利普提出了一种逻辑推理方法，发现学者能通过自身的心理模型来推断关系、预测结果、理解他们遇到的系统、确定行动过程、控制行动来体验事件，用户的心理模型会对系统所收集到的这些信息或过程反映出不同的理解[80]。心智模型的动态性和迭代性等特征表明，用户的心智模型会受到感知的影响，心智模型的发展和构建也在感知过程的作用下完成的，心智模型与感知是互为影响、互为辅助、互为表征的。它们共同作用，影响用户的信息加工与动态决策过程。构建老年人心智模型的必要阶段是对基于感知要素的访谈结果进行任务识别，并将访谈所得进行语言整理和归纳，可得心智模型构建的初步组成元素。从任务开始，将所有的根任务进行分类和归纳，得出包含一定任务信息的任务层，并对每个任务层进行总结命名。任务层的进一步归纳和叠加构成心智模型的塔式结构，将塔式结构进行合理归纳与命名，并按照逻辑组织形式合理地排列于心智空间中，最后构成心智模型(如图 3.9)。

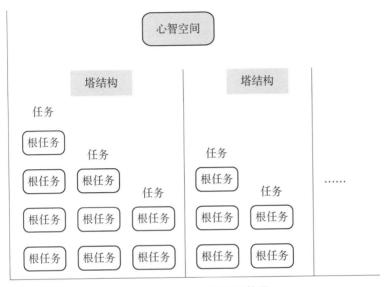

图 3.9　心智模型基本架构图

在用户感知层面,研究者重点探讨了用户心智模型的动态建构与测量。已有研究表明,用户心智模型的完整性可以通过比较参与者的访谈记录和量表来衡量。Zhang(1998)通过专家访谈的方法衡量受试者的心理模型,再通过量表评分的方法考察专家对系统概念和属性的主观感受,比较用户与系统之间的心智模型差异[87]。此外,用户特征对心智模型会产生重要影响,如心智模型构建的完整性受用户认知风格影响,已有心智模型的迁移性受个体认知能力影响[88]。用户在使用新网站时,一般会将先前交互系统的心智模型与新的数字交互系统进行匹配,如果它与先前交互系统的心智模型存在一致性,则心智模型迁移没有障碍,用户对网站满意度高,反之则低[89]。随着交互设计发展,用户心智模型与信息系统的匹配度成为重要的研究内容。因此,心智模型的匹配是解决老年人数字交互障碍的关键。

当用户的心智模型与设计师所设计的信息系统心智模型相匹配时可以降低用户的认知负荷,提高使用效率,减少用户在信息交互中的出错率[82]。老年人倾向于用自己已有的心智模型对新系统加以认知和解释，当原有心智模型与新系统不匹配时，他们会采取行为干预与新系统互动[85]。老年人的心智模型通常不同于设计师的心智模型，这种差异体现在交互设计的各个方面：如对数字系统层次结构、导航、点击等交互控件的理解。老年人在使用数字系统交互时，很难理解数字系统的逻辑结构，导致在使用界面菜单时出现逻辑混乱的问题[90,91]。在人机交互的背景下，老年人对计算机元素功能理解的不断加深，心智模型与设计逻辑的兼容性会逐步改善[45]。

三、老年人数字交互设计模型

1. 基于隐喻的交互设计框架

在人机交互（HCI）设计中，隐喻将图标映射到用户熟悉的事物上，是设计师与用户、用户与信息系统沟通的一种工具。隐喻与图标设计之间特殊对应关系被称为映射，即两者关联的建立。映射是两个集合中的一种特殊对应关系。对于集合 A 中的元素在集合 B 中都有与之相对应的元素，这样的对应称为集合 A 到集合 B 的映射[92]。图标隐喻为图形与功能（包括语义、指令、信息提示）之间的"关联"：目标域和始源域。设计师用这种方式塑造目标域，并以此唤起始源域的体验[93]。设计师将始源域的相关物理属性投射到目标域中，从物理上映射隐喻。通过映射，目标域继承了始源域所包含的意义。在实践中，当喷气式飞机的主导设计特征被纳入汽车设计时，与这架飞机相关的任何意义都会通过隐喻映射到汽车上。

通过上述映射过程，本研究构建了图标隐喻的设计框架，如图 3.10 所示。该框架强调设计师基于始源域提取特征，通过设计重组塑造目标域；老年人提取始源域特征内化为源特征，通过联想与目标域的特征进行匹配。匹配成功时老年人可以清晰地从"始源域"的图式结构中获取对"目标特征"的认识，增加图标的可识别性。如果设计师提取重组的图标与老年人认知事物的"源特征"不匹配时，图标则难以被识别。

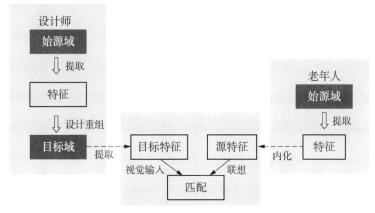

图 3.10　图标隐喻设计框架

2. 基于心智模型的交互设计框架

人们在现实活动过程中对心智模型不断调整、完善[94]。心智模型可以解释事物工作的流程以及人们精神上的运行,亦反映了他们对系统不同层次的理解程度,以及从这些系统中收集到的信息[55]。了解用户在交互过程中如何构建心智模型及其相关属性,有助于预测用户在特定情况下的交互行为。

基于心智模型的上述特征,本研究构建了老年人交互行为的心智模型框架,如图 3.11 所示。心理模型内化成功的因素是本身的内容可以唤起一种情绪,从而导致一定的行为倾向[55]。态度、主观规范和感知行为等三要素影响了行为意图。态度是指人们对待科技的态度;主观规范是人们社会环境的特征属性;感知行为控制体现人们控制行为表现能力的变化[95]。心理模型可以改变人们对目标行为的态度。一个潜在的心理模型有五种方式可以与老年人的心理联系起来[55]。此外,来源的可信度有利于态度改变和行为说服[56]。心智模型内化老年人的能力、态度和主观规范,从而与行为产生关联。首先,心智模型可以将操作流程、交互方法内化为一种知识,进而转化为人们对交互活动的执行能力;其次,心智模型的形成或固化会决定老年人对界面的态度;最后,当不同老年人之间的心智模型达到高度相似,意味着这类活动具备了社会规范。例如,厕所冲水按钮有一大一小,因节水行为选择小按钮。

老年人与数字界面的交互离不开行为。他们与之交互时，相互刺激，运用所建立的心智模型来强化内化，增强老年人对界面的反应，最后老年人应用界面来实现自己正确的行为。通过内化完成目标行为可以提高自我效能（和实际能力）[96-99]。

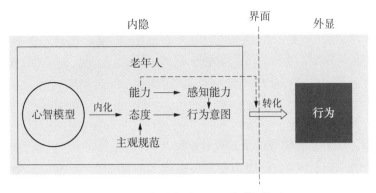

图 3.11　老年人数字交互心智模型框架

3. 基于隐喻与心智模型的交互设计模型

图标隐喻是将"始源域"的图式结构映射到"目标域"的过程，有助于增加老年人对图标的记忆。心智模型揭示了老年人和数字界面之间的思维模式，并促进其形成正确的交互行为。因此，隐喻设计与心智模型理论旨在探索老年人对信息界面的认知理解机制，促使他们形成合理的交互操作逻辑，进而实现无障碍操作，产生良好的体验感。

将以上两个方面链接起来，就构成了设计师、图标隐喻和心智模型、老年人的交互模型，如图 3.12 所示。该模型强调图标隐喻和心智模型在设计师和老年人之间发挥的重要作用。对设计师而言，研究老年人的熟知事物、行为习惯以及遇到的生理和思维障碍，从始源域提取设计特征，通过设计重组将始源域特征转换为目标域，其设计载体即界面设计元素；对老年人而言，熟悉的事物、行为习惯、操作逻辑构成了他们的始源域；隐喻理解阶段：老年人将设计师的目标域载体与自身始源域特征进行匹配。隐喻理解是心智模型产生的必经阶段和前提条件，其作用是在老年人的大脑中形成概念，并对客观事物认知加工和心理建模。心智模型形成阶段则是将操作流程、交互方法内化为一种知识,进而转化为交互活动的行为。

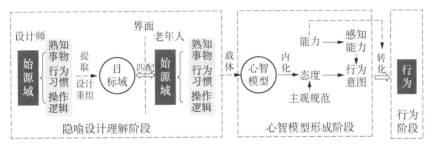

图 3.12　基于隐喻设计与心智模型的老年人数字交互设计模型

本文梳理了老年人信息界面交互障碍的问题,以帮助设计师理解老年人的交互逻辑和图标语义,并将其融入于界面设计中。同时,构建了一个老年人数字交互设计模型,揭示了交互设计对象中设计师、老年人和界面之间的关联和路径,从图标隐喻和心智模型两个维度来增加他们之间的联系,缓解老年人对界面的交互障碍。基于心智模型理论探索了老年人与界面的交互思维,通过匹配实现优化界面设计、提示体验的目标。基于图标隐喻理论探索了老年人的目标特征和源特征匹配特点,加深了对老年人图标隐喻过程的理解,为图标适老化设计提供了思路。

虽然本文是从心智和隐喻的视角讨论解决老年人交互障碍的路径,试图阐明其意涵,但不可避免地在讨论老年人交互心理时会与其他学科产生关联,比如图标中的隐喻跟语言学有交叉;老年人的心智模型与心理学交叉。此外,不同老年人群体、产品使用情境、用户情绪等因素也会对数字交互行为产生影响,未来对上述因素开展研究,有助于通过设计帮助老年人克服数字交互障碍。

第三节　心智模型:重塑数字交互行为思路

随着 5G、人工智能、大数据、物联网等信息技术的高速发展,用户信息获取日益便捷,信息需求不断增加,信息行为变得多样化、复杂化[100]。用户信息行为的研究重心逐渐从对系统的关注转向对用户信息行为体验的关注。用户信息行为体验可以概括为:人们对于使用或期望使用的信息产品、系统或服务的所有反应和结果[101]。当前在信息领域的研究,致力于如何有效提升用户信息行为体验,但研究主体主要局限于信息载体[102]、信息系统[103]和信息服务[104],对用户本身特征(包括心智模型、认知负荷)等因素的探索较少,存在一定的不完整性和不深入性。如何满足用户特征化需求、增强用户黏性和持续使用意愿、提升用户信息行为体验就变得尤为重要。

信息载体伴随着信息技术的发展在不断变化,其演进大致经历了从零载体、天然载体、人工载体、纸型载体、缩微载体、音像载体、封装型电子载体和网络载体 8 个循序渐进的发展阶段[105]。当前多以书籍为代表的纸质型信息载体、光盘为代表的微缩型信息载体和平板电脑等为代表的数字信息载体为主要研究对象[106]。国内外研究多关注不同信息载体对认知负荷变化和用户信息行为体验的影响。Ziefle 早在 1998 年发现信息载体变化导致用户认知负荷发生变化[107],之后学者对不同载体类型都有此方面的研究。Kretzschmar(2013)采用脑电和眼动相结合的方法,测试不同信息载体需要用户付出的认知努力程度,发现阅读载体变化对年轻群体并无明显实验差异,但老年群体采用平板电脑阅读时平均注视时间更短,脑电图波带电压密度更低,愉悦度和可读性方面表现更好[108]。Wastlund 等[109]研究指出电子阅读材质会让读者产生更高的认知负荷。与此相反,戴步云等使用认知负荷量表和态度偏好问卷,探究不同信息载体对初一学生阅读行为体验的影响,结果显示纸质信息载体比其他载体耗费更多的认知负荷,且认知负荷和态度偏好呈现显著的负相关,在进行电子阅读时该群体用户信息行为体验反而得到提升[110]。

信息系统作为信息传递的平台,在提升用户信息行为方面发挥着重要作用。当前通过信息系统提升用户信息行为的研究主要表现为:以系统质量的研究为主,对信息系统中用户特征研究较少。如在图书馆信息系统开发[111]和高校管理信息系统建设中[112]，研究者多专注于信息系统内容的设计。邱明辉从展示、组织和交互三个方面对 CNKI 数据库新旧两种版本对比分析后，从系统角度提出了提升用户信息行为体验的四项策略[113]，在系统开发中具有一定的指导意义。人机交互界面作为信息系统的外显形式，无论是分面导航设计[114]还是界面设计[115]，在近年来都得到了学者们的广泛关注。在 Norman"以用户为中心"理念的影响下，信息系统的开发构建逐渐强调了用户研究的价值。孙丽对用户需求、认知和行为进行了简要分析概括，将用户分析作为信息系统构建的基础，通过设计满足用户需求，提升信息行为体验[116]。用户研究对后期提升用户信息行为具有重要作用，但由于用户受到内外部因素影响，用户特征是复杂多样的，因此本研究在用户研究基础上深入挖掘用户特征，以从根本上提升用户信息行为体验。

信息服务是在信息载体和用户的服务互动中共同创造的[117]，在互动中用户信息行为体验至关重要。在图情领域，研究者致力于信息服务质量的提升优化，给用户带来更好的信息行为体验[118]。服务方式、服务内容、服务技术等方面的不断进步，使信息服务能够更好地提升用户信息行为体验[119]。胡昌平在交互式的信息服务组织中，研究了面向用户的交互式服务平台的构建和交互式信息服务的业务拓展，为用户信息行为体验的提升提供参考[120]。孙瑞英依据认知过程与信息服务过程的关联性，制定了相应的信息服务策略，从而更好地服务用户，增强用户满意度[121]。为更好地提升用户信息行为体验，国内外学者多采用用户画像以实现精准信息服务，该工具多集中于用户基本属性（如年龄、性别、兴趣等）、生活习惯和行为需求的构建[122]，构建维度偏向于静态特征，而用户具有动态性的特征，如认知负荷、心智模型等此类动态特征的研究较为匮乏，使得无法跟踪和挖掘用户数据的规律。

综上所述，信息载体、信息系统和信息服务中用户信息行为体验的研究已经相对成熟，但学者较多地关注了系统和服务带给用户的信息行为体验，研究内容更多的是系统和服务本身，缺乏从用户特征视角提升用户信息行为体验，如心智模型、认知负荷。因此，用户特征对用户信息行为体验的影响还有待进一步研究。本研究运用文献分析法，对相关信息行为体验研究进行分析，利用前人提升用户信息行为体验的研究成果，以"用户为中心"的视角分析心智模型、认知负荷的不同维度变化对用户信息行为体验的影响，并构建三者之间的关系模型，以期对后续用户信息行为体验的相关研究提供理论参考和设计启示。

一、数字交互与信息行为的关联

数字交互的本质是用户通过信息媒介开展信息搜寻、存储、交流等一系列信息行为。信息行为是一种包括信息源、信息渠道以及人类对信息进行主动或被动搜寻和利用的综合性行为，包括信息搜寻、选择、整理、利用、交流、传播、存储、忽略等行为。随着信息技术的发展，用户信息行为的探究逐渐从以优化检索系统为中心转向关注用户在特定信息活动中信息需求的满足[100]，之后，研究者开始注重用户信息行为体验的问题[123]。国内外提升用户信息行为体验的研究方法多从系统层面出发，如增加信息数量和提升信息质量、增强可用性、追求美学体验等。

随着信息数量的急剧增长和质量的大幅提升，高质量信息不仅"满足了规范或要求"[124]，且能较好地满足用户信息需求[125]，提升用户信息搜寻体验。D&M模型（2003）认为信息质量影响用户使用意愿和满意度，且在不同使用时间点上，信息资源的充分性和全面性与用户满意度之间的影响关系变化明显[126]。查先进等重点关注信息质量的六个维度，将准确性、完整性、及时性、相关性、范围和易理解性作为变量，发现信息质量显著正向影响用户的认知反应和情感反应，并进一步显著正向影响用户信息行为[127]。之后学者在此关联基础上，提出相应提升体验策略。如郭晶在图书馆信息资源建设中提出赋能存量、做优增量、把握变量，为用户提供高品质、专业化服务，有利于图书馆的高质量发展[128]。研究表明，信息资源对用户情感体验有显著影响，对提升用户信息行为体验发挥着基础性作用。

在可用性方面,研究者多聚焦于系统内容以及界面设计,通过对比和测试系统,探究如何更好地提升有效性、效率和用户满意度。郑方奇[129]、侯冠华[130]分别从横向和纵向上比较不同系统和界面的特点,探究适合目标用户的设计,以提升用户情感体验和增强可用性评价。王茜对手机图书馆用户体验及可用性进行调研设计,并提出对应的10条可用性设计原则[131],对用户信息行为体验的提升具有重要参考作用。在增强可用性的研究中,字体、字号、间距作为界面呈现的设计要素,备受学者关注。段莉莉研究数字阅读中字体、字号等界面布局变化对阅读深度、阅读体验的差异影响,实验结果显示自变量与因变量之间呈现显著相关性[132]。侯冠华探讨了字号、字间距和行间距对中老年人[133]以及不同年龄用户的阅读体验影响差异[134],提出符合目标人群的最优值。研究者从系统设计的不同维度出发增强可用性,对信息系统的开发和改进具有重要参考价值。

美学是用户信息行为体验的重要组成部分,国内外学者从系统界面角度出发,探讨美学对用户体验的重要性以及如何更好地提升用户美学体验。在 Vyas[135](2015)提出关于用户体验的"APEC"模型中,其中"A"代表美学,指用户对系统美学的直观感受,与用户信息行为体验有着密切关系。研究表明,具有美学的系统能促使用户产生积极的情绪刺激,进而增强用户美学体验[136]。郭春侠[137]等提出在信息产品的界面设计中,应尽可能遵循科学与艺术相结合的原则,强调信息布局的美学视觉效果;吴丹等将"设计美观"作为移动阅读应用的用户体验比较指标之一[138];刘蕤等通过实验探究发现:美学的视觉吸引力对用户体验的享乐质量、实用质量都有显著正向影响[139],体现出美学对用户体验的重要性。对美感与艺术性的追求,很大程度上影响着用户对信息内容价值的判断,促进用户对信息的理解和提升用户信息行为体验。在此背景下,徐芳从图文色彩协调性、网站整体风格一致性等维度对CNKI、维普、万方数字图书馆进行评价,为数字图书馆用户交互设计与提升用户体验提供了参考[140]。美学的提升有利于用户对信息的感知利用,进而增强用户信息行为体验质量。

上述研究发现，从信息系统方向提升信息行为体验的研究内容较为丰富，为系统的开发建设奠定了基础。用户信息行为研究经历了"系统导向—用户导向—认知导向"[141]三个阶段，学者们逐渐意识到了研究用户认知心理的重要性。心智模型和认知负荷作为用户重要特征，分别能够充分映射和影响用户认知思维，但当前对此类提升用户信息行为体验的研究比较缺乏。因此，本文旨在探索用户心理特征中心智模型、认知负荷对提升用户信息行为体验的作用与影响。

二、心智模型的本质及其影响因素

心智模型（Mental Model）亦称心智模式、心理模型等，最先由心理学领域提出，后应用于其他多个学科领域。1943年，心理学家肯尼斯·克雷克首次提出心智模型是人们在头脑中携带着世界如何运转的"小模型"，并指出人们会将外在世界表征并内化，据此将心智模型定义为：在人们心中根深蒂固存在的，影响人们认识世界、解释世界、面对世界，以及人们如何采取行动的成见、假设和印象[142]；Laird 在此基础上进一步推动心智模型理论发展，提出人们通过建立心智模型理解外部世界[143]。Norman（1983）指出心智模型在用户与系统交互过程中生成，指导用户如何思考系统运作[144]。1984年，Borgman 将心智模型引入图情领域，探究信息检索系统中用户的心智模型，认为心智模型是一种认知机制，帮助用户理解人机系统交互问题[145]。研究表明，心智模型反映了人们对信息对象、信息系统以及其他与信息相关过程的心理表征[146]，并在信息系统中得到了广泛应用。综上，在多种因素共同作用下，用户心智模型在脑海中形成了关于信息利用、检索等的信息内容，用以指导信息行为。

作为用户心理的内在表征，心智模型是隐性的，无法被直接观察。心智模型具有动态性、不完善性、差异性和迁移性等特征。首先，心智模型随信息环境变化而变化，用户会在变化中不断调整心智模型，以更好地适应环境和解决问题。动态性是心智模型区别于其他认知结构的重要特征,用户通过投入时间成本熟悉检索环境,此过程中不断修正,从而完善信息检索心智模型[147]。此外,用户还可以通过演绎推理获得新的知识,丰富心智模型内容[148]。因此,用户心智模型会随着新信息的添加和情况的变化而更新。之后,心智模型会不断自我完善。心智模型是反映客观现实的模型,但可能存在不完整、不准确,甚至是错误的情况。不准确的心智模型会导致错误的信息行为,从而降低用户信息行为体验[149,150]。基于此特征,Dimitroff 在研究文献目录交互检索系统时,提出心智模型完善度的概念,并使用量表进行测量,发现被试心智模型越完善,其搜索过程中所犯的错误就越少,获得的有用信息就越多[151]。其次,在用户内部特征和外部环境的共同作用下,用户之间的心智模型也具有差异性。韩正彪对用户心智模型进行实验分析,发现用户心智的构建受到多种因素影响,如知识、经验、思维预设等[152],所以不同用户持有的心智模型具有一定差异性。最后,心智模型具有迁移性。从迁移类型上可分为系统间迁移(同一类型载体)和系统外迁移(不同类型载体);从迁移程度上分为近迁移(表面相似)和远迁移(结构相似);从迁移影响上分为正向迁移(正确应用)和负向迁移(错误应用)[153]。Marchionini(1989)对不同类型载体的心智模型迁移进行研究,发现迁移效果与用户心智模型构造内容有密切关联[154]。当用户使用同一类型系统时,会借鉴已有心智模型与当前系统进行交互,完成决策或问题解决。同一类型系统有助于用户心智模型实现正向迁移,减少用户从 0 到 1 的学习付出,从而提升用户信息行为体验。上述研究表明,心智模型特征是多样复杂的,如何更好地利用心智模型特征,优化用户信息行为,提升用户信息行为体验,是本文的主要研究内容。

个体内部因素对心智模型形成具有不可忽视的影响作用,包括学术背景、年龄、性别、个性、地域以及用户先前经验[155,156]等。以学术背景为例,Borgman[157]发现自然科学、工程类专业的学生比社会科学、人文专业的学生有更好的信息搜寻策略,说明学术背景差异塑造了不同的心智模型;学术背景通过影响用户对外界环境的思维表征改变用户信息行为[158]。性别造成用户认知偏好差异,在同样知识水平的情况下，男性用户遇到失败后能够更快地修正心智模型，而女性用户对心智模型的修正较保守[147]。此外，强韶华发现地域对于用户的心智模型也会存在一定程度的影响[159]。经验丰富的用户其心智模型往往比新手用户更完善，从而能够更有效地使用系统[160]。韩正彪进一步比较了新手与专家用户的心智模型差异，发现新手用户的心智模型存在不完整性与不精确性[161]。

外部环境对心智模型塑造有深刻影响。在与外部世界互动中，任务、学习材料和环境等因素都会对心智模型动态性变化产生影响。在人与系统的交互过程，Zhang发现任务复杂度、难易度会影响用户对系统客体的理解，进而影响被试的心智模型[162]。复杂任务需要用户构建更为复杂的心智模型，当用户已有心智模型无法满足复杂任务需求，就会导致用户对系统评价较低。在任务的影响因素中，任务类型、复杂性、多样性、紧迫性以及用户完成任务的动机（真实任务 vs. 分配任务）都是需要纳入考虑的影响因素。此外，学习内容能够增加外部因素对心智模型的修正作用，Li等研究发现学习培训会显著地提升用户心智模型的质量[163]。学习材料的外在形式也会对心智模型产生影响[164]，趣味性、互动性高的学习材料对心智模型塑造具有良好的促进作用。环境因素中，楚榕珍选用三种不同网站引导策略探究外在环境如何作用于用户内部心智模型，发现不同引导策略对心智模型各结构变量存在显著影响[165]。

综上所述，影响用户心智模型的因素是复杂、多层次和多维度的[166-173]。心智模型在用户与外部环境接触的过程中逐渐建立，受内、外部因素共同作用，经历动态变化过程，不断修正与完善，对用户信息行为体验产生重要影响。

三、心智模型、认知负荷对信息行为体验的影响

1. 心智模型对信息行为体验的影响

信息行为体验是用户对信息行为结果的主观反馈和综合评价，受

诸多因素影响。心智模型是外部信息的内在映射,信息行为则是心智模型的外化表征。信息行为体验度量由显性与隐性测量方法共同构成,其中,行为绩效等是显性的,用户心智模型与信息系统的匹配度等则是隐性的。在信息行为的不同阶段,心智模型都在其中发挥重要作用[174]。

用户作为信息行为的主体,对信息的需求会随环境、心智模型的变化而发生变化[175]。首先,信息需求受任务影响,从而产生特定需求。其次,随着用户心智模型逐渐成熟,对信息的需求会产生变化[176]。此外,性别、环境等因素也会造成用户对信息需求的差异[177,178]。满足用户信息需求能够提升用户的信息行为体验,且用户对信息需求的迫切度会影响信息满足后的获得感[179]。

用户心智模型影响信息检索策略与搜寻行为。信息搜寻包含被动搜寻(信息浏览、偶遇)和主动搜寻(信息检索)[180,181],其中心智模型对主动搜寻的影响较大。受用户先前经验影响,对搜寻工具不熟练的新手用户往往花费时间长,搜寻绩效低,容易产生消极情感体验[182]。不完善,甚至错误的用户心智模型导致用户信息检索效率低、失败率高,信息搜寻障碍导致负性体验上升,从而影响用户的信息行为体验[183]。Xie等发现用户心智模型决定了信息检索策略是否会发生转变,伴随着检索策略转变,体验也将随之变化[184]。用户群体间心智模型具有较大差异,进而影响心智模型与系统匹配度,导致用户在信息行为中体验差异大[185-187]。

信息化时代信息数量大幅增长、质量参差不齐、呈现形式杂乱无序,对信息的剔除与选择就变得尤为重要[188]。用户心智模型会影响用户信息选择行为,对用户信息行为体验造成影响。信息选择是一种自上而下的信息行为,即用户心智模型决定了信息的采纳行为。然而,当信息量大、选择多时,就会出现不确定性,用户认知负荷加大,在信息行为中耗费更多时间和精力,用户在此过程中出现负面情感体验[189]。大量的信息呈现加大了用户认知负荷,信息超载使用户消耗大量认知资源,导致负面的情感体验。

基于上述研究结果，本研究构建了心智模型影响信息行为体验的理论模型，如图 3.13 所示：心智模型框架受到内、外部影响因素的共同作用，表现出动态性、不完善性、差异性和迁移性四种主要特征。心智模型难以直接测得，但其外化体现为信息行为，因此，心智模型分别对信息需求、搜寻和选择性体验产生影响。图中心智模型对信息行为体验的影响，分为显性和隐性体验两部分，显性具体包括系统可用性、系统易用性和任务绩效；隐性具体包括：匹配度、用户情感和用户满意度。

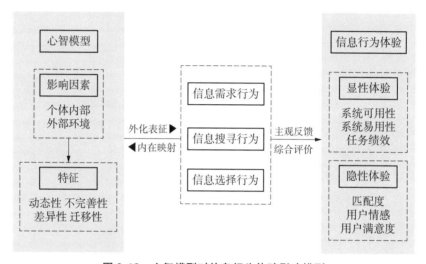

图 3.13　心智模型对信息行为体验影响模型

综上，心智模型对信息行为各阶段的体验都有重要影响，探究两者之间的关联有利于信息系统的开发和改进。Rahrovani 等发现经过培训的用户，其心智模型与系统的概念模型更为一致[190]。系统开发者可通过系统使用方法说明文档或教学视频等方法对用户进行简单培训教学，后期当用户心智模型与系统逻辑之间具有较强的一致性时，便可有效提升用户信息行为绩效和用户满意度。

2. 心智模型与认知负荷的相互作用

心智模型对用户认知和信息处理具有重要影响，进而影响用户认知资源的投入，即负荷水平。Saunders 从技术超载和认知超载的视角研究用户心智模型差异对信息处理能力的影响,发现当用户心智模型与系统心智模型差异过大时会出现技术超载和认知负荷超载的现象,对于用户和系统都不是一种理想状态[191]。因此,用户会通过调整心智模型改变行为,从而避免认知负荷超载[192]。

认知负荷水平则反作用于用户对外在世界的内化表征进程,即影响心智模型对信息资源的认知进程。余秋梅发现认知负荷可有效预测用户心智模型[193],低认知负荷更有利于心智模型的塑造[194]。在同一环境中,用户心智模型成熟度的差异会导致信息行为表现不同[195],高水平用户内在认知负荷往往较低[196]。总体上,用户心智模型作用于认知负荷,认知负荷反作用于心智模型。

心智模型的动态性特征与用户认知负荷的变化存在相关性。认知负荷随着任务难度的增加而递增[197],其结果会导致搜索时间变长,影响用户心智模型的形成,降低处理问题的效率。设计引导策略可有效降低任务难度,如采用"文档+视频"方式能大幅降低用户认知负荷,有助于用户心智模型的发展[165]。心智模型的动态性特征变化,有助于问题的创造性解决[198]。对于新手用户,简化界面相比完整界面具有更低的认知负荷,有助于心智模型构建,后期培训学习则能帮助心智模型增加完善度,从而有效提高用户工作效率。

根据已有研究结论,本研究构建了心智模型与认知负荷相互作用模型,如图 3.14 所示,图中虚线实心箭头表示两者存在的作用与反作用关系。总体而言,心智模型与认知负荷的内部因素相对稳定,难以在短时间内发生变化,其动态性特征主要受外部因素的影响。

因此,对信息系统管理者而言,通过培训学习获得的经验可有效降低用户认知负荷,提升用户的心智模型成熟度和质量,从而帮助用户更好地掌握信息系统的多样功能[199]。在系统界面呈现和内容设计时,清晰地呈现界面及逻辑层级可降低用户行为中的认知负荷,优化用户心智模型,从而减少认知偏差,克服认知障碍。

3. 认知负荷对信息行为体验的影响

已有研究表明,认知负荷对用户信息行为体验具有直接影响[171]。

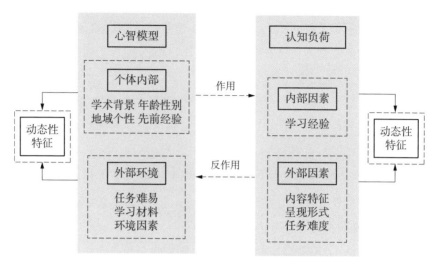

图 3.14 心智模型与认知负荷相互作用模型

侯冠华等研究发现，认知负荷与感知可用性呈现显著负相关[133]，界面布局与逻辑顺序不合理会加大用户认知负荷，增加用户的操作难度，导致用户对系统易用性评分降低。外在认知负荷受任务难易度影响，进而对用户信息体验产生直接影响。用户认知负荷通过任务的复杂度影响用户情绪体验，如任务难度的增加导致部分用户产生抵触，甚至排斥心理，这种负性情绪大幅增加不利于任务完成。Nielsen[200]、Wu[201]等发现搜索界面信息复杂度高的操作界面将会加大用户认知负荷，降低满意度。不仅如此，搜索提示辅助信息过多，也会加大用户认知负荷，从而影响信息搜索效率，降低用户信息行为体验[202]。基于用户体验的可视化信息系统对降低用户外在认知负荷具有重要意义，有助于提升用户信息行为中的正性情感，降低负性情感[203]。车敬上[204]研究了信息呈现数量与用户认知负荷大小的关系，发现信息超载延长了用户任务完成时间，降低了用户信息行为体验满意度；但他同时警告，认知负荷不足会引起注意力不集中，增加任务出错率，降低用户体验。石婷婷发现功能过载、社交过载、信息过载等使用户认知负荷超载，用户认知负荷超载对用户不满意和不持续使用意愿产生影响[205]。认知负荷对用户信息行为体验影响的相关研究发现,认知负荷过低会导致用户缺乏兴趣,超载则会对信息行为体验造成负性影响,因此,保持认知负荷均衡有助于用户信息行为体验提升。

认知负荷亦可通过心智模型间接影响信息行为体验,即心智模型发挥了部分中介作用[206],认知负荷大小受到内部以及外界因素的影响,进而影响心智模型对信息的表征,对用户行为体验造成影响。用户与系统的心智模型不匹配会致使用户困惑甚至误导,增加挫败体验感[207]。用户与系统的心智模型相匹配时,用户对系统可用性和易用性有正向感知[208]。在信息加工时,用户对具象符号相较于抽象符号付出的心理努力更低,即认知负荷更低[209];认知负荷较高时,用户心理努力程度提高,错误率会增加,从而降低用户信息体验[210]。认知负荷作用于心智模型,如内部因素用户学习经验对隐喻设计和心智模型迁移具有重要作用,通过隐喻和迁移将抽象内容与已有心智模型加以匹配,可有效提升信息行为绩效,增强信息系统易用性[206]。在认知负荷对信息行为体验间接影响中,心智模型能够发挥部分中介作用。

根据已有研究结论,本研究构建了认知负荷对信息行为体验影响模型,图如 3.15 所示。认知负荷对信息行为体验的影响分为直接影响

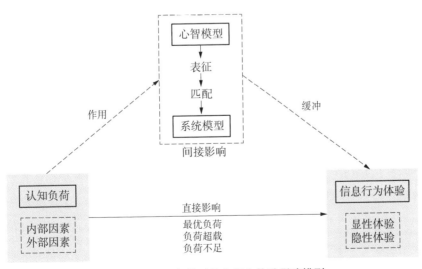

图 3.15 认知负荷对信息行为体验影响模型

和间接影响，其中最优负荷时对用户行为体验产生正向影响，而负荷超载和不足都会对行为体验产生负向影响；间接影响中，虚线表示心智模型的中介作用，认知负荷会影响系统与用户心智模型匹配度，匹配度高，则用户信息行为体验提升。

通过总结发现，在提升信息行为体验中，应充分重视认知负荷和心智模型在其中发挥的作用。进行系统设计中应针对目标用户特征对系统功能进行等级区分，如新手用户设置保留系统主要功能，专家用户则可接触到更多功能，以此满足不同用户需求，平衡用户认知负荷。将系统功能匹配用户心智模型，可更有效提升用户信息行为体验。

四、信息行为中用户体验影响因素理论框架

用户信息行为体验受到多种因素共同影响，其中用户自身特征发挥了重要作用。为探究用户特征中心智模型、认知负荷对用户信息行为体验的影响，探究三者存在的密切关系以及相互作用，本研究基于已有研究结论，在前文模型基础上构建了用户信息行为体验整体影响因素模型，如图 3.16 所示。该模型强调了心智模型、认知负荷在用户信息行为体验中各自扮演的角色，将心智模型、认知负荷与行为体验贯通串联，描述了三个内容的关联性，强调三者相互的独立性和紧密联系，相互关系如下所述。

心智模型与认知负荷同属用户个体特征，两者共同作用下对用户信息行为体验产生影响。图中，心智模型受个体内部以及外部环境影响呈现动态性、不完善性、差异性和迁移性的特征，并与用户认知负荷产生作用与反作用关系。在影响路径中，心智模型与系统模型匹配兼容，则用户行为绩效以及满意度正向提升；当两者差异过大，则会显著降低用户行为体验。如图所示，认知负荷具体的影响因素不同，所属认知负荷细分类型也存在较大的差异性。认知负荷分为内在认知负荷、外在认知负荷和关联认知负荷，空心箭头表示概念自身的影响关系，此处箭头指向了对应认知负荷类型的影响因素。作为信息系统开发者，

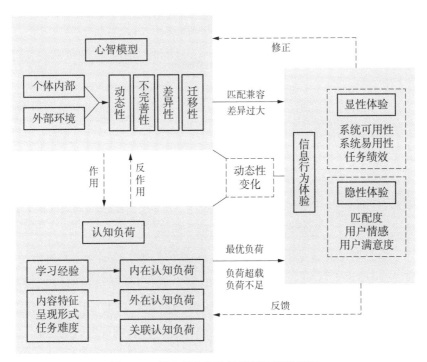

图 3.16　用户信息行为体验影响因素模型

应重点关注外在认知负荷,此类认知负荷提升会阻碍用户心智模型的
建立[211]。复杂信息系统导致用户外在认知负荷升高,延缓心智模型构
建效率和准确性。另一方面,当系统信息组织的逻辑框架与用户心智
模型匹配,用户认知负荷则会大幅降低。综上,合理认知负荷水平有助
于心智模型构建;用户心智模型与系统匹配则有助于降低认知负荷。
心智模型与认知负荷的变化使用户的信息体验具有一定的动态性[212],
模型中用虚线框表示心智模型、认知负荷和用户体验的动态变化特性。

　　本研究发现,用户信息行为体验可能还会反向作用于心智模型和
认知负荷,即信息行为体验对心智模型具备修正作用。在完成任务过
程中,当任务绩效较低或任务效果不好时,则会促使用户调整修正心智
模型以更好地完成任务,降低用户认知负荷[147]。图中下部分虚线表示
信息行为体验对认知负荷的反馈作用。用户行为体验会影响用户对信
息的接收和处理能力,如在信息行为中用户负面情感体验容易阻碍用

户对事物的表征,削弱用户的信心,加大认知负荷,从而制约用户信息行为[213]。从 D&M 模型角度来看,较高的系统可用性能够降低用户认知负担[126],减少撤销、清除等冗余操作,进而减少用户认知负荷和交互时间成本[214]。

本研究通过总结当前研究者提出的提升用户信息行为体验策略,归纳现有研究不足,并探索性地从用户个体特征角度出发,构建了用户信息行为体验影响因素模型。研究结果表明,从用户特征层面探究用户信息行为体验的影响是有必要的,厘清了影响用户信息行为体验的因素,有助于从用户心理角度探索如何更好提升信息行为体验,为今后的信息系统设计提供理论基础和实践性指导。

通过对已有成果的回顾和分析,提出了本研究的三个主要发现:首先,心智模型与认知负荷的相互作用机理;其次,认知负荷对信息行为体验存在直接或间接影响,其中心智模型可能存在部分中介作用;最后,用户心智模型与认知负荷在影响信息行为体验的同时,信息行为体验对心智模型和认知负荷可能存在的反作用。在信息系统设计中应充分尊重用户特征,挖掘目标用户心智模型特征和认知负荷。

在具体实践中,本研究获得两点启示。首先,了解用户特征对信息系统设计具有重要作用,在系统开发和迭代过程中评估目标人群的用户心智模型与认知负荷,能提升设计方案的有效性;其次,系统内容应当兼顾"新手模式"和"专家模式",使不同经验水平用户匹配不同系统模型,满足不同用户需求,提升用户行为绩效和满意度。

参考文献

[1] 张萍,丁晓敏.代偿机制下适老智慧产品交互设计研究[J].图学学报,2018,39(04):700-705.

[2] 卜娴慧.感官代偿介入下的既有社区公共空间无障碍设计[D].深圳大学,2019.

[3] 张钰曌,陈洋.基于感官代偿的特殊教育学校公共空间无障碍设计策略研究[J].建筑学报,2017(S2):56-62.

[4] 熊兴福,李姝瑶.感官代偿设计在产品中的应用[J].包装工程,2009,30(10):131-132,139.

［ 5 ］ 王真. 面向视障人士的体感交互式智能产品设计研究［D］. 山东建筑大学,2020.

［ 6 ］ Wall C, Wrisley D, Oddsson L. Vibrotactile feedback of mediolateral trunk tilt or foot pressure increases locomotor performance in healthy older adults——a pilot study ［C］//Conference proceedings: Annual International Conference of the IEEE Engineering in Medicine and Biology Society. IEEE Engineering in Medicine and Biology Society. Conference, 2012,2012:6145－6148.

［ 7 ］ Levy-Tzedek S, Maidenbaum S, Amedi A, et al. Aging and sensory substitution in a virtual navigation task ［J］. PloS one, 2016,11(3):e0151593.

［ 8 ］ Nanay B. Sensory substitution and multimodal mental imagery ［J］. Perception, 2017,46(9):1014－1026.

［ 9 ］ Saktheeswaran A, Srinivasan A, Stasko J. Touch? Speech? or Touch and Speech? Investigating Multimodal Interaction for Visual Network Exploration and Analysis ［J］. IEEE Transactions on Visualization and Computer Graphics, 2020,26(6):2168－2179.

［10］ Schiavo G, Mich O, Ferron M, et al. Trade-offs in the Design of Multimodal Interaction for Older Adults ［J］. 2021.

［11］ Schüssel F, Honold F, Weber M. Influencing factors on multimodal interaction during selection tasks ［J］. Journal on Multimodal User Interfaces, 2013, 7(4):299－310.

［12］ Kim S M, Jung E S, Park J. Effective quality factors of multimodal interaction in simple and complex tasks of using a smart television ［J］. Multimedia Tools and Applications, 2017,76(5).

［13］ Srinivasan A, Stasko J. Orko: Facilitating multimodal interaction for visual exploration and analysis of networks ［J］. IEEE transactions on visualization and computer graphics, 2017,24(1):511－521.

［14］ 杨志. 针对老年人的文字、色彩及版式设计研究述评［J］. 装饰,2012(05):86－87.

［15］ Huang H, Yang M, Yang C, et al. User performance effects with graphical icons and training for elderly novice users: A case study on automatic teller machines ［J］. Applied Ergonomics, 2019,78:62－69.

［16］ 陈建新,王升,雷程淋. 多感官体验下适老智能穿戴产品研究［J］. 艺术与设计(理论),2021,2(10):96－98.

［17］ Zhang S, Xu W, Zhu Y, Tian E, Kong W. Impaired Multisensory Integration Predisposes the Elderly People to Fall: A Systematic Review. Front Neurosci. 2020 Apr 28,14:411.

［18］ Carr S, Pichora-Fuller M K, Li K Z H, et al. Multisensory, multi-tasking performance of older adults with and without subjective cognitive decline ［J］. Multisensory Research, 2019,32(8):797－829.

［19］ Tayfun L E, Vanessa L E, Proulx M J. Multisensory inclusive design with sensory substitution ［J］. Cognitive Research, 2020,5(1):154－161.

[20] Bach-y-Rita P, Kercel S W. Sensory substitution and the human-machine interface [J]. Trends in cognitive sciences, 2003,7(12):541－546.

[21] Brown D J, Proulx M J. Audio-vision substitution for blind individuals: Addressing human information processing capacity limitations [J]. IEEE Journal of Selected Topics in Signal Processing, 2016,10(5):924－931.

[22] 葛美芹.听力言语障碍群体信息交流产品的设计研究[D].江南大学,2011.

[23] 王亦敏,焦斐.多感官参与下的体验式产品设计[J].艺术与设计(理论),2013,2(09):135－137.

[24] Fletcher M D. Using haptic stimulation to enhance auditory perception in hearing-impaired listeners [J]. Expert Review of Medical Devices, 2021, 18(1):63－74.

[25] Sorgini F, R Caliò, Carrozza M C, et al. Haptic-assistive technologies for audition and vision sensory disabilities [J]. Disability and Rehabilitation Assistive Technology, 2017:1－28.

[26] 徐梦陶.中国画院美术馆多模态交互数字体验设计研究[D].大连理工大学,2021.

[27] 谷学静,王志良,贺杰,郑思仪,王巍.面向老年人的智能家居多模态交互系统研究[J].计算机科学,2011,38(11):216－219.

[28] 汪海波,殷埙.智能电视语音用户界面适老化设计策略研究[J].安徽工业大学学报(社会科学版),2021,38(05):35－37.

[29] 徐洁漪,席涛.基于多模态感官理论的交互式数字艺术研究[J].工业设计,2018(03):97－99.

[30] 杨冬梅,张从,张健楠.基于具身认知的老年人多通道感知与行为研究[J/OL].包装工程,2022,14:122－128.

[31] 郭会娟,丁明珠,汪海波.高龄用户智能产品多通道交互映射路径研究[J].包装工程,2020,41(24):85－90.

[32] Bilius L B, Vatavu R D. A multistudy investigation of drivers and passengers' gesture and voice input preferences for in-vehicle interactions [J]. Journal of Intelligent Transportation Systems, 2020,25(2):197－220.

[33] Mosquera-DeLaCruz JH, Loaiza-Correa H, Nope-Rodríguez SE, Restrepo-Girón AD. Human-computer multimodal interface to internet navigation [J]. Disabil Rehabil Assist Technol. 2021;16(8):807－820. doi:10.1080/17483107.2020.1799440.

[34] Bellal Z, Elouali N, Benslimane S M, et al. Integrating Mobile Multimodal Interactions based on Programming By Demonstration [J]. International Journal of Human-Computer Interaction,2021,37(5):418－433.

[35] Lloyd-Esenkaya T, Lloyd-Esenkaya V, O'Neill E, et al. Multisensory inclusive design with sensory substitution [J]. Cognitive Research Principles and Implications,2020,5(1):26－30.

[36] 童永红.基于"FSIS"设计模型的家电类触摸屏产品用户界面概念设计研究

[D].北京邮电大学,2010.

[37] Jacobson H. The Informational Capacity of the Human Eye [J]. Science, 1950,112(2901):143－144.

[38] Bach-Y-Rita P. Brain mechanisms in sensory substitution [M]. Academic Press, 1972.

[39] White B W, Saunders F A, Scadden L, et al. Seeing with the Skin [J]. Attention Perception & Psychophysics, 1970,7(1):23－27.

[40] Osinski D, Hjelme D R. A Sensory Substitution Device Inspired by the Human Visual System [C]//2018 11th International Conference on Human System Interaction (HSI). IEEE, 2018.

[41] Maidenbaum S, Abboud S, Buchs G, et al. Blind in a virtual world: Using sensory substitution for generically increasing the accessibility of graphical virtual environments [C]//2015 IEEE Virtual Reality (VR). IEEE, 2015.

[42] Fletcher M D, Verschuur C A. Electro-haptic stimulation: A new approach for improving cochlear-implant listening [J]. Frontiers in Neuroscience, 2021, 15:613.

[43] Jaimes A, Sebe N. Multimodal human-computer interaction: A survey [J]. Computer vision and image understanding, 2007,108(1－2):116－134.

[44] 胡飞,张曦.为老龄化而设计:1945 年以来涉及老年人的设计理念之生发与流变[J].南京艺术学院学报(美术与设计),2017(06):33－44,235.

[45] 陈仪,刘敬慧.以用户为中心的交互隐喻设计研究[J].科技经济导刊,2020,28(04).

[46] 任梦馨.音乐可视化动态设计在移动终端上的应用研究[D].江南大学,2020.

[47] 李世龙.基于用户能力的老年智能产品包容性设计策略研究[J].设计,2020, 33(04):128－130.

[48] 倪佳,李芳宇.基于信息无障碍的老年人饮食健康手机应用设计[J].工业设计,2017(01):93－94.

[49] Johnson-Laird, Philip N. Mental Models: Toward a Cognitive Science of Language, Inference and Consciousness [J]. Harvard University Press. 1983: 191－211.

[50] Rouse, William, Morris B, et al. On looking into the black box: Prospects and limits in the search for mental models [J]. Psychological Bulletin, 1986.

[51] Ziefle M, Bay S. Mental Models of a Cellular Phone Menu. Comparing Older and Younger Novice Users [C]//Mobile Human-computer Interaction-mobile Hci, International Symposium, Glasgow, Uk, September. 2004.

[52] 廖宏勇.图形界面的隐喻设计[J].同济大学学报,2010,21(3):76－82.

[53] 鲁忠义,贾利宁,翟冬雪.道德概念垂直空间隐喻理解中的映射:双向性及不平衡性[J].心理学报,2017,49(02):186－196.

[54] Sease R. Metaphor's Role in the Information Behavior of Humans Interacting with Computers [J]. Information Technology & Libraries, 2008,27(4).

[55] Black M. More about metaphor [J]. Dialectica, 1977,31(3－4).

[56] Ward van, H. A mental model approach to design [D]. Delft, 2019.

[57] 姜霖.交互设计用户心智模型建模方法——以老年人互联网约车出行 APP 为例[J].南京艺术学院学报(美术与设计),2018(06):165－170.

[58] Ghorbel, Fatma, Métais, Elisabeth, Ellouze, Nebrasse, Hamdi, Fayçal, Gargouri, Faiez, 2017. Towards accessibility guidelines of interaction and user interface design for Alzheimer's disease patients. In: Paper Presented at the 10th International Conference on Advances in Computer-Human Interactions.

[59] 穆婉青.基于修辞格识别的鉴赏类问题解答方法研究[D].山西大学硕士学位论文,2018.

[60] 陈洁,谢世坚.莎士比亚四大悲剧中明喻与暗喻的认知探究[J].四川戏剧,2015(03):46－51.

[61] 龚玉苗.隐喻和明喻异质论的认知解读——以相似性特征为研究视角[J].外语教学,2013,34(01):37－41.

[62] Chan M Y, Sara H, Drew L M, et al. Training Older Adults to Use Tablet Computers: Does It Enhance Cognitive Function? [J]. Gerontologist(3):475－484.

[63] Yang H, Han S H, Park J. User interface metaphors for a PDA operating system [J]. International Journal of Industrial Ergonomics, 2010,40(5):517－529.

[64] 范琪,叶浩生.具身认知与具身隐喻——认知的具身转向及隐喻认知功能探析[J].西北师大学报(社会科学版),2014,51(03):117－122.

[65] 何灿群,吕晨晨.具身认知:无意识行为的认知探寻[J].南京艺术学院学报(美术与设计),2020(03):69－73,210.

[66] Cates, W.M., 1994. Designing hypermedia is hell: metaphor's role in instructional design. In: Proceedings of Selected Research and Development Presentations at the 1994 National Convention of the Association for Educational Communications and Technology. US Department of Education, Washington, DC, pp.95e108.

[67] Johnsonlaird P N. Mental models: Towards a cognitive science of language, inference, and consciousness [M]. Cambridge University Press, 1983.

[68] Rice, Mark, Alm, et al. Designing new interfaces for digital interactive television usable by older adults [J]. Computers in Entertainment, 2008,6(1):1－20.
Zhou J, Chourasia A, Vanderheiden G. Interface Adaptation to Novice Older Adults' Mental

[69] Models through Concrete Metaphors [J]. International Journal of Human-computer Interaction, 2016:1－15.

[70] Ko Y C, Lo C H, Chen C C. A Study of the Application of Design By Metaphors to the User Interface of Smartphones [J]. KnE Social Sciences, 2018,3(10).

[71] Mertens A, David KochKörfges, Schlick C. Designing a User Study to Evaluate the Feasibility of Icons for the Elderly ［J］. Mensch & Computer, 2011.

[72] 朱永海.基于知识分类的视觉表征研究[D].南京师范大学,2013.

[73] 蒋赏.基于心智模型的儿童 AR 读物设计研究[J].传媒,2020(24):43－45.

[74] HYang H, Han S H, Park J. User interface metaphors for a PDA operating system ［J］. International Journal of Industrial Ergonomics, 2010,40(5):517－529.

[75] 雷卿.基于心理模型的隐喻理解[J].外语教学,2008(03):8－12.

[76] Li, P. & Beheshti, J (2005), "Doctoral Students' Mental Models of a Web Search Engine", Data, Information, and Knowledge in a Networked World, Canadian Association for Information Science 2005 Annual Conference, The University of Western Ontario, London, 2－4.

[77] 李庆丽.乔治·莱考夫概念隐喻思想研究[D].吉林大学,2020.

[78] 李林英,刘平青,孟凡臣.图式、心智模式及其管理[J].北京理工大学学报(社会科学版),2005(06):70－73.

[79] 魏屹东.认知表征的方法论:隐喻、假设与建模[J].山西大学学报(哲学社会科学版),2009,32(05):24－28.

[80] 雷卿.语言表征的感知基础——心智哲学视角[J].现代外语,2012,35(04):346－352,436.

[81] 李彦,刘红围,李梦蝶,袁萍.设计思维研究综述[J].机械工程学报,2017,53(15):1－20.

[82] Alan Cooper. About Face:交互设计精髓 4[M].电子工业出版社,2015:12.

[83] Ramsey H, Grimes J. Human factors in interactive computer dialog ［J］. Annual Review of Information Science and Technology, 1983,18:29－59.

[84] 林一,陈靖,刘越,王涌天.基于心智模型的虚拟现实与增强现实混合式移动导览系统的用户体验设计[J].计算机学报,2015,38(02):408－422.

[85] 张凯.产品设计中的认知模式研究[D].南京艺术学院,2019.

[86] Philip N, Johnson-Laird. Mental models and human reasoning ［J］. Proceedings of the National Academy of Sciences of the United States of America, 2010.

[87] 陈其超.基于心智模型的电动汽车车载信息系统交互设计研究[D].华东理工大学,2019.

[88] 赵超.设计意义的建构:设计心理学研究综述与案例分析[J].装饰,2020(04):42－53.

[89] Dimitroff A. Mental Models Theory and Search Outcome in a Bibliographic Retrieval System ［J］. Library & Information Science Research, 1992,14(2):141－156.

[90] Zhang X. A study of the effects of user characteristics on mental models of information retrieval systems ［D］. 1998.

［91］ 丁梦晓.基于心智模型的知识发现系统用户交互优化研究［D］.吉林大学,2019.

［92］ Soper D S, Mitra S. The Nature, Antecedents, and Impacts of Visuo-Spatial Mental Models of Web Interface Design ［J］. IEEE Access, 2016, 4(99): 7930–7939.

［93］ Jung H, Wiltse H, Wiberg M, et al. Metaphors, materialities, and affordances: Hybrid morphologies in the design of interactive artifacts ［J］. Design Studies, 2017, 53(nov.): 24–46.

［94］ Forceville C. Metaphor in pictures and multimodal representations ［M］ New York: Cambridge University Press, 2008: 462–482.

［95］ 冯德正.多模态隐喻的构建与分类——系统功能视角［J］.外语研究,2011,28(1):24–29.

［96］ 林一,陈靖,刘越,王涌天.基于心智模型的虚拟现实与增强现实混合式移动导览系统的用户体验设计［J］.计算机学报,2015,38(02):408–422.

［97］ Ajzen I. The theory of planned behavior ［J］. Organizational Behavior and Human Decision Processes, 1991.

［98］ Pornpitakpan C. The Persuasiveness of Source Credibility: A Critical Review of Five Decades' Evidence ［J］. Journal of Applied Social Psychology, 2004, 34(2):243–281.

［99］ Tsai M T, Lee K W. A study of knowledge internalization: From the perspective of learning cycle theory ［J］. Journal of Knowledge Management, 2006, 10(3):57–71.

［100］ Staats H, Harland P, Wilke H. Effecting Durable Change A Team Approach to Improve Environmental Behavior in the Household ［J］. Environment & Behavior, 2004, 36(3):341–367.

［101］ Bendor R. Interactive Media for Sustainability ［M］. 2018.

［102］ 曹阳,刘娟.浅析设计师与用户间心智模型匹配［J］.装饰,2011(06):98–99.

［103］ 潘颖,郑建明.多学科视角下国外用户信息行为研究述评［J］.图书馆,2019(09):67–74.

［104］ ISO. 9241—210:2010. Ergonomics of human system interaction part 210: human centered design for interactive systems ［S］. Switzerland: International organization for standardization (ISO), 2010:7–9.

［105］ 张辑哲.论信息的内容、形式与载体［J］.档案学通讯,2008(01):23–25.

［106］ 李玉海,朱泽,李梓奇,刘融冰.高校图书馆新一代管理信息系统构建想［J］.数字图书馆论坛,2019(10):2–7.

［107］ 钱蒏蔚,王天卉.面向用户体验的图书馆信息服务质量控制方式及策略研究［J］.图书馆学研究,2020(17):59–66,101.

［108］ 方卿.论信息载体演进的基本规律［J］.图书情报工作,2002(01):17–21,28.

［109］ 闫莉.基于不同载体的公共图书馆信息资源建设研究［J］.河南图书馆学刊,2019,39(03):17–18,22.

[110] Ziefle, M. (1998). Effects of display resolution on visual performance. Human Factors, 40(4):554 – 568.

[111] Kretzschmar F, Pleimling D, Hosemann J, Fussel S, Bornkessel-Schlesewsky I, & M Schlesewsky (2013). Subjective Impressions Do Not Mirror Online Reading Effort: Concurrent EEG-Eyetracking Evidence from the Reading of Books and Digital Media [J/OL], 2013 – 02 – 06.

[112] WaStlund E, Reinikka H, Norlander T, et al. Effects of VDT and paper presentation on consumption and production of information: Psychological and physiological factors [J]. Computers in Human Behavior, 2005, 21(2): 377 – 394.

[113] 戴步云,邓磊,简小珠,王东东,王亚捷. 信息载体对初一学生认知负荷与态度偏好的影响[J]. 心理学探新,2019,39(04):363 – 367.

[114] 赵燕群,陈晓华. 图书馆文献信息系统建设探讨[J]. 图书馆论坛,2007(06): 148 – 151.

[115] 张文峰. 高校管理信息系统建设中的问题及对策[J]. 图书馆论坛,2002(02): 42 – 44.

[116] 邱明辉. 基于用户体验的数字图书馆设计研究——以 CNKI 中国博士学位论文全文数据库为例[J]. 情报杂志,2011,30(07):162 – 168.

[117] 邱明辉. 信息查询系统的分面导航设计研究[J]. 现代情报,2018,38(10): 78 – 84,120.

[118] 陈冬梅,胡正华. 面向用户的信息系统界面设计方法研究[J]. 现代图书情报技术,2007(11):49 – 53.

[119] 孙丽,田才. 基于用户体验的网站信息构建模型[J]. 情报科学,2010,28(06): 907 – 910.

[120] 韩正彪. 国外信息检索系统用户心智模型研究述评与展望[J]. 情报学报, 2018,37(07):668 – 677.

[121] 张明霞,祁跃林,李丽卿,金美玲. 图书馆用户体验的内涵及提升策略[J]. 新世纪图书馆,2015(07):10 – 13.

[122] 王雪莲. 我国移动图书馆的信息服务模式研究[J]. 图书馆学研究,2015(01): 88 – 92.

[123] 胡昌平,李阳晖. 面向用户的交互式信息服务组织分析[J]. 图书馆论坛,2006 (06):188 – 193.

[124] 孙瑞英,蒋永福. 基于用户认知心理过程规律的信息服务研究[J]. 图书馆建设,2014(02):78 – 82.

[125] 徐芳,应洁茹. 国内外用户画像研究综述[J]. 图书馆学研究,2020(12): 7 – 16.

[126] 丁一,郭伏,胡名彩,孙凤良. 用户体验国内外研究综述[J]. 工业工程与管理, 2014,19(04):92 – 97+114.

[127] Wang R Y, Strong D M. Beyond accuracy: What data quality means to data consumers [J]. Journal of Management Information System, 1996, 12(4):

5-34.

[128] Pipino L L, Lee Y W, Wang R Y. Data quality assessment [J]. Communications of the ACM, 2002,45(4):211-218.

[129] Delone W H, Mclean E R. The DeLone and McLean Model of Information Systems Success: A Ten-Year Update [J]. Journal of Management Information Systems, 2003,19(4):9-30.

[130] 查先进,张晋朝,严亚兰.微博环境下用户学术信息搜寻行为影响因素研究——信息质量和信源可信度双路径视角[J].中国图书馆学报,2015,41(03):71-86.

[131] 郭晶.赋能存量,做优增量,把握变量——面向"十四五"的国内高校图书馆文献信息资源建设思考[J/OL].图书情报工作:1-8[2021-03-05].https://doi.org/10.13266/j.issn.0252-3116.2021.01.008.

[132] 郑方奇,赵宇翔,朱庆华.用户体验视角下数字阅读平台人机交互界面的比较研究[J].图书馆杂志,2015,34(07):50-58.

[133] 侯冠华,董华,刘颖,范光瑞.导航结构与认知负荷对老年读者数字图书馆用户体验影响的实证研究——以国家数字图书馆为例[J].图书情报工作,2018,62(13):45-53.

[134] 王茜,张成昱.清华大学手机图书馆用户体验调研及可用性设计[J].图书情报工作,2013,57(04):25-31.

[135] 段莉莉,施笑畏,茛道方.数字阅读中界面布局对阅读效果的影响研究[J].图书馆理论与实践,2020(05):105-109.

[136] 侯冠华,宁维宁,董华.认知负荷视角下的中老年人数字阅读界面体验设计研究[J].信息系统学报,2018(01):15-26.

[137] 侯冠华,宁维宁,董华.字号、间距影响数字阅读体验的年龄差异研究[J].图书馆,2018(08):97-102.

[138] Vyas D, Veer G V D. APEC: A Framework for Designing Experience [EB/O]. http://www.Academia.edu/282319/APEC_A_Framework_Designing_Experience, 2015-07-08.

[139] Brielmann A A, Pelli D G. Beauty Requires Thought [J]. Current Biology, 2017,27(10).

[140] 郭春侠,储节旺.信息组织的三重境界:序化、优化、美化[J].情报资料工作,2011(02):15-18.

[141] 吴丹,冉爱华.移动阅读应用的用户体验比较研究[J].现代图书情报技术,2015(Z1):73-79.

[142] 刘蕤,张雨萌,余佳琪.健康素养视角下的移动医疗 App 用户体验研究[J].现代情报,2020,40(10):62-72.

[143] 徐芳,戴炜轶.国内数字图书馆用户交互体验比较实验与分析[J].图书馆学研究,2014(12):18-22.

[144] 曹梅.略论用户信息行为研究的演进[J].图书情报工作,2010,54(02):55-58.

[145] Craik K. The nature of explanation [M]. Cambridge: Cambridge University Press, 1943.

[146] Johnson-Laird, P. N. (1983). Mental models. Cambridge, MA: Harvard University Press.

[147] Norman D A. (1983). Some observations on mental models. In D Gentner & AL Stevens (Eds.), Mental Models (pp. 7 – 14).

[148] BORGMAN C L. The user's mental model of an information retrieval system: effects on performance [D]. California: Stanford University, 1984.

[149] Yan Z. Undergraduate students' mental models of the Web as an information retrieval system [J]. Journal of the Association for Information Science & Technology, 2014,59(13):2087 – 2098.

[150] 白晨,甘利人,朱宪辰.基于信息用户决策心智模型的实验研究[J].情报理论与实践,2009,32(10):94 – 98.

[151] Johnson-Laird PN (2010) Mental models and human reasoning. Proc Natl Acad Sci USA 107(43):18243 – 18245.

[152] KAHNEMAN D. 2003, A perspective on judgment and choice: Mapping bounded rationality. American Psychologist, 58,697 – 720.

[153] KAHNEMAN D and T VERSKY A. 1996, On the reality of cognitive illusions. Psychological Review, 103,582 – 591.

[154] DIMITROFF. Mental models and error behavior in an interactive bibliographic retrieval system [D]. Alexanda: The University of Michigan, 1990.

[155] 韩正彪.综合性文献数据库大学生用户心智模型影响因素及效用分析:以CNKI 为例[J].图书情报工作,2014,58(21):81 – 91.

[156] Ausubel D A. Educational psychology: a cognitive view [M]. New York: Holt, Rinehart & Winston, 1968.

[157] Marchionini G. Making the transition from print to electronic encyclopaedias: adaptation of mental models [J]. International Journal of Man-Machine Studies, 1989,30(6):591 – 618.

[158] Heinrich, William F. Toward ideal enacted mental models of learning outcomes assessment in higher education [J]. Journal of Applied Research in Higher Education, 2017,9(4):490 – 508.

[159] Egan D E (1988). Individual differences in human-computer interaction. In M E Helander (Ed.), Handbook of human-computer interaction (pp. 543 – 568). North Holland: Elsevier Science Publishers B. V.

[160] Borgman C L (1989). All users of information retrieval systems are not created equal: An exploration into individual Differences. Information Processing & Management, 25(3),237 – 251.

[161] Kamala T N (1991). Individual differences in the use of CD ROM databases. Unpublished Ph. D. dissertation, University of Hawaii at Manna, Honolulu, HI

[162] 强韶华,吴鹏.地域性差异视角下的网站分类用户心智模型空间性研究[J].

现代图书情报技术,2015(11):68-74.

[163] Staggers N and Norcio A (1993) Mental models: Concepts for human-computer interaction research. Interna-tional Journal of Man-Machine Studies, 38,587-605.

[164] 韩正彪.基于用户心智模型的文献数据库评价研究[J].图书与情报,2018(04):72-79.

[165] Zhang Y. The impact of task complexity on people's mental models of MedlinePlus [J]. Information Processing and Management, 2012,48(1):107-119.

[166] Li P, Beheshti J. Doctoral students' mental models of a web search engine [C]//Proceedings of the Canadian Association for Information Science 2005 Annual Conference on Data, Information, and Knowledge in a Networked World. The University of Western Ontario, London, 2005:2-4.

[167] Katzeff C (1988). The effect of different conceptual models upon reasoning in a database query writing task. International Journal of Man-machine Studies, 29,37-62.

[168] 楚榕珍,吴鹏.网站引导策略对用户操作中的心智模型变化的影响[J].图书情报知识,2019(03):91-100.

[169] Sweller J. Cognitive load during problem solving: Effects on learning [J]. Cognitive Science, 1988,12(2):257-285.

[170] Baddeley A (1992).Working memory. Science, 255,556-559.

[171] Schneider W, & Shiffrin R M (1977). Controlled and automatic human information processing. I. Detection, search, and attention. Psychological Review, 84(1),1-66.

[172] Sweller J. Element interactivity and intrinsic, extraneous, and germane cognitive load [J]. Educational Psychology Review, 2010,22(2):123-138.

[173] 张慧,张凡.认知负荷理论综述[J].教育研究与实验,1999(04):45-47.

[174] 谭旸,袁勤俭.认知负荷理论及其在信息系统研究中的应用与展望[J].现代情报,2019,39(12):160-169.

[175] 庞维国.认知负荷理论及其教学涵义[J].当代教育科学,2011(12):23-28.

[176] De Jong, T. (2009). Cognitive load theory, educational research, and instructional design: Some food for thought. Instructional Science. doi:10.1007/s11251-009-9110-0.

[177] Jiang S, Street R L. Pathway linking internet health information seeking to better health: a moderated mediation study [J]. Health Communication, 2017,32(8):1024-1031.

[178] 袁静.高校图书馆用户移动信息行为模型构建[J].图书馆学研究,2018(15):58-63.

[179] 叶光辉,曾杰妍,胡婧岚.用户应急信息搜寻行为研究评述[J].图书情报知识,2019(04):71-81.

[180] 王晋,支茵.性别差异视角下网络问答社区减肥信息需求主题特征研究——以"知乎"为例[J].现代情报,2021,41(02):89-96,131.

[181] 邓胜利,武奕.突发公共卫生事件下社会化问答网站用户健康信息需求研究[J].图书情报知识,2020(06):15-26.

[182] 牛金玉,陈超亿,宁良文,张鹏,毕雪晶,吴群红,郝艳华.新冠肺炎疫情下的公众风险沟通满意度:信息需求、渠道偏好、媒介信任与情绪的影响[J].中国科学基金,2020,34(06):794-803.

[183] Hariri N, Asadi M, Mansourian Y. The impact of user's verbal/imagery cognitive styles on their web search behavior [J]. 2014,66(4):401-423.

[184] Wilson D T. Models in information behaviour research [J]. Journal of Documentation, 1999,55(3):249-270.

[185] 徐芳.用户个体差异对数字图书馆交互体验评价的影响研究[J].图书馆建设,2014(09):56-61.

[186] Chen H, Dhar V. User misconceptions of information retrieval systems [J]. International Journal of Man—Machine Studies, 1990,32(5):673-692.

[187] Xie I, Joo S. Transitions in Search Tactics During the Web-Based Search Process [J]. JOURNAL OF THE AMERICAN SOCIETY FOR INFORMATION SCIENCE AND TECHNOLOGY, 2010,61(11):2188-2205.

[188] Le J V, Pedersen L B, Riisgaard H, et al. Variation in general practitioners' information-seeking behaviour — a cross-sectional study on the influence of gender, age and practice form [J]. Scandinavian Journal of Primary Health Care, 2016,34(4):327-335.

[189] Jaafar N I, Ainin S, Yeong M W. Why bother about health? A study on the factors that influence health information seeking behaviour among Malaysian healthcare consumers [J]. International Journal of Medical Informatics, 2017,104:38-44.

[190] Zhang X. A study of the effects of user characters on mental models of information retrieval system [D]. Toronto: University of Toronto, 1998.

[191] 朱鹏威.基于用户信息行为的高校图书馆微信公众平台建设研究[J].情报科学,2019,37(02):133-137.

[192] 陈萱.图书馆用户信息行为中消极情感体验与规避策略[J].图书馆工作与研究,2020(09):85-88.

[193] Rahrovani S, Mirzabeigi M, Abbaspour J. The trained and untrained users' mental models compatibility with the icons of search modules in Iranian digital library applications [J]. Library Hi Tech, 2017,35(2):290-300.

[194] Saunders C, Wiener M, Klett S, et al. The impact of mental representations on ICT-related overload in the use of mobile phones [J]. Journal of Management Information Systems, 2017,34(3):803-825.

[195] Zhang S, Zhao L, Lu Y, Yang J. Do you get tired of socializing? An empirical explanation of discontinuous usage behaviour in social network services [J].

Information& management, 2016(7):904 - 914.

[196] 余秋梅.认知负荷对个人理论影响刻板印象相关信息加工的调节作用[J].中国临床心理学杂志,2015,23(04):630 - 634.

[197] Marchionini G, Lin X, & Dwiggins S (1990). Effects of search and subject expertise on information seeking in a hypertext environment. In D. Henderson (Ed.), Proceedings of the 53rd Annual Meeting of the ASIS (pp. 129 - 142). New York: ASIS.

[198] Clarke T, Ayres P, & Sweller J (2005). The impact of sequencing and prior knowledge on learning mathematics through spreadsheet applications. Educational Technology Research and Development, 53, 15 - 24.

[199] Seufert T, J?Nen I, R Brünken. The impact of intrinsic cognitive load on the effectiveness of graphical help for coherence formation [J]. Computers in Human Behavior, 2007,23(3):1055 - 1071.

[200] Kalyuga S, Ayres P, Chandler P, & Sweller J (2003). The expertise reversal effect. Educational Psychologist, 38(1),23 - 31.

[201] 孙崇勇,刘电芝.学习材料的背景颜色对认知负荷及学习的影响[J].心理科学,2016,39(04):869 - 874.

[202] Reis H M, Borges S S, Durelli V H S, et al. Towards Reducing Cognitive Load and Enhancing Usability Through a Reduced Graphical User Interface for a Dynamic Geometry System: An Experimental Study [C]//Multimedia (ISM), 2012 IEEE International Symposium on. IEEE, 2012.

[203] Nielsen J. "Seniors as Web users" [EB/OL]. http://www.useit.com/alertbox/seniors.html, 2013 - 12 - 30.

[204] Wu L, Zhu Z, Cao H, et al. Influence of information overload on operator's user experience of human-machine interface in LED manufacturing systems [J]. Cognition Technology & Work, 2016,18(1):161 - 173.

[205] Kules B, Xie B. Older adults searching for health information in Medline Plus — an exploratory study of faceted online search inter-faces [C]. Proceedings of the 74th Annual Meeting of the American Society for Information Science &Technology.

[206] Figl K, Mendling J, Strembeck M. The influence of notational deficiencies on process model comprehension [J]. Journal of the Association for Information Systems, 2013,14(6):312 - 338.

[207] 车敬上,孙海龙,肖晨洁,李爱梅.为什么信息超载损害决策? 基于有限认知资源的解释[J].心理科学进展,2019,27(10):1758 - 1768.

[208] 石婷婷.图书馆微信公众号用户不持续使用意愿的实证研究[J].图书馆研究,2019(1):1 - 8.

[209] 韩正彪,许海云.文献数据库用户心智模型演进驱动因素研究[J].情报学报,2016,35(07):749 - 761.

[210] Preece J, Rogers Y, Sharp H, 2002. Interaction Design: Beyond Human-

Computer Interaction. Wiley, New York.

[211] Jeong H. An investigation of user perceptions and behavioral intentions towards the elibrary [J]. LIBRARY COLLECTIONS ACQUISITIONS&TECHNICAL SERVICES, 2011,35(2-3):45-60.

[212] 丁道群,罗扬眉.认知风格和信息呈现方式对学习者认知负荷的影响[J].心理学探新,2009,29(03):37-40,68.

[213] Bedny G Z, Karwowski W, Bedny I. Complexityevaluation of computer based tasks [J]. InternationalJournal of Human-Computer Interaction, 2012,28(4):236-257.

[214] Schnotz W, & Kürschner C (2007). A reconsideration of cognitive load theory. Educational Psychology Review, 19(4):469-508.

[215] 郑杨硕,朱奕雯,王昊宸.用户体验研究的发展现状、研究模型与评价方法[J].包装工程,2020,41(06):43-49.

[216] 黄崑,李京津,吴英梅.信息行为研究中的情感负荷理论及应用研究综述[J].图书情报工作,2018,62(12):116-124.

[217] Akers D, Jeffries R, Simpson M, & Winograd T (2012). Backtracking events as indicators of usability problems in creation-oriented applications. ACM Transactions on Computer-Human Interaction, 19(2):1-40.

第四章

提升用户体验:促进
老年人持续使用交互产品意愿

数字交互是指用户通过手机等移动终端在线上移动应用或数字平台开展的信息交流活动[1]。近年来,我国移动网络信息行为用户群体发生了巨大的变化,《老龄蓝皮书:中国城乡老年人生活状况调查报告(2018)》指出,中国老年人正在成为使用互联网的主力军,老年人的移动网络信息行为需求巨大。大量移动数字交互 APP 的开发为老年人开展数字交互活动提供了重要渠道。如今日头条,网易云阅读等阅读软件使用大数据分析方法,根据老年用户阅读偏好,提供了定制信息推送、好友分享等服务。研究表明,数字交互正在被越来越多的老年人所接受[2]。然而,用户的信息行为既受社会信息环境的制约,也受到个体的信息意识、能力及认知心理因素影响。此外,信息服务平台的有用性、易用性、信息质量及用户体验等因素,都是影响用户接受度和持续使用移动网络信息的重要因素。数字交互内容质量的参差不齐、软件设计的包容性差、操作复杂等用户体验因素,可能会对老年人持续开展信息行为的意愿产生影响。

第一节　数字交互持续意愿的理论模型

一、创新扩散理论

创新扩散理论表明,一项新信息系统产品能否被接受并取得成功,不仅与技术本身是否先进有关,还受到用户对该产品的认知和接受行为影响[3]。虽然用户的初步采纳至关重要,但只有用户持续使用才能凸显产品价值,而用户使用意愿和行为是动态变化的,在"行为—反思"的反复循环中,用户会逐步完善对产品的思考,从而影响使用意愿[4,5]。用户体验是指用户在使用产品和接受服务过程中,通过不断反思逐步建立起来的纯主观感受[6]。已有研究围绕数字阅读或移动图书馆开展了大量用户体验模型构建的工作,如邓胜利构建了交互式信息服务的用户体验模型[7],李月琳等以用户与数字图书馆的交互模型为理论基础,构建了数字图书馆交互功能评估模型[8],但已有研究缺乏对老年人的关注,尤其在老年人阅读体验如何影响其信息行为持续意愿方面的研究不足,近年来国内老龄人口比例加大,研究数字阅读体验对老年人信息行为持续意愿的影响机制非常必要。了解老年人的信息需求,保持他们的信息行为意愿,有助于老年人积极参加社会活动和国家建设。为此,本研究以老年人为研究对象,探讨数字阅读体验对老年人信息行为持续意愿的影响机理。

信息系统成功模型对用户体验非常重视,认为用户体验会影响用户满意度,改变用户行为,从而对信息行为产生冲击[9]。用户体验具有很大的主观性,最受学术界认可的用户体验定义是由国际标准化组织(International Organization for Standardization, ISO)提出的,定义如下:"用户体验是用户在使用一种产品或者享受一种服务时结合原来自己的经历所产生的生理上、感官以及心理上的全部体验感受,包括情感、信仰、喜好、认知印象、生理和心理反应、行为和成就等各个方面"[10]。该定义中包含了用户的生理、感官和心理等多方面感受，由此衍生出多种用户体验度量方法。

二、用户体验的要素模型

用户体验理论源于可用性测试，前人曾将可用性等同于用户体验[11]，直到市场供求关系彻底变化，产品竞争日益激烈，用户成为市场决策的主角，用户体验的概念才被广泛认可。可用性是用户体验的核心构成要素之一，其评价主体是产品、系统和用户行为绩效[12]，缺乏对用户主观感受的测量，为了弥补可用性测试的不足，Hassenzahl 将用户体验的要素扩充为实用性体验和享乐性体验，其中实用性体验主要指产品的可用性，他认为实用性体验对软件、信息类产品至关重要[13]，而享乐性体验则指用户的情绪、感知、需求满足等心理感受[14]。在此基础上，Morville 对用户体验的构成要素细分为可用性、有用性、合意度、易查找、易用性、可靠性和有价值 7 个构成要素[15]。这些要素中可用性、易查找和可靠性是针对产品、信息系统的，其余要素都是用户的主观感受。随着用户体验理论发展的深入，用户体验越来越强调用户的主观感受，包括用户的情感体验、价值体验。另一方面，用户对产品的用户体验质量要求也越来越高，用户体验质量对使用者的态度有重要影响。

用户体验是用户——交互环境——系统三方面相互作用产生的，因此用户体验质量主要是用户对交互质量和系统质量的评价。Lewis 将计算机系统的用户体验评价质量归纳为可用性、信息质量、系统质量和界面质量四个维度，并开发了 CSUQ 量表对上述维度开展测量，且量表信、效度很高[16]。该量表中的可用性测量包括操作的简单性、易用性；信息质量是指错误信息提示，信息明确易找；系统质量指功能完备，出错后易恢复等；界面质量主要指美观度。Delone 和 Mclean 认为信息系统能否成功由六要素决定，包括系统质量、信息质量、使用、用户满意度、个人影响和组织影响，他们指出，系统质量和信息质量会影响使用意图和用户满意度[9]。李武将电子书的内容质量、互动质量和界面设计质量作为数字阅读体验的质量评价要素[17]。上述研究表明内容质量、信息质量，系统质量和界面质量能够反映用户体验。数字阅读软件作为一个信息系统，其所服务的内容质量、信息质量、系统响应速度都反映了用户数字阅读体验，故对老年人数字阅读体验做了二阶验证性因素分析，并提出研究假设：

H1 移动阅读软件内容质量能反映老年人数字阅读体验。

H2 移动阅读软件信息质量能反映影响老年人数字阅读体验。

H3 移动阅读软件系统质量能反映老年人数字阅读体验。

H4 移动软件界面质量能反映老年人数字阅读体验。

本研究将老年人数字阅读体验作为一个新的影响因素，通过构建二阶结构方程模型，探讨数字阅读体验对老年人信息行为意愿的影响。

三、期望确认持续使用模型

已有研究将数字阅读APP中的各类服务视为先进信息系统，围绕信息系统技术特点，研究技术因素对持续使用意向的影响。相关研究的代表性理论包括科技接受模型（Technology Acceptance Model）[18]，理性行为理论（Theory of Reasoned Action）[19]，创新扩散理论（Innovation Diffusion Theory）[20]等。本研究更偏重于用户的研究，结合老年用户个人因素探讨数字阅读行为的持续发生意愿。老年人的信息交互行为属于情感型和娱乐型信息交互类型，他们通过信息交互满足情感需求，解除烦恼，调剂精神[21]。他们的信息浏览行为通常事先没有明确目标，期待在信息浏览中满足已知或未知的信息需求。本研究针对老年用户的信息行为特点，提出将老年人阅读体验作为影响因素，探讨其对用户满意度、持续行为意愿的影响。

期望确认理论（Expectation Confirmation Theory, ECT）最早用于检验和理解消费者行为[22]，如消费者满意度对再购买意愿的影响[23]。Davis等对TAM与ECT模型做了比较和拓展[18]。Bhattacherjee将期望确认理论引入了信息系统领域，构建了信息系统持续使用模型

（Expectation Confirmation Model of IS continuance，ECM），他分析了接受行为与持续使用行为的差异，提出积极的期望确认度（用户对产品期望与感知性能的比较）正向影响满意度和感知有用性[24]。ECM 具有四个核心要素：感知的有用性、期望确认度、满意度和持续使用意愿，其中期望确认度对感知的有用性和满意度有显著正向影响，感知的有用性和满意度对持续使用意愿有显著正向影响[25]。此后，Bhattacherjee 以社会认知理论为基础，将模型的关注点从持续使用意愿转移到使用行为，加入了自我效能和促成因素两个自变量，对模型做了扩展[26]。

　　由于期望确认理论及其扩展模型的研究对象是工作场合的信息系统，主要分析了用户外在动机（如信息系统功效的认知）与使用意图之间的关系，所以缺少了用户内在感受对持续使用意图的影响分析[24,26]。此外，Oliver 提出消费者在消费过程中会将自己的期望与实际消费体验做比较，当与预期相符或超出预期时，满意度会提升[23]。老年人的数字阅读行为主要受内在动机驱动，因此对数字阅读 APP 的满意度应当受用户认知与主观感受双重作用影响。阅读体验是指老年人在数字阅读 APP 使用后的一种反思性主观感受，这种反思包含了内容质量、信息质量、系统质量和界面质量。据上述理论推测，老年人的数字阅读体验与期望确认度、感知有用性、满意度之间存在正向关系。即：

　　H5 老年人数字阅读体验会显著地正向影响期望确认度。

　　H6 老年人数字阅读体验会显著地正向影响感知有用性。

　　H7 老年人数字阅读体验会显著地正向影响满意度。

　　根据 Bhattacherjee 构建的信息系统持续使用模型，提出研究假设：

　　H8 期望确认度会显著地正向影响满意度。

　　H9 期望确认度会显著地正向影响感知有用性。

　　H10 感知有用性会显著地正向影响持续使用意愿。

　　H11 满意度会显著地正向影响持续使用意愿。

　　由此构建的二阶结构方程模型如图 4.1 所示。该结构方程图显示感知有用性和满意度在用户体验和持续使用行为之间起中介作用，但是到底是部分中介作用还是完全中介作用需要进一步探讨，因此提出以下研究假设：

H12 感知有用性对阅读体验影响持续使用行为有中介效应。

H13 满意度对阅读体验影响持续使用行为有中介效应。

H14 阅读体验对持续使用行为有直接效应。

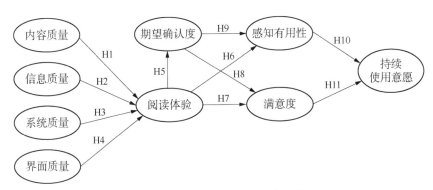

图 4.1　老年人信息行为持续意愿模型

第二节　数字交互持续意愿影响因素实证过程

一、老年人用户选择

本研究采用问卷调查的方法采集数据，聚焦 60 岁以上老年人，受访对象要求拥有智能手机，且已经具有一定的数字阅读 APP 使用经验。研究中未对阅读软件种类做限制，并将浏览各类移动端新闻门户网站视为数字阅读。问卷调查采用入户访谈和在线发布的方法一起开展，共收回有效数据 283 份。

受访用户平均年龄为 68.3±5.1 岁，性别比例约 1∶1，每天使用手机超过 3 小时的用户约占总受访人数的 70%，由于受访老年人出生时间主要分布于 1945—1955 年前后，因此受访者总体学历偏低，多集中于小学、初中和高中，约 10% 的受访者被访者具有专科以上学历。此外，约有 15% 的受访者仍然处于退而不休的工作状态中。总体上，受访者分布具备比较典型的代表意义。

二、问卷设计与发放

为确保本研究所编制问卷具有良好的信度和效度，量表问项基本改编自文献中的权威量表，根据研究内容略做了调整。问卷分为三个部分，第一部分主要收集人口学统计特征和数字阅读行为特征，作为有效问卷筛选的重要参考；第二部分是用户体验测量，采用李克特七级量表形式，变量包括内容质量、信息质量、系统质量和界面质量，每个变量由 4 个问项构成，共 16 个题项；第三部分是持续数字阅读意愿测量，变量包括感知有用性、期望确认度、满意度和持续使用意愿，共含 14 个题项，具体量表问项如表 4.1 所示。

表 4.1　老年人信息持续行为意愿测量变量及量表问项

变量	因子	量表问项	参考来源
内容质量（Quality of Content, QC）	QC1	阅读 APP 内容资源丰富，能满足我的阅读需求	Lin & Wang, 2012
	QC2	阅读 APP 内容可靠，有利于我了解新事物	
	QC3	阅读 APP 不同栏目内容安排合理，能够满足我的阅读需求	
	QC4	阅读 APP 同类内容信息链接丰富，有助于我全面了解信息	
信息质量（Information Quality, IQ）	IQ1	阅读 APP 提供的操作信息很清晰	Moores, 2012[27] Lewis, 1995
	IQ2	在阅读 APP 界面，很容易找到我想要的功能	
	IQ3	APP 界面提供的信息提示很清晰，有助于我完成操作	
	IQ4	阅读 APP 界面的信息逻辑很清晰，易查找	

续　表

变量	因子	量表问项	参考来源
系统质量 （System Quality, SQ)	SQ1	我的操作总是能获得 APP 的快速响应	Lewis, 1995
	SQ2	无论我在浏览哪个页面,我总是能快速地回到首页位置	
	SQ3	操作不当时,系统能给出清晰的错误提示	
	SQ4	我觉得阅读 APP 的系统很可靠	
界面质量 （Interface Quality, ITQ)	ITQ1	阅读 APP 界面设计让人感到很愉悦	Lewis, 1995
	ITQ2	阅读 APP 界面设计让人感到很漂亮	
	ITQ3	阅读 APP 的界面设计得简洁、有序	
	ITQ4	阅读 APP 界面中的图标信息很清晰,容易被理解	
感知有用性 （Perceived usefulness, PU)	PU1	使用阅读 APP 对我了解更多信息是有用的	Davis et al., 1989
	PU2	这个 APP 可以帮我更快地找到想要的信息	
	PU3	这个 APP 可以提高我寻找信息的效率	
	PU4	这个 APP 可以帮我提供有关新闻最新有用的信息	
期望确认度 （Confirmation)	C1	阅读 APP 的使用体验比我预期的要好	Oliver, 1980 Bhattacherjee, 2001
	C2	阅读 APP 提供的功能比我预期的要好	
	C3	总的来说,我使用阅读 APP 的大部分期望都达到了	
满意度 （Satisfaction)	S1	使用阅读 APP 让我感到非常欣喜	Bhattacherjee, 2001 Bhattacherjee & Premkumar, 2004
	S2	我使用的阅读 APP 非常讨人喜欢	
	S3	使用阅读 APP 我的需求都得到了满足	
	S4	使用阅读 APP 总体上让我感到十分满意	

变量	因子	量表问项	参考来源
持续使用意图（Continuance Intention, CI）	CI1	我打算继续使用阅读 APP，而不是停用它们	Bhattacherjee, 2001 Bhattacherjee & Premkumar, 2004 Davis et al., 1989
	CI2	我的意图是继续使用这些阅读 APP，而不是使用其他替代品	
	CI3	如果可以，我将停止使用这些阅读 APP（反向编码）	

三、问卷整理与数据分析

为发现问卷设计中的不足，如措辞的准确性和易理解性，内容的必要性和恰当性，邀请了 2 位副教授、3 位博士生作为测试对象，对问卷进行测试。他们评估了测量问项对测量变量有用性和必要性，问项来源的有效性，并对问项措辞提出了建议。在此基础上，对 10 位老年人做了入户调研，邀请他们填写问卷，并记录他们在问卷填写中存在的问题，如问项是否存在误解或重复现象。基于专家和老年用户的建议和反馈，对问卷措辞模糊之处做了修改。在保证每个测量变量至少含有 3 个问项的前提下，对语义相近的问项做了删除，避免老年人答题时会产生误解。

本研究通过纸质问卷和网络问卷相结合的方式收集数据。本次数据采集共收回问卷 427 份，其中有效问卷 283 份，含纸质问卷 71 份，网络问卷 212 份，所有参与答题的老年人都收到 10—50 元金额不等的现金酬劳。问卷鉴定与筛选标准如下：1、若对第二、三部分问题回答全部相同，则视为无效问卷。2、存在部分问项尚未完成的问卷视为无效问卷。3、在第二、三部分变量中，如果变量含 3 个问项，则存在 1 个缺失值即为无效数据，如对应变量为 4 个问项，存在 2 个及以上缺失值即为无效数据。

第三节　用户体验影响老年人数字
交互持续意愿机制

一、用户体验影响老年人信息交互持续意愿的测量模型

使用验证性因子分析对内容质量、信息质量、系统质量、界面质量、感知有用性、期望确认度、满意度和持续使用意愿构建测量模型,判断各问项的因子负荷,删除因子负荷低于 0.5 的问项。本研究将测量模型构建分为两个步骤:首先,对所有变量做验证性因子分析,构建测量模型;其次,将内容质量、信息质量、系统质量和界面质量作为用户体验的外生变量,构建测量模型。测量模型构建完成后,做信度和效度分析,其中信度检验的计算指标为组合信度(Composite Reliability, CR),效度检验分别采用平均方差抽取量(Average Variance Extracted, AVE)和区分效度两个指标来测量,多元相关平方(Square Multiple Correlation, SMC)用于表示模型的解释率,具体结果如表 4.2 所示。

表 4.2　一阶测量模型信、效度分析

变量	因子	载荷	SMC	CR	AVE
QC	QC1	0.788	0.621	0.819	0.602
	QC2	0.839	0.704		
	QC4	0.694	0.482		
IQ	IQ1	0.672	0.452	0.756	0.508
	IQ2	0.773	0.598		
	IQ3	0.690	0.348		
SQ	SQ1	0.592	0.350	0.804	0.584
	SQ3	0.816	0.666		
	SQ4	0.857	0.734		

续　表

变量	因子	载荷	SMC	CR	AVE
ITQ	ITQ2	0.800	0.640	0.784	0.549
	ITQ3	0.762	0.581		
	ITQ4	0.654	0.428		
PU	PU2	0.690	0.476	0.750	0.501
	PU3	0.732	0.536		
	PU4	0.700	0.490		
Con	C1	0.778	0.605	0.779	0.541
	C2	0.720	0.518		
	C3	0.707	0.500		
SA	S1	0.623	0.388	0.812	0.521
	S2	0.768	0.590		
	S3	0.794	0.630		
	S4	0.691	0.477		
CI	CI1	0.686	0.471	0.768	0.530
	CI2	0.618	0.382		
	CI3	0.858	0.736		

　　Fornell 等提出组合信度值大于 0.6 以上，平均方差抽取量大于 0.5 以上，模型都是可以接受的[28]。本研究的一阶测量模型中，所有变量的组合信度值都大于 0.7，说明具有较好的信度，平均方差抽取量全部大于 0.5，说明效度较好。

　　进一步构建二阶测量模型，根据研究假设构建的结构方程模型，如图 4.3 所示，将内容质量、信息质量、系统质量、界面质量作为用户体验的测量项，二阶验证性模型的拟合指标是目标系数（Target coefficient，T），越接近 1 表示二阶模型越能代表一阶[29]。T 值的计算方法是用一阶模型卡方值除以二阶模型卡方值，本研究中一阶模型卡方值为 503.4，二阶模型卡方值为 535.7，T 值＝0.94，二阶模型成立。

表 4.3　变量之间的区分效度分析

	QC	IQ	SQ	ITQ	PU	Con	SA	CI
QC	**0.776**							
IQ	0.616	**0.713**						
SQ	0.397	0.569	**0.764**					
ITQ	0.505	0.492	0.402	**0.741**				
PU	0.500	0.622	0.581	0.533	**0.707**			
Con	0.057	0.223	0.502	0.576	0.607	**0.735**		
SA	0.586	0.125	0.587	0.601	0.386	0.523	**0.722**	
CI	0.677	0.540	0.644	0.656	0.487	0.535	0.467	**0.728**

备注:对角线粗体字为 AVE 开平方值,下三角为变量间皮尔逊相关性系数。

为了验证变量与变量之间具有不可替代性,对区分效度进行计算,如表 4.3 所示,区分效度通过变量间的相关性矩阵计算,并将 AVE 开平方后的值放置在对角线处,该值若大于其他相关性系数,则说明具有较好的区分效度[28]。由表 4.3 可知,本研究各个变量之间具有较好的区分效度。

二、用户体验影响老年人信息交互持续意愿的结构模型

在测量模型各项指标符合标准的前提下,利用最大似然法(Maximum Likelihood, ML)对结构方程模型进行分析,使用 Mplus7 进行操作,验证假设是否成立。在数据符合正态分布的前提下,ML 法是针对连续型变量做回归分析的常用方法,本研究中有效样本量 283,符合应用该算法的基本要求[29]。结构方程模型能否成立,主要取决于模型拟合度的各项指标是否符合相关规定。模型拟合度指标主要包括:①卡方值越小越好,自由度越大越好,卡方值/自由度(Normed Chi-square, NC)一般应小于 3;②RMSEA 值,该指标一般应小于 0.08;

③CFI 和 TLI 值,该指标大于 0.9 为宜;④SRMR 值,该指标一般应小于 0.08。通过模型修正,如通过删除修正指标卡方值最高的题目,使结构方程模型符合拟合指标,模型拟合度情况如表 4.4 所示。

表 4.4　模型拟合度指标结果

拟合度指标	标准值	实际值
χ^2	越小越好	332.7
df	越大越好	164
χ^2/df	3>卡方值/自由度>1	2.029
RMSEA	<0.08	0.086
CFI	>0.9	0.918
TLI	>0.9	0.938
SRMR	<0.08	0.043

在模型拟合度符合条件的基础上,进一步检验研究假设是否成立。由于二阶测量模型目标系数 T=0.94,接近 1,说明二阶测量模型能够很好地替代一阶模型,此外,二阶测量模型的因子载荷全部大于 0.6,且区分效度较好,说明对 H1—H4 成立,即内容质量、信息质量、系统质量、界面质量能够较好地反映老年人数字阅读体验。结构方程模型结果如表 4.5 所示。

表 4.5　结构方程模型回归系数及相关指标

因变量	自变量	标准化回归系数	标准误	P 值	R^2	研究假设成立情况
期望确认	阅读体验	0.420	0.018	<0.001	0.231	H5 成立
感知有用性	阅读体验	0.267	0.020	<0.001	0.375	H6 成立
	期望确认	0.318	0.021	<0.001		H9 成立
满意度	阅读体验	0.378	0.015	<0.001	0.565	H7 成立
	期望确认	0.338	0.012	<0.001		H8 成立

续　表

因变量	自变量	标准化回归系数	标准误	P 值	R^2	研究假设成立情况
持续使用意图	感知有用性	0.223	0.041	<0.001	0.526	H10 成立
	满意度	0.573	0.036	<0.001		H11 成立

结构方程结果显示,老年人数字阅读体验对期望确认程度具有显著正性影响($\beta=0.42, p<0.001$),老年人数字阅读体验($\beta=0.267, p<0.001$)和期望确认程度($\beta=0.318, p<0.001$)对感知有用性具有显著正性影响,上述两个自变量对感知有用性的解释率达到 37.5%。老年人数字阅读体验($\beta=0.378, p<0.001$)和期望确认程度($\beta=0.338, p<0.001$)对满意度的正向影响显著,解释率达 56.6%。感知有用性($\beta=0.223, p<0.001$)和满意度($\beta=0.573, p<0.001$)对持续使用意愿正向影响显著,解释率达 52.6%。研究假设 H5—H11 成立。结构方程模型如图 4.2 所示。

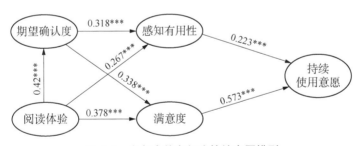

图 4.2　老年人信息行为持续意愿模型

三、用户体验影响老年人信息交互持续意愿的中介效应

在结构方程模型基础上,继续使用 Mplus7 做中介效应,以持续使用意愿为因变量,阅读体验为自变量,为计算中介效应的标准误,将 Bootstrap 设置为 5000 次,构建置信区间。结果如表 4.6 所示。

表4.6　阅读体验影响持续使用意愿的中介效应分析结果

		标准化回归系数	P 值	置信区间(2.5%—97.5%)	研究假设成立情况
间接效应					
持续使用意愿	阅读体验	0.200	<0.001	0.127—0.358	H12 成立
	感知有用性				
持续使用意图	阅读体验	0.270	<0.001	0.197—0.458	H13 成立
	满意度				
直接效应					
持续使用意图	阅读体验	0.023	0.39	−0.091—0.025	H14 不成立

研究结果表明,感知有用性和满意度的间接效应显著,阅读体验对持续使用意图的直接效应不存在。

第四节　用户体验影响老年人数字交互持续意愿的反思

本研究依据信息系统持续使用理论,通过文献回顾与分析构建了老年人信息行为持续意愿模型,如图 4.2 所示,将老年人数字阅读行为作为研究对象,通过问卷设计与预测试,确定了影响老年人信息行为持续意愿各变量的测量因子,随后正式开展了问卷调查,结果发现老年人数字阅读体验对期望确认度、感知有用性、满意度及持续使用意愿有不同影响。

一、用户体验对期待确认度的影响

Bhattacherjee 认为用户在考虑是否会持续使用某个新的信息系统时,期待确认度、感知有用性和满意度起到关键作用[24]。信息持续行为分为以下阶段:首先用户在使用新信息系统前会对该系统产生预期;在使用后会对该信息系统形成主观认知即用户体验;之后将主观认知与使用前的预期进行比较,如果预期得到确认,满意度就会提升,从而促使用户产生持续使用的意愿[17]。本研究的结果证实了在这一过程中,用户体验对预期确认有重要意义。模型检验结果显示,数字阅读体验对期待确认度有显著正向影响,且解释率为 23.1%。这说明持续提升老年人数字阅读体验能够提升他们对数字信息产品的期待确认度。数字阅读体验越好,期待确认程度就越高,促使他们对数字阅读产品更满意,因此持续使用信息产品的可能性就越大。

本研究结果也符合社会认知理论(Social Cognitive Theory, SCT)关于信息持续行为的解释,该理论认为人的行为是个人认知、社会环境和行为之间相互作用的结果[30],交互体验越好,越有利于三者之间良性互动,该理论在信息系统研究中被广泛接受。老年人在进行持续的信息行为过程中,良好的用户体验能够带给他们愉悦感[31,32],当这种真实体验超出他们的预期时,信息行为本身就成为一种激励,促使他们对数字阅读产品产生依赖。愉悦的体验是提升他们期待确认度的直接原因。因此,在实践中,要想提升老年人对信息产品的期待确认程度,应从内容质量、信息质量、系统质量和界面质量四个方面入手,提升他们的使用体验。

二、用户体验对感知有用性的影响

本研究在确认了期待确认度能显著正向影响感知有用性($\beta=0.318, p<0.001$)的同时,发现老年人数字阅读体验能显著正向影响他们对该类信息产品的感知有用性($\beta=0.267, p<0.001$)。该结果部分验证了李君君等的研究结论。他们的研究以移动数字阅读为研究对象,将用户体验分为感官层体验、认知层体验和反思层体验,构建了用户体验动态行为模型,发现三层次用户体验都对感知有用性有显著正性影响[33]。本研究与李君君等研究的不同之处在于问卷调查的对象全

部是老年人,且对用户体验的度量包含了感官层、认知层和行为层体验
要素,但测量因子不同,主要从信息系统内容质量、信息质量、系统质量
和界面质量四个方面开展了测量。通过与已有研究结论的比较,数字
阅读体验显著正向影响信息产品的感知有用性结论应当是可靠的。

现实中,虚假信息、谣言等在信息系统中传播速度快,老年人容易
上当受骗,从而影响了持续信息行为意愿,因此确保信息系统提供的内
容可靠、权威至关重要。随着年龄增长,老年人的短时记忆、注意等认
知能力出现下降,导致他们在使用信息系统时认知负荷升高,在学习使
用新信息系统时会存在一定的认知障碍[34]。功能性信息设计是否清
晰,系统是否会提示如何操作,对老年人能否学会操作、熟练使用信息
系统起重要作用。此外,美观的界面能带给老年人愉悦的阅读体验。
良好的阅读体验意味着老年人信息需求得到了满足,信息系统操作没
有障碍,以及自我效能的提升,这些因素都有助于老年人对信息系统有
用性的感知。自我效能是指老年人使用信息产品的自信心。在实践
中,信息产品开发应当以提高内容质量为首要目标,在保证内容质量的
前提下,通过设计优化信息系统的信息质量和系统质量,帮助老年人轻
松地学会使用信息产品,提升他们的自我效能。在信息产品设计时,适
当考虑老年人的认知特点,减少操作流程,有助于提升他们对产品有用
性的感知。

三、用户体验对满意度的影响

研究结果显示,感知有用性与满意度都能显著正向影响持续使用
意愿,且两个因素叠加对持续使用意愿的方差解释率达 57.3%。比较
路径系数发现,满意度对持续使用意愿的影响略大于感知有用性
($\beta_{满意度} = 0.573, p < 0.001$ VS. $\beta_{有用性} = 0.223, p < 0.001$)。老年人阅读
体验对满意度影响显著($\beta_{满意度} = 0.378, p < 0.001$),刘鲁川的研究发现
正性情感体验能显著提升满意度,情感体验是用户体验的一部分,正如
享乐性体验理论所论述的观点,好的用户体验能够带给人极大的需求

满足感,并让人心情愉悦[14],情感体验提升的前提是有好的用户体验,因此老年人阅读体验显著正向影响满意度的结果是合理的。

满意度是一种情感评价,即用户的体验是否如预期一样愉悦,它是对行为结果和后果的评价,影响持续行为的意向[35]。Oliver 在期望确认理论中提出,消费者的再购意愿是由满意度决定的[24],本研究在信息系统领域构建的模型再次证实了这个结论,即满意度对持续使用意愿影响更大。Norman 认为产品带给用户的愉悦感是由用户的期望体验与实际体验之间差异决定的,成功的用户体验在满足用户需求的同时,不仅不会让用户感到厌烦,而且还会给用户带来愉悦,甚至是惊喜[12],从而提升了用户满意度。现实中,老年人身体机能下降,退休后参与社会活动的机会减少,但他们仍有强烈的社会参与意愿,信息产品为他们提供了便捷的途径,满足了他们参与社会活动的需求。用户体验设计应确保他们能顺利使用产品,在信息平台中实现与社会交互,满足他们的信息需求,这样就能提升满意度,从而提升持续使用意愿。

四、用户体验对持续使用意愿的影响

期望确认理论认为期望确认度、感知有用性和满意度是影响持续使用意愿的主要因素,但本研究发现,用户体验与期望确认度、感知有用性、满意度共同发挥重要作用。尽管研究结果中并未发现数字阅读体验对持续使用意愿具有直接影响,但数字阅读体验显著正向影响期望确认度($\beta = 0.42, p < 0.001$)、感知有用性($\beta = 0.267, p < 0.001$)和满意度($\beta = 0.378, p < 0.001$),说明阅读体验是影响持续使用意愿不可忽视的重要因素。

本研究结果表明感知有用性和满意度在数字阅读体验和持续行为意向之间起到了完全中介的作用。老年人数字阅读体验对持续使用行为的影响具有多条路径。首先,数字阅读体验显著正向影响期望确认程度,即提升体验有利于他们对产品预期的确认和对有用性的感知,从而提高持续行为意愿。其次,数字阅读体验直接影响感知有用性,进而影响持续行为意愿。最后，数字阅读体验显著正向影响满意度，好的用户体验有助于提升满意度，而满意度显著正向影响老年人持续使用行为。

已有研究者多围绕用户体验对感知有用性、满意度的影响开展了相关研究，但缺乏对持续使用意愿的相关讨论。如李君君等在构建信息行为的用户体验动态模型过程中发现用户体验对感知有用性、满意度有显著正向影响[33]。刘鲁川等围绕情感体验对满意度的影响开展了研究，发现情感体验显著正向影响满意度，同时发现使用经验具有中介作用[31]。刘锦源从心流体验理论的视角，讨论了信息检索体验与满意度的关系[36]。这些研究的结果证明用户体验在用户信息行为中扮演着重要角色，能够显著影响感知有用性和满意度，本研究对上述结论做了扩展，即用户体验对持续使用意愿发挥着重要作用。本研究结果能够为信息服务实践提供启示，即信息产品开发应当关注老年人的用户体验，从内容、信息、系统和界面四个方面对信息产品进行优化，降低老年人与信息产品的交互障碍，从而提高他们对信息产品持续使用的意愿。

本研究基于信息系统持续使用理论模型研究了老年人数字阅读体验对信息行为持续意愿的影响机理，具有一定的理论和实践价值。理论价值方面，首先，本研究验证了信息系统使用模型适用于老年人数字移动阅读场景。以老年人为研究对象再次确认了期望确认、感知有用性和满意度对持续使用意愿的重要影响。其次，将用户体验的概念引入信息系统持续使用模型，丰富和扩展了该模型。研究发现用户体验对持续使用意愿的影响具有多路径，既能够通过影响期望确认度、感知有用性进而影响持续使用意愿，也能够通过影响满意度来实现对持续使用意愿的影响。最后，本研究丰富了信息系统中用户体验研究的理论成果。已有研究更多关注用户体验对满意度、感知有用性的影响[31,33,36]，很少关注用户体验对持续信息行为的影响。本研究基于信息系统持续使用理论对老年人持续信息行为所作的探讨，有利于更深刻地理解用户体验的价值，为开发更适合老年人使用的信息产品带来启示。

实践价值方面,首先本研究为老年人信息产品开发提供了新的视角。内容质量、信息质量、系统质量和界面质量是影响老年人数字阅读体验的四个重要方面,信息产品开发应该努力提高内容质量,在产品设计时考虑老年人的认知要素,降低产品使用门槛,增强老年人对产品的易用性,提高界面美感,给老年人带来愉悦。其次,本研究为促进老年人开展持续的信息行为提供了指导。信息产品的价值在于不断的使用,只有不断使用才能创造价值。最后,老年人积极开展信息行为,响应了国家对积极老龄化的号召,通过信息交互,老年人可以继续为国家建设贡献力量。

本研究也存在两点不足:首先,本研究结果显示满意度、感知有用性为用户体验发挥作用提供了完全中介的作用。尽管本研究为发现用户体验对持续信息行为具有直接作用,但这仍然是一个值得未来深入研究的问题。其次,问卷调研过程中,老年用户的回答是否客观、真实是一个值得探讨的问题。在现场调研中,一些用户会比较容易受到调研实施者和参与奖励的影响,在网络调研时发现部分老年人由于认知能力下降、自身知识水平等原因存在不能独立完成调研的现象,这些都可能会使本研究结果产生偏差,需要在未来研究中加以改善。

参考文献

[1] 刘鲁川,孙凯. 移动数字阅读服务用户采纳后持续使用的理论模型及实证研究[J]. 图书情报工作,2011,55(10):78 - 82.

[2] 学敏. 数字阅读增长迅速全民阅读人气渐涨——第九次全国国民阅读调查初步成果发布[J]. 出版发行研究,2012(5):91 - 91.

[3] 刘鲁川,孙凯,王菲,等. 移动搜索用户持续使用行为实证研究[J]. 中国图书馆学报,2011(6):50 - 57.

[4] Constantiou I D, Damsgaard J, Knutsen L. The four incremental steps toward advanced mobile service adoption [J]. Communications of the Acm, 2007,50 (6):51 - 55.

[5] Norman D. Emotion & design: attractive things work better [M]. ACM, 2002.

[6] 李志义,义梅练. 基于用户体验的网站优化研究综述[J]. 情报科学,2013(11):150 - 154.

[7] 邓胜利,张敏. 基于用户体验的交互式信息服务模型构建[J]. 中国图书馆学

报,2009,35(01):65 - 70.

[8] 李月琳,梁娜,齐雪.从交互维度到交互功能:构建数字图书馆交互评估理论模型[J].中国图书馆学报,2016,42(01):66 - 82.

[9] Delone W H, Mclean E R. Information Systems Success: The Quest for the Dependent Variable [J]. Information Systems Research, 1992,3(1):60 - 95.

[10] ISO. 9241 - 210:2010. Ergonomics of human system interaction part 210: Human centered design for interactive systems. International Organization for standardization (ISO). Switzerland, 2010:7 - 9.

[11] Nielsen, Jakob, Levy, et al. Measuring usability: preference vs. performance [J]. Communications of the Acm, 1994,37(4):66 - 75.

[12] Norman, Miller, Jim, et al. What you see, some of what's in the future, and how we go about doing it: HI at Apple Computer [C]. Conference companion on Human factors in computing systems. 1995:155.

[13] Hassenzahl M, Kekez R, Burmester M. The importance of a software's pragmatic quality depends on usage modes [C]. 2002:275 - 276.

[14] Hassenzahl M, Wiklund-Engblom A, Bengs A, et al. Experience-Oriented and Product-Oriented Evaluation: Psychological Need Fulfillment, Positive Affect, and Product Perception [J]. International Journal of Human-Computer Interaction, 2015,31(8):530 - 544.

[15] Morville P, Rosenfeld L. Information Architecture for the World Wide Web [M].清华大学出版社,2003.

[16] Lewis J R (1995). Computer System Usability Questionnaire: psychometric evaluation and instructions for use. International Journal of Human-Computer Interaction, 7(1):57 - 78.

[17] 李武.感知价值对电子书阅读客户端用户满意度和忠诚度的影响研究[J].中国图书馆学报,2017,43(06):35 - 49.

[18] Davis F D, Bagozzi R P, Warshaw P R. User acceptance of computer technology: a comparison of two theoretical models [J]. Management Science, 1989,35(8):982 - 1003.

[19] Fishbein M. A theory of reasoned action: some applications and implications [J].Nebraska Symposium on Motivation Nebraska Symposium on Motivation, 1980,27(27):65.

[20] Rogers E M. Diffusion of innovations [M]. 4th ed. New York: Free Press, 1995.

[21] 邓小昭.试析因特网用户的信息交互行为[J].情报资料工作,2003(05):24 - 25.

[22] Oliver R L. A Cognitive Model of the Antecedents and Consequences of Satisfaction Decisions [J]. Journal of Marketing Research, 1980,17(4):460 - 469.

[23] Oliver R L. Cognitive, Affective, and Attribute Bases of the Satisfaction Response [J]. Journal of Consumer Research, 1993,20(3):418.

[24] Bhattacherjee A. Understanding Information Systems Continuance: An Expectation-Confirmation Model [J]. Mis Quarterly, 2001,25(3):351 - 370.

[25] Kim S S, Malhotra N K. A Longitudinal Model of Continued IS Use: An Integrative View of Four Mechanisms Underlying Postadoption Phenomena [J]. Management science, 2005,51(5):741 - 755.

[26] Bhattacherjee, Anol &. Perols, Johan &. Sanford, Clive. (2007). Information Technology Continuance: A Theoretical Extension and Empirical Test [J]. Journal of Computer Information Systems, 49(1):17 - 26.

[27] Moores T T. Towards an integrated model of IT acceptance in healthcare [J]. Decision Support Systems, 2012,53:507 - 516.

[28] Fornell C, Larcker D F. Evaluating Structural Equation Models with Unobservable Variables and Measurement Error [J]. Journal of Marketing Research, 1981,18(1):39 - 50.

[29] Baumgartner H, Homburg C. Applications of structural equation modeling in marketing and consumer research: A review [J]. International Journal of Research in Marketing, 1996,13(2):1 - 161.

[30] Hmieleski K M, Baron R A. Entrepreneurs' Optimism And New Venture Performance: A Social Cognitive Perspective [J]. Academy of Management Journal, 2009,52(3):473 - 488.

[31] 刘鲁川,孙凯. 社会化媒体用户的情感体验与满意度关系——以微博为例[J]. 中国图书馆学报,2015,41(1):76 - 91.

[32] 侯冠华,刘颖,范光瑞. 时间压力与导航结构对老年读者信息搜寻情感体验的影响研究[J].图书馆建设,2018(06):81 - 87.

[33] 李君君,叶凤云,曹园园.移动数字阅读用户体验动态行为模型及实证研究[J].现代情报,2019,39(03):24 - 34.

[34] Williamson K. The role of research in professional practice: With reference to the assessment of the information and library needs of older people [J]. Australasianpublic Libraries and Information Services, 1999,12(4):145 - 153.

[35] Cadotte E R, Woodruff R B, Jenkins R L. Expectations and Norms in Models of Consumer Satisfaction [J]. Journal of Marketing Research, 1987,24(3): 305 - 314.

[36] 刘锦源,曹树金. 心流理论视角下信息检索体验测量与分析[J].图书情报工作,2017,61(08):67 - 73.

第五章

设计增益：提升老年
用户视觉认知的适老化设计实证

第一节　视觉增益：数字交互界面中的
文字字号、间距设计实证

　　智能手机的普及让老年人享受到了数字信息技术带来的便利，数字阅读已经成为老年人生活的重要组成部分，然而，数字阅读中仍存在很多问题，如图标识别困难、字号小、难以辨认等，严重影响了老年人的数字阅读意愿[1-3]，尽管很多学者提出了适合手机阅读的文字字号、间距，但手机屏幕尺寸更新速度快，很多研究成果已经不适用于当下，如王琳[4]等提出手机阅读汉字字体大小应为 15 像素，字符间距 2—4 像素，但由于当时实验条件下屏幕尺寸仅为 38mm×30mm，因此该结论已不适用于目前的智能手机。此外，过去的研究主要关注老年人阅读的效率和文字设计的可读性，忽视了对用户体验的研究。本研究将以文字的字号、间距为变量，讨论这些变量对阅读体验的影响。

一、文字包容性设计研究框架

　　通常影响数字阅读体验的因素可分为内因与外因。内因方面，中老年人正在经历认知老化的过程[5]，主要表现在工作记忆、注意力、空间感知能力、反应时间等的改变，这些变化会不可避免地影响他们与产品交互的体验。认知负荷理论建立在对注意和工作记忆的研究基础上，已有研究证明，使用同一个操作界面时，老年人比年轻人更容易经历认知超载，平均操作绩效低于年轻人[6]。随着手机 APP 的快速发展，出现了老年人打车难，春运购票难、公交卡充值难等一系列社会问题，部分原因是界面交互复杂导致认知负荷超载，迫使老年人放弃学习和使用 APP。因此，预测认知负荷的分布、变化对判断用户体验优劣具有重要的参考价值，但已有研究很少探讨认知负荷变化对用户体验的影响，本研究将认知负荷纳入考察范围，探讨二者的影响关联机制。外因方面，文字字号、间距、界面布局、在线帮助、加载时间、图案背景等都会影响阅读体验，如 Kerber[7] 发现界面布局不合理会增加中老年人操作难度；Kules[8] 发现美国老年人在线搜索健康信息时，在线辅助内容太多，不仅无助于找到正确信息，还会阻碍信息搜索；Bernard[9] 发现加载时间长，文字清晰度差，复杂背景图案会降低老年人在线阅读时间；Becker[10] 研究发现，老年人在线搜索信息时，动态页面会干扰阅读，降低搜索效率；Nielsen[11] 发现搜索界面操作困难是降低用户体验的重要影响因素。字体、字号、间距是在数字阅读中影响体验的直接变量，但周爱保[12] 研究发现，常见字体对认知负荷影响不显著，因此本研究选择字号和间距作为操作变量，探究其对认知负荷和用户体验的影响，并进一步探索认知负荷变化与用户体验的影响机制。

认知负荷与用户体验之间的关系错综复杂。认知负荷太高或太低，用户体验都会降低。已有研究表明，认知负荷超载会迫使用户放弃任务，而过低则会引发注意力不集中，从而增加任务出错率。视觉努力是产生认知负荷的原因之一，在老年人数字阅读情境中，字号与间距变化会决定文字辨识的难易程度和视觉努力程度。已有研究多集中于任务类型和难度变化时认知负荷与用户体验的关系，由字号、间距引发，源于视觉努力产生的认知负荷变化与用户体验的关系尚待研究证实。

本研究将采用主观量表与客观眼动数据相结合的方式，操纵文字大小与间距，记录用户体验和认知负荷变化情况。根据相关研究结论[13]-[15]，将瞳孔直径和眨眼率作为认知负荷和用户体验的重要指标，用眼动仪记录瞳孔直径、眨眼率，判断认知负荷与用户体验的变化，研究文字设计对认知负荷和用户体验的影响，研究框架见图 5.1。

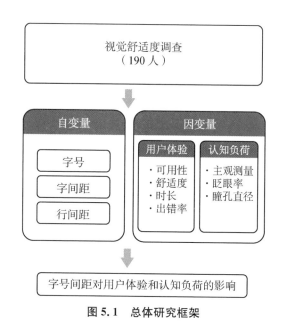

图 5.1　总体研究框架

二、文字包容性设计评价指标

Pass[16]对认知负荷的定义指出，认知负荷由反映任务与操作者交互的因果维度和反映心理负荷、心理努力、绩效等可测性指标的评价维度组成。本研究采用自我评定与眼动生理数据相结合的测量方法，测量用户认知负荷指标。

在主观测量方面，采用 PASS 自我评定量表，含心理努力评价和任务难度评价两个指标。由 2 个问题组成，采用 Likert9 点计分。虽然 PASS 量表在信度、效度方面表现都极好，但由于是主观评价，容易受社会赞许效应影响[17]，增加生理数据测量可以使测量数据更加客观准确。本研究考察字号和间距对认知负荷的影响，而非阅读内容的难易对因变量的影响,因此在实验中应尽量控制内容难度。

在生理测量方面,与认知负荷有关的眼动指标包括瞳孔面积、眨眼时间及眨眼率、注视次数、注视时间等。Pass[17]发现,瞳孔反应对认知负荷水平波动高度敏感。Lamberts[18]等人的研究再次确认了 Pass 的发现,瞳孔扩张是显示认知负荷的有效指标。此外,研究发现[19]眨眼率与阅读任务关系密切:任务难度增大,导致认知负荷加大,眨眼率会降低。因此,将瞳孔面积和眨眼率作为重要测量指标。

用户体验[19]是从产品构造、功能质量到用户情感、体验的角度研究交互质量的技术。研究者们将用户体验研究分为两部分[20],一是系统(可用、易用、功能、目的等),二是人(需求、情感、动机、倾向等)。文献研究表明,学术界对用户体验的定义和构成还存在争议,大多数文献在进行用户体验研究中是根据实际研究问题选择用户体验构成要素,如Hassenzahl 将用户体验构成分为实用性和享乐性两种方式;Morville将用户体验划分为可用性、有用性、易用性、可靠性、易查找、合意度、有价值七个方面对用户体验进行测评[21]。本研究考察老年人数字阅读体验的主观感受,选择可用性、舒适度、任务完成时间这三个主客观结合的衡量指标,舒适度指标负荷 Hassenzahl 提出的享乐性,可用性与任务完成时间符合 Hassenzahl 提出的实用性。其中,可用性测量采用标准化问卷及场景后问卷(ASQ)进行测量,舒适度采用 Likert 量表 7 点计分方法测量。任务完成时间转换为阅读速度,换算为每秒钟阅读字数。

综上,本文将心理努力、任务难度、瞳孔面积、眨眼率作为认知负荷的评价指标,可用性、舒适度、完成时间作为阅读体验指标,对数字阅读界面设计进行研究。

三、文字包容性设计测试方法与方案

1. 确定舒适值

对 130 位中老年人(50—69 岁,SD=5.3)做了视觉舒适度调查,分别测量了电子阅读时能看到文字的最小极限值和最小舒适值，最小舒适字间距，最小舒适行间距。预实验发现，老年人的主观舒适字号往往是越大越好，但由于屏幕尺寸的限制，所选舒适值必须合理，因此在实验过程中，要求老年人选取感觉舒适的字号中最小的那个字号，称为最小舒适值。全程测试使用 iPhone6，屏幕尺寸 138.1mm×67.0mm，屏幕像素密度 326 像素值，亮度统一，测试材料分字号测试、字间距测试和行间距测试，部分测试材料如图 5.2 所示。

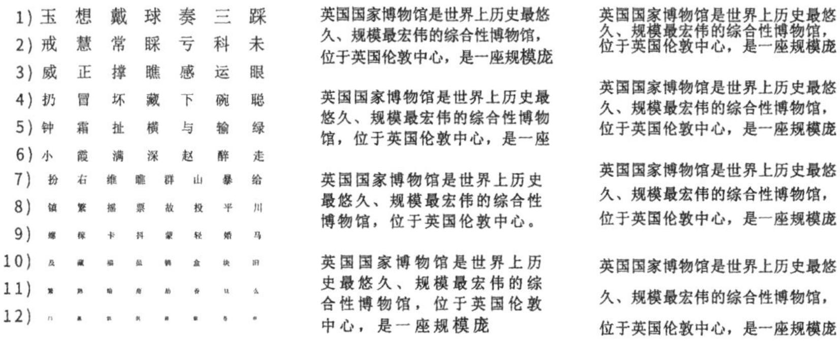

图 5.2 文字测试材料

测试结果如图 5.3 所示，采用工效学常用的 95% 为阈值，可以看出 95% 的参与者感知的舒适数字字号是 20px，字间距是 1.0pt，行间距是 1.4 倍行间距。以 50%—95% 的参与者比例划分舒适值范围，即中老年人数字阅读最小舒适字号范围是 14—20px，最小舒适字间距是在正常字间距的基础上增加 0.5—1.0 磅，最小舒适行距为 1.0—1.4 倍行间距。

2. 实验设计

本次实验采用 3×3×3 正交试验设计。正交设计是利用正交表，科学地安排与分析多因素试验的方法，是最常用的试验方法之一。根据周爱保[12]的研究结论，常见字体对汉字认知加工没有显著影响，实验材料采用宋体，3 个自变量分别选择字号、字间距、行间距作为研究对象，每个自变量分别由 3 个水平组成，根据之前调研结果，分别采用第

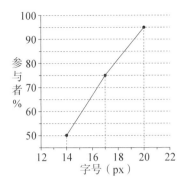
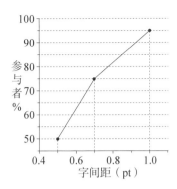
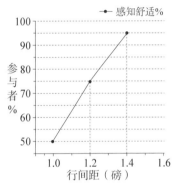

图5.3 最小舒适值测试结果

95%,75%和50%三个百分位数所对应的接近字号、字间距、行间距,将变量划分为三个水平。字号的3个水平分别为14px、17px和20px,字间距的3个水平分别为正常间距增加0.5磅、0.7磅和1.0磅,行间距的3个水平分别为1.0倍间距(单倍行距)、1.2倍间距和1.4倍行间距,以确保所设计的文字大多数老年人感觉是舒适的。实验顺序采用拉丁方顺序进行,避免产生顺序效应。

3. 实验方案

查正交表知,3因素3水平正交实验应采用正交表 $L_9(3^4)$,其中L为正交代表符号,9为正交表横行数,3为因素水平数,4为正交表纵列数。

表头设计方法是将各因素安排在正交表对应的位置上,一般一个因素占有一列,不同因素占有不同的列(可随机排列),如表5.1所示。其中A代表字号,B代表字间距,C代表行间距。把正交表上的1、2、3分别看作各个因素的水平数,正交表对应的每一行就是一个试验方案,即各因素的水平组合，空白列对试验没有影响，实验前设置 A_1 为 20px，A_2 为 14px，A_3 为 17px；B_1 为 0.5，B_2 为 1.0，B_3 为 0.7；C_1 为 1.4，C_2 为 1.2，C_3 为 1.0。

表5.1　正交试验实验方案

因素	A	空列	B	C	实验方案
1	1	1	1	1	$A_1B_1C_1$
2	1	2	2	2	$A_1B_2C_2$
3	1	3	3	3	$A_1B_3C_3$
4	2	1	2	3	$A_2B_2C_3$
5	2	2	3	1	$A_2B_3C_1$
6	2	3	1	2	$A_2B_1C_2$
7	3	1	3	2	$A_3B_3C_2$
8	3	2	1	3	$A_3B_1C_3$
9	3	3	2	1	$A_3B_2C_1$

4. 参与者与测试工具

实验参与者 20 名，全部来自同济大学老年大学，年龄 61—69 岁之间，平均年龄 64.2 岁，其中男性 10 名，女性 10 名，所有被试在佩戴视力辅助工具后视力正常，均为右手利。

实验采取组内设计，每名参与者按照随机化顺序阅读 9 份文字材料。材料挑选时，控制其他无关变量，每份材料约 200 字（SD＝2.8），替换生僻字，所选材料经多轮测试，对结果做单因素方差分析，更换掉差异显著材料，最后实验所用 9 份测试材料难度没有显著差异。

实验设备采用 iPhone6，眼镜式眼动仪 Dikablis，采样率 60Hz，监测瞳孔面积与眨眼率。

5. 测试流程

实验在同济大学包容性设计研究中心实验室开展，由于瞳孔面积易受光线影响,实验环境照明全程采用 40 瓦 LED 照明灯,每位参与者在实验室静坐 5 分钟,适应光环境后,试戴眼动仪,测量校准时瞳孔面积作为参考值。

考虑到认知负荷具有时间相关性原理,即认知负荷具有累积效应和时间效应,因此实验全部安排在上午 8 点 30 分—11 点 30 分进行,每篇短文读后填写一份由 7 个问题组成的测后量表,完成后放松 3 分钟时间,再阅读下一篇短文。平均每位参与者完成全部试验耗时约 40—50 分钟。此外,研究团队为本次实验专门开发了一款计时阅读软件,阅读开始前,手机屏幕会显示圆形黑底白字"开始"按钮,点击"开始",屏幕自动跳转到文章页面,同时计时开始,文章阅读完成后,点击"结束",计时结束。参与者在试用 2 次后,开始实验。实验场景如图 5.4 所示。

图 5.4　实验场景图

四、字号、间距变化对认知负荷、用户体验的影响及眼动分析证据

1. 字号、间距变化对认知负荷的影响

实验完成后,检验极端数据,排除眼疾和操作失误造成的极端数据,最后有效样本为 16 人。对认知负荷自主评价做极差分析,结果如表 5.2 所示,极差分析结果表明,影响数字阅读认知负荷的变量重要性排序是 A、C、B,即字号对认知负荷影响最大,其次是行间距,再其次是

字间距。其中 9 组实验方案中的最低认知负荷组合是 $A_1C_2B_2$，该组合对应的认知负荷是 2.938。但根据方差分析最后结果显示，最优方案组合是 $A_1C_1B_3$，对应的字号是 20px，行间距 1.4，字间距 0.7。对认知负荷趋势进行分析可以发现，如图 5.5a，认知负荷在字号值为 14 时最高，20 时最低，但从 14 到 17 比 17 到 20 的降幅明显，随着字体增大，认知负荷下降趋势减缓。图 5.5b 显示，行间距从 1.0 增至 1.2 时，认知负荷下降明显，但从 1.2 增至 1.4 时，认知负荷变化趋零。分析字间距变化对认知负荷的影响，如图 5.5c，发现字间距从 0.5 增至 0.7 时，认知负荷下降明显，从 0.7 增至 1.0 时，认知负荷不降反增。从趋势图分析可知，符合认知负荷最低的最优设计方案字号是 20px，行间距是 0.7，字间距 1.2 或 1.4 都可以，二者对认知负荷影响差异不大。因此文字排版时，在每行多排字的情况下，1.2 的字间距更为合理。

表 5.2　认知负荷正交实验分析表

实验方案	A	空列	B	C	认知负荷
1	1	1	1	1	3.375
2	1	2	2	2	2.938
3	1	3	3	3	3.500
4	2	1	2	3	5.250
5	2	2	3	1	4.125
6	2	3	1	2	4.750
7	3	1	3	2	3.500
8	3	2	1	3	3.938
9	3	3	2	1	3.375
K_1	3.271	4.021	4.042	3.625	
K_2	4.708	3.854	3.667	3.729	
K_3	3.604	3.875	3.875	4.226	
极差 R	1.437	0.313	0.375	0.601	

续　表

实验方案	A	空列	B	C	认知负荷
因素主次	ACB				
最优方案	$A_1C_1B_3$				

注:K 值是单个变量每个水平数值求和的平均数。R 是单个变量中 K 值的最大值与最小值之差。

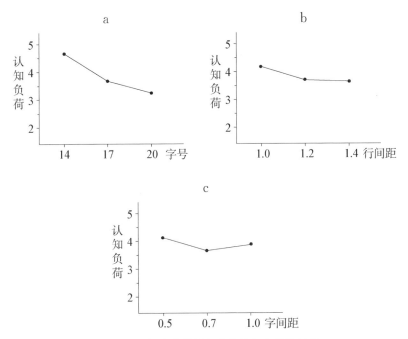

图 5.5　不同文字设计组合的认知负荷趋势图

2. 字号、间距变化对用户体验的影响

用户体验包括可用性、舒适度、阅读速度三个指标,在评价文字设计对阅读体验影响时需综合考虑三个因素。实验分析结果如表 5.3 所示,字号对可用性和舒适性的重要程度排第一,但对阅读速度影响弱于字间距。字间距对可用性和舒适性的重要程度排第二,对阅读速度的重要程度排第一。行间距对阅读体验的总体重要性排第三。由于老年人阅读时,可用性和舒适性比阅读速度更加重要,因此在选择方案时,字号的重要性应当排第一。其次是字间距和行间距。

表 5.3　阅读体验正交实验分析表

指标		A	空列	B	C
可用性评价 （均值）	K_1	6.579	6.271	6.424	6.410
	K_2	5.965	6.361	6.209	6.347
	K_3	4.010	6.382	6.382	6.257
	极差 R	0.632	0.111	0.215	0.153
	因素主次		A B C		
	最优方案		$A_1 B_1 C_1$		
舒适度评价 （均值）	K_1	6.417	6.125	6.208	6.125
	K_2	5.750	6.008	5.896	6.146
	K_3	6.200	6.145	6.271	6.104
	极差 R	0.667	0.137	0.375	0.042
	因素主次		A B C		
	最优方案		$A_1 B_3 C_2$		
阅读速度	K_1	3.960	3.831	4.277	4.020
	K_2	4.157	4.196	3.850	3.970
	K_3	4.010	4.010	4.004	4.140
	极差 R	0.197	0.365	0.462	0.153
	因素主次		B A C		
	最优方案		$B_1 A_2 C_3$		

分析三个指标的趋势图，如图 5.6，当字号增大，用户体验和舒适度同时增大，增大趋势趋缓，两个指标增长态势趋于平行。但对阅读速度而言，字号增大显示出阅读速度下降的趋势，即平均每秒阅读字数降低。字间距增加时，可用性和阅读速度同步下降，且趋势没有变化，但对舒适度而言，呈现出先增长后下降的趋势，且增长幅度很小。行间距的增加，对可用性和舒适度总体上是增长的，但增长幅度趋缓，对阅读速度整体上呈下降趋势。总体上，字号值从 17 增至 20，对可用性和舒适性的提升差异不大，在综合考虑阅读速度的情况下，选择 17 px 更合理。字间距方面，三个指标的峰值都是在 0.5 时，因此字间距最优值是

标准间距增加 0.5 磅。行间距综合考虑阅读体验和认知负荷,最优值
是 1.2 倍行距。

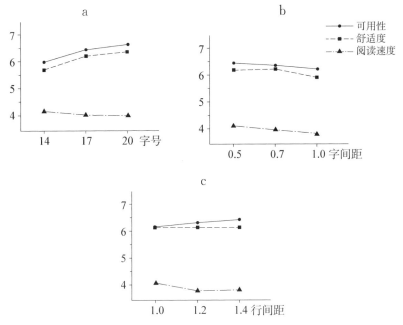

图 5.6   不同文字设计组合的阅读体验综合趋势图

3. 眼动指标分析

眨眼率和瞳孔面积两个指标实验数据如表 5.4 所示,分别对眨眼
率和瞳孔面积做正交实验方差分析,发现文字字号、字间距、行间距对眨
眼率(F 字号 $=1.008$,$p=0.5$,F 字间距 $=1.147$,$p=0.405$,F 行间距 $=$
0.841,$p=0.543$)、瞳孔面积(F 字号 $=5.558$,$p=0.153$,F 字间距 $=2.04$,
$p=0.329$,F 行间距 $=2.824$,$p=0.216$)、瞳孔面积变化(F 字号 $=0.238$,
$p=0.808$,F 字间距 $=1.724$,$p=0.367$,F 行间距 $=1.726$,$p=0.364$)的主
效应均不显著,即文字设计对眼动指标的影响作用不显著。

表 5.4   眼动指标实验数据

实验方案	1	2	3	4	5	6	7	8	9
眨眼率(%)	1.89	1.91	1.92	2.19	1.54	1.72	2.01	1.98	2.11

实验方案	1	2	3	4	5	6	7	8	9
瞳孔面积（px）	817.7	603.9	742.6	709.3	719.1	768.9	740.2	973.5	992.9
瞳孔面积变化(px)	455.8	421.7	603.9	524.1	460.7	522.2	499.1	911.7	359.2

进一步对主客观数据分析，如表 5.5 所述，发现瞳孔面积与认知负荷主观评价相关性显著（$r=-0.712$，$p=0.031$），瞳孔面积越大，认知负荷主观评价越低，眼动指标作为客观数据支持上述主观数据分析结论。另一方面，眨眼率与可用性主观评价相关性显著（$r=-0.705$，$p=0.034$），与舒适度相关性显著（$r=-0.674$，$p=0.046$），眨眼率越高，可用性和舒适度越差，这一结论也客观上支持主观数据的分析结果。

表 5.5　主客观指标实验数据相关性分析

主客观指标	可用性	舒适度	认知负荷	阅读时间	左瞳孔面积	右瞳孔面积	眨眼率
可用性	1						
舒适度	0.931**	1					
认知负荷	−0.894**	−0.767*	1				
阅读时间	−0.264	−0.324	−0.001	1			
左眼瞳孔面积	0.566	0.420	−0.712*	0.082	1		
右眼瞳孔面积	0.574	0.496	−0.716*	0.136	0.918**	1	
眨眼率	−0.705*	−0.674*	0.648	0.489	−0.633	−0.611	1

＊＊. 在 0.01 水平（双侧）上显著相关
＊. 在 0.05 水平（双侧）上显著相关

五、文字的包容性阅读体验设计建议

据 Mayer 等人提出的多媒体学习的认知理论模型[22]，数字阅读文本通过眼睛进入感觉记忆，读者从感觉记忆中选择相关的语言和图像进行加工，加工过程在工作记忆中完成，通过与长时记忆的知识进行整合，从而达到阅读理解。本研究中，针对阅读内容作了平衡，因此，在工作记忆加工阶段与长时记忆知识整合阶段，不存在显著差异。本研究特别针对文字设计，这一阶段属于视觉信息输入阶段，由于老年人视力出现衰退，在视觉输入阶段需要付出额外的视觉努力。根据双重编码理论[23]，大脑对视觉文字信息的处理与图片相同，都通过特征识别的方式进行，因此当字号较小、视力衰退同时出现时，读者不仅看清文字难度增加，识别文字的难度也同样在增加。对表5.3所示的实验结果进一步做方差分析发现，字号对可用性（$F=34.31, p=0.028$）和舒适度（$F=16.06, p=0.05$）的影响主效应显著。字间距和行间距在文字识别中有干扰作用的负效应，即当字间距很小时，辨识难度增加，且由于中央凹同时处理的文字较拥挤，会出现将之前识别过的文字认作现在看的文字。行间距较小时也会产生相同的效应，导致看错行。本研究中的文字设计对字号、字间距和行间距在舒适度调查的基础上，进一步优化，实验结果发现字号、间距、行间距对老年阅读者而言，并不是越大越好，从趋势分析中发现，文字的三个变量在变大的过程中，个别变量会使阅读体验先升后降，原因在于虽然文字识别容易了，但视觉中央凹处理信息减少，加工下一个信息时，眼跳距离增加，从而导致阅读体验下降。

王琳等[4]在2010年对老年人手机汉字的字间距、行间距的研究发现，加大文字间距会提升手机文字的可读性，这一结果与本研究的部分结论一致。但由于受变量水平选择范围限制，王琳的研究并未发现过分增加间距也会导致舒适度和可用性下降。本研究发现，增加间距的确可以提升文字阅读体验，但间距过大也会降低阅读体验，如图5.6b所示。周爱保等[12]关于字号的研究发现，字号大小与识别速度呈正相关，但由于其实验过程采用了单个词组或文字的呈现方式，因此与本研究的结论并不相符。本研究中，增加字号，阅读速度呈现下降趋势，如图5.6a所示。这是由于在有限的手机屏幕尺寸中，文字呈现的数量随着字号增加而减少,降低了阅读的连贯性,某种程度上,延长了阅读理解的时间。

国外对文字研究也非常多,如 Goodman[13]、Alotaibi[24] 等人的研究证实字号对阅读绩效具有非常显著的影响,Goodman 的研究还进一步指出,在印刷文本中,老年人的字号应当选择比最小舒适字号大 20％的字号。这一结论支持了本研究的实验结果:字号超出 50％参与者的舒适字号时,阅读的可用性和舒适性仍有明显上升,但继续增加时,上升趋势减缓。由于中英文在构成上的差异,汉字很难用字号尺寸的百分比进行精确计算,因此,本研究认为,满足 75％老年人感受到舒适的字号更适合作为老年人数字阅读的首选字号。

在数字阅读和多媒体学习中,认知负荷一直被认为是影响阅读效率和学习绩效的一个重要因素。认知负荷是信息处理时占用的心理资源总量,分为中枢处理资源、响应资源、空间编码资源、语言编码资源、视觉接收资源、听觉接收资源、操作资源 7 个维度[25]。本研究中,仅改变了视觉接收资源,其他资源如响应、空间、听觉、操作等在阅读任务中并不涉及,中枢处理和语言编码通过平衡任务难度的方式予以处理。研究中通过控制文字设计,考察了视觉接受资源的变化情况。因此,研究中所考察的认知负荷实质仅是视觉认知负荷,不涉及其他维度的认知负荷。实验结果表明,影响视觉认知负荷的文字变量重要性排序依次是字号、行间距、字间距。与阅读体验不同,字间距与行间距的重要性发生了变化,这可能是由于用户对认知负荷的评价更偏重整体,而对可用性和舒适度的评价更偏重于文字本身造成的。眼动数据处理发现,眼动测量指标与认知负荷主观测量相关性显著,Hankins 等[26] 的研究证实,眨眼率与任务难度有关,由于本研究平衡掉了文章难度,因此眨眼率、瞳孔面积等眼动指标变化应主要源于文字设计。

已有研究中,如李宁等[15] 发现,汉字字号对认知负荷的主效应显著,字号越大认知负荷越低,这一结论与本研究结论基本一致,如图 5.5a 所示,随字号增加,认知负荷下降,但下降趋势减缓。与阅读体验的比较可以发现,在认知负荷降低时,阅读的可用性和舒适度提升,但提升趋势减缓。因此，在一定范围内，文字字号增加会降低认知负荷，提升阅读体验。李晶[27]的研究提出，均衡认知负荷是提升工作绩效的重要路径，同样，将认知负荷控制在合理范围内，有助于提升阅读体验，如图5.5b、图5.6b所示，随着字间距增加，认知负荷呈现缓慢下降趋势，阅读体验没有显著提升，反而也缓慢下降。这一现象说明，降低认知负荷并非越低越好。当负荷过低时，阅读体验也会下降。

综合考察中老年人的阅读体验与认知负荷，得出以下结论：

在理论层面，在文献研究基础上，选取了适用于阅读体验的测量维度，认知负荷的测量指标，通过控制实验，发现了认知负荷与阅读体验具有显著的负相关性，阐明了字号、间距的变化对阅读体验、认知负荷的影响趋势。分别从可用性、舒适度、阅读时间等三个方面，探讨了适合老年人阅读的字号、间距的合理取值范围，为无障碍交互提供了理论基础。理论研究发现，首先，认知负荷应适当控制在合理水平，保持认知负荷既不高，也不低，才能提升老年人的数字阅读体验。其次，本研究中，字号、间距对认知负荷、用户体验的影响是不同的，应区别对待。字号增加，认知负荷降低，阅读体验提升，但随着字号的不断增加，认知负荷降低趋势与阅读体验提升的趋势都明显减缓。字间距增加尽管降低了认知负荷，但同样降低了阅读体验，因此在实践中，字间距的增幅不宜过大。

在实践层面，通过实验提出了适合中老年人数字阅读的文字设计最优组合：字号17px，字间距增加0.5磅，行间距是1.2倍，即单倍间距的1.2倍。在不同阅读环境中，根据老年人对可用性、舒适度和阅读时间的需求，选取合理的字号、间距，例如说明书设计侧重可用性，推荐选择字号20px，字间距增加0.5pt，1.0倍行间距（如表5.3所示）。本研究为不同阅读目的和环境的阅读体验提供了文字设计的实践操作方案。

研究还存在许多局限，如实验选取的对象样本仅20位老年人，不能完全有效代表国内全体老年人，实验中控制了任务难度，仅从文字字号、间距考察其对用户体验和认知负荷的影响，但在现实中，阅读任务的难度会显著影响阅读体验和认知负荷，因此，后续研究还需不断完善，更加全面地揭示认知负荷与用户体验的关系。

第二节　思维增益：数字交互导航的
 适老化设计实证

　　用户体验是指人们对于使用或期望使用的产品、系统或者服务的所有反应和结果[27]。目前数字图书馆用户体验研究多集中于理论模型构建[28]，借助新科技如云计算提升用户体验[29]，交互体验比较分析[30]，用户画像[31]和可用性评价[32]等方面。然而，在用户体验研究过程中，研究者过度依赖 Nielsen 的系统可用性测量指标，如系统易用性、系统响应快捷性、界面友好性等[33]，在探索数字图书馆给读者带来的情感体验方面尚有一定的局限。因此，影响读者情感体验变化的因素及其作用机制还有待进一步研究。本研究主要基于认知负荷理论，探索数字图书馆不同导航结构在不同认知负荷条件下，对读者情感体验的影响。利用严格的控制实验方法，采用经典的正性负性情绪测量量表（PANAS），对读者使用数字图书馆前、后情绪的变化加以测量，研究认知负荷、导航结构、任务绩效对情感体验变化的影响，同时测量系统的可用性，以期全面了解读者的数字图书馆用户体验。本文中有关数字图书馆情感体验的研究，是对现有研究的扩充，通过重复测量的方法，对读者情绪这一难以察觉的心理活动进行量化，这将有助于我们更完整地分析读者用户体验的变化过程，为数字图书馆的设计、开发、迭代升级提供理论依据。

一、认知负荷对老年用户数字交互体验设计的影响

　　数字图书馆用户体验研究涉及图书馆情报学、认知心理学、设计学、社会学及计算机科学等多个学科。美国国会图书馆在 1996—1997

年实现了数字图书馆的体系构建,"中国试验性数字图书馆"项目在
1999 年完成了国内第一个数字图书馆系统,数字图书馆用户体验研究
就此发端。

　　用户体验的构成要素很复杂,Hassenzahl 认为用户体验是用户内
心状况(需求、动机、期望、心情等)与产品系统在特定环境下交互过程
中产生的[34]。他从操作层面将用户体验分为实用性体验和享乐性体
验,其中实用性体验泛指系统的可用性、功能的有用性和易用性等,享
乐性体验则包括用户情感、价值感、自我提升等 10 种心理需求[35]。相
关研究发现,可用性体验的目标是保证用户能顺利使用产品,而好的享
乐性体验不仅能留住用户,还能预测用户在未来一段时间内的使用行
为[36]。因此,数字图书馆的享乐性体验研究对知识服务效率的提升至
关重要。

　　近年来,各类实体图书馆都在积极开发数字图书馆,探索新的知识
服务形式,提升知识服务效率。针对数字图书馆用户体验研究大致可
以分为两类:一是针对数字图书馆的用户体验理论构建,如徐芳等将数
字图书馆用户交互分为:用户与数字图书馆系统的交互、用户与用户的
交互以及用户与环境的交互 3 种,构建了基于用户体验的数字图书馆
用户交互模型[37];张宁等针对国家图书馆的服务内容、服务方式、服务
对象和技术手段四个维度提出了用户体验服务模式[38];邓胜利等基于
用户体验的交互式信息服务模式,构建了支持对用户自适应的信息服
务模型[39]。二是针对数字图书馆开展用户体验评价。如徐芳采用实验
研究和比较研究的方法,对知网、维普、万方等数字图书馆用户交互体
验评价做了比较,分析了这些数字图书馆各自的优缺点,为进一步完善
用户体验提供了参考建议[30];此外,他还进一步分析了个体差异对数字
图书馆用户体验评价的影响,发现教育背景、性别等多个因素对用户体
验评价具有重要影响[37];郑方奇等对两款数字阅读应用平台的人机交
互界面进行了对比分析,总结出了数字阅读平台个性化、社交化等若干
界面特点以及发展趋势[40]。Wu 等采用结构方程模型对儿童数字图书
馆信息搜索体验做了研究,发现游戏式图标、界面布局对儿童信息搜索

有重要帮助，并提出了针对儿童的数字图书馆设计建议[41]。

综上所述，尽管这些研究为数字图书馆开发提供了理论和实践指导，但仍存在以下不足：首先，他们的研究中仅选取了用户体验的实用性体验评价指标，忽视了读者的享乐性体验指标——情感体验。其次，读者使用数字图书馆时，往往会有一定的认知负荷，其大小会随使用情境而变，如新手用户和专家用户，由于背景知识不同，在完成相同任务时的认知负荷会有很大差异，从而造成用户体验差异。这是一个在现实中无法避免的重要因素，但前人的研究并未提及。再次，多数研究对象都是在校学生，少数针对儿童，缺少对老年群体的研究。因此，本研究将针对上述不足，以国家数字图书馆的老年读者为研究对象，针对不同导航结构和认知负荷进行研究，全方位探讨这两个因素对用户的情感体验和感知可用性的影响。

本研究基于认知负荷理论，拟通过时间压力调节认知负荷，针对国家数字图书馆现有的两种导航形式，采用控制实验的方法，分别探讨其对任务绩效、情感体验、可用性的影响。

1. 认知负荷相关理论

认知负荷理论（Cognitive Load Theory）于1988年由澳大利亚学者John Sweller提出，泛指人们在完成任务时，信息加工所需要的认知资源总量[42]。在人因研究领域认知负荷有时也被称为心理负荷、脑力负荷或精神负荷（Mental Workload）等，但上述概念在测量维度上存在较大的差别。其中，精神负荷与认知负荷差异最大，它从精神压抑感（Mental Strain）和精神紧张感（Mental Stress）两个维度进行评价，通常应用在驾驶行为的研究中。

为了对认知负荷开展测量，Paas提出了认知负荷的结构模型，并针对性开发了认知负荷的主观测量量表[43]，随着认知负荷研究的深入，研究者逐渐发现了认知负荷的一些特性：（1）认知负荷具有动态性。针对认知负荷的这一特性，学者们提出了一种人机交互过程中认知负荷变化预测模型，可以实时预测认知负荷，如李金波用构建BP神经网络和自组织神经网络的方法，预测人机交互过程中的认知负荷，平均预测精度达到 78.24%[44]。(2)认知负荷易受影响,如任务难度、时间压力等对认知负荷都具有重要影响[44]。当下,对认知负荷这些特性的研究已不仅仅局限于理论方面研究,它正被广泛应用于与人因相关的各个领域中。

认知负荷理论的心理学基础是资源有限理论和图式理论[45]。经过大量的实验论证,资源有限理论认为认知资源和注意资源是有限的,资源的多少存在个体差异,资源的分配是该理论的核心,数十年的研究成果表明,资源分配遵从此消彼长的分配模式,即总量恒定,分配到一个活动中多一些,其他活动获得的资源就会减少,个体能够控制认知资源和注意资源的分配和消耗[46]。

图式理论认为知识是以图式的方式存储于记忆中的,个体在学习中,可以通过模式匹配的方式,快速对当前情景与长期记忆中的知识进行匹配,并完成归类,整个过程不受意识控制,完全自主加工[47]。它不需要消耗认知与注意资源,能够缓解工作记忆的工作压力。该理论能够解释为什么个体学习的绩效受经验、知识背景影响。首次学习某项知识时,由于缺乏背景知识,认知负荷会较高,但再次学时,个体能够更好地分配认知资源,从而提高学习绩效[48]。

资源有限理论与图式理论为本研究调节认知负荷提供了理论基础。阅读是获取信息和知识的主要手段,本研究的主要目的就是在探讨如何通过数字界面设计,控制认知负荷水平,合理控制并优化用户在阅读时的认知负荷,帮助用户合理利用有限的认知资源,以达到最好的数字阅读体验。

2. 认知负荷的构成

认知负荷的结构模型在 1994 年被 Paas 等人提出,由因果因素和评价因素两部分组成(图 5.7),影响认知负荷的外部因素,包括任务环境特征,个体差异特征,以及二者的交互作用[43]。任务特征主要指任务的难度、新颖度、结构、奖励类型和时间压力等;环境特征指周围噪音、温度和灯光等;个体差异指认知能力、认知风格和经验等[47]。其中个体特征是一个较为稳定的因素,它不会在短时间内发生巨大变化,而个体差异特征与任务环境特征的交互作用只会通过不太稳定的因素发挥作用，如动机、唤醒水平等。因此，本研究拟通过控制任务特征调节认知负荷，探索认知负荷变化对数字阅读体验的影响。

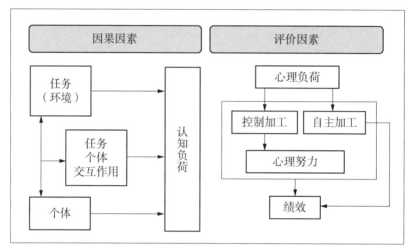

图 5.7　认知负荷模型结构图（图片来源：Paas et al.，1994[46]）

Paas 从可操作性角度提出的评价因素，主要包括心理负荷、心理努力和绩效三个维度。心理负荷是个体完成任务时产生的，任务难度决定所需心理负荷的大小，该指标相对恒定，不随个体特征变化而改变。心理努力是指人实际在完成任务时所需提供的认知能力和认知资源总量[48]。由于心理努力的实施主体是人，因此通常会受到任务环境特征、个体差异特征以及二者的交互作用三个因素影响。绩效是第三个测量维度，能够客观反映评价因素。

该模型（图 5.7）的意义在于提出了影响认知负荷的因素，并为认知负荷测量提供了依据。学者们从认知负荷的影响因素和测量方法两个方面完善了认知负荷理论，如 Van 发现材料的组织和呈现方式、复杂性和个体的专长（先前知识经验）都会影响认知负荷[49]。Paas 开发出了自我评价量表[43]，该量表由三个问题组成，分别考察用户对心理努力、任务难度和时间压力的评价，每个问题采用 9 级评分。Mayer 提出了成绩测量法，即对阅读效果进行答题测试，通过答题的正确率，判断该阅读材料的认知负荷[50],该方法比 Paas 量表更加客观,本研究中的界面布局认知负荷控制采用了该测量方法。Brunken 发明了双重任务测量法,该法要求用户同时操作 2 个任务,一个主任务和一个辅任务,通过计算辅任务的失误率,判断主任务的认知负荷[51],该方法适用于复杂操作界面,如驾驶行为、机床操作等,据统计,Paas 量表和成绩测量法是目前最为常用,且信效度最可靠的两种认知负荷测量方法[17],因此本研究主要采用这两种方法对认知负荷进行测量。

3. 认知负荷的分类

在认知负荷结构模型提出不久后,认知负荷理论不断被完善,研究者根据研究认知负荷的产生原因将其分为三个大类,分别是:内在认知负荷、外在认知负荷和相关认知负荷[48]。认知负荷的分类具有十分重要的应用意义,它为实现认知负荷的调节操作提供了理论依据。

(1)内在认知负荷

内在认知负荷是指用户在构建图式过程中所消耗的认知资源,主要受工作记忆与注意资源影响,由于工作记忆和注意资源是有限的,所以在用户构建新图式的过程中会感受到较高的认知负荷[47]。内在认知负荷又可以细分为外因决定的内在认知负荷和内因决定的内在认知负荷[52]。外因决定的内在认知负荷是指由学习材料的复杂度引起的认知负荷,如材料所涉元素的数量、复杂性等;内因决定的内在认知负荷是指个体的知识、先前经验等引起的认知负荷[53]。

为什么材料的复杂性能够影响内在认知负荷?为什么个体知识经验能够决定内在认知负荷?认知负荷理论的基础理论(图式理论)可以解释上述问题。首先,图式理论认为,图式是存储于记忆中的认知结构或知识结构,对外界事物结构性的认知被称为图式,它存储于长期记忆中[45,54-55]。图式的构建首先需在工作记忆中加工,如果学习材料与长期记忆中存储的图式之间没有联系,或联系较少,工作记忆就需要从零开始构建能够在长期记忆中存储的该学习材料的图式,由于工作记忆的容量和资源都是有限的,因此个体会感受到较强的内在认知负荷,此时材料数量越多,越复杂,个体感受的认知负荷就越高[56]。但是,如果学习材料内容、组织形式是个体所熟知的，那么工作记忆就可以直接与长期记忆中的图式建立联系，工作记忆所需处理的元素少，个体感受到的认知负荷就较低[57]。这就能够解释为什么材料的复杂性能够影响内在认知负荷，个体知识经验能够决定内在认知负荷。

一般而言，内因决定的内在认知负荷很难在短时间内改变，因此相对比较稳定，在实验研究中，可操作性较差。如果以该因素为研究变量，需要对被试进行长期的培训，实验范式采用重复测量实验，检验培训前后内在认知负荷是否具有显著变化。

（2）外在认知负荷

外在认知负荷也称无效认知负荷，是指在任务过程中对完成任务没有直接贡献的心理活动总量[47]。外在认知负荷与外部材料的组织与呈现方式有关，当个体从事一些与图式获得没有直接关联的活动时，就会产生外在认知负荷。如当阅读材料中配有的图文与材料内容没有任何关联时，就会对阅读者造成额外的认知负荷。与内在认知负荷不同，外在认知负荷具有较强的操作性，通过材料组织呈现形式的变化就能够改变认知负荷的大小[47]，因此是研究者首选的控制变量。本研究中，数字阅读界面设计就是通过改变材料的呈现形式，研究设计元素组织安排与认知负荷水平变化规律，从而制定设计指南，为设计师提供设计参考。

外在认知负荷具有以下特点：首先，当外在材料所需的认知资源超过工作记忆容量时，会阻碍完成任务，影响任务绩效。其次，外在认知负荷对完成任务没有积极作用[47]。因此可以说，外在认知负荷只会对完成任务有消极作用，不能起积极作用，外在认知负荷越低越好。

研究表明，在完成任务过程中，很多说明性文字对完成任务没有直接作用，甚至会阻碍任务实施。例如视觉搜索任务，在众多干扰项中搜索目标选项，由于干扰项数量众多，增加了外在负荷，从而影响了搜索绩效[49]。

在设计研究中，外在认知负荷可以作为评价设计方案是否有效传递了关键信息，是否存在冗余信息的重要设计方案评价指标。本研究中,数字阅读中文字大小、间距、界面布局和导航的设计方案变化都有可能引起外在认知负荷的增加,因此评价这些方案是否合理,还需要判断该方案是否能有效降低外在认知负荷。

(3)相关认知负荷

相关认知负荷是指个体在执行某一任务时,存在尚未用完的认知资源,此时个体将剩余的认知资源投入到图式构建中,工作记忆加工中加入了有意识的认知加工,如重组、抽象、比较和推理,帮助构建图式[56]。这个加工过程虽然也会增加认知负荷,但该过程属于自主加工,不占用认知资源,因而有助于完成任务。

相关认知负荷中还存在一种元认知负荷,是指个体在完成图式构建和储存活动时自我监督所投入的心理资源。研究表明,元认知监控增加了认知负荷,但提高了个体任务绩效,对完成任务具有积极作用[57]。

由于个体工作记忆容量恒定,因此三种负荷的关系是此消彼长的,但三者间是否是线性相加的关系,目前还没有定论。根据 Seufert 等人对认知负荷分类及关系的描述,如图 5.8 所示,他们提出三者关系是线性相加,一种负荷增加,必然会使另外两种降低[52],但也有研究提出了不同看法,认知负荷可能随着任务难度或任务数量的增加并不随之成比例呈增加,两者可能是一条曲线的关系[52]。尽管学者们对三者关系如何相加具有争议,但可以确认的是,降低外在认知负荷、内在认知负荷,增加相关认知负荷对任务完成具有积极作用。

图 5.8 认知负荷分类及相互关系(图片来源:Seufert et al. ,2007[51])

总体上，相关认知负荷越多，对任务完成越有益[51]。本研究的目的在于通过对外在材料的设计，降低用户的外在认知负荷，减少认知资源消耗，提高用户的数字阅读体验与阅读绩效。

4. 认知负荷的控制技术及相关机理

Sweller 提出个体的先前经验、学习材料内在的本质特点和材料的组织呈现方式对认知负荷具有重要影响[54]。Paas 和 Merrienboer 提出任务特征因素：任务呈现方式、任务复杂性、时间压力、操作步骤等对认知负荷具有重要影响[43]。本研究根据上述研究成果，提出了通过控制认知负荷影响因素的方法，对认知负荷实施控制。

（1）认知负荷控制技术

① 控制任务材料的组织呈现方式

任务材料的组织呈现方式是指使用何种方法、何种方式对材料进行呈现[57]。如控制材料呈现的载体、光线、随机模糊材料等。通过改变呈现方式，增加视觉资源处理难度，从而增加认知负荷[43]。根据 Paas 和 Merrienboer 的研究结论，本研究将数字阅读界面作为任务材料，数字阅读界面设计的不同方案作为任务材料的组织呈现方式，通过改变材料组织呈现方式，控制外在认知负荷。

已有研究表明，任务材料的组织呈现方式具有多种表现形式，包括材料的数量、字号、位置、呈现时间、亮度等[57]。龚德英通过采用分段呈现和连续呈现的方法，比较了材料呈现方式变化对认知负荷的影响[57]。分段呈现是指，将材料分成多个小段，每小段呈现完毕后，被试可以选择重播或进入下一段学习；连续呈现是指将整个学习材料一次性连续播完，播放过程中，被试不能停止，播放完成后，被试可以选择重播或进入下一环节学习，结果发现，分段呈现能够降低被试认知负荷，导致学习成绩提升，尤其在学习复杂材料时，分段呈现对降低认知负荷的影响更大[57]。

在界面设计中，界面的色彩、内容数量、信息呈现位置等都属于任务材料组织呈现的表现形式。但界面设计元素的组织呈现如何影响认知负荷、用户体验还有待研究。

② 控制任务复杂程度

任务复杂程度即任务难度能够很好地调节认知负荷,任务越复杂,完成任务所需的工作记忆容量越大,由于用户工作记忆容量有限,加大任务难度会容易导致认知负荷超载[47]。在设计实验任务时,可以通过提高或降低任务复杂程度有效调节认知负荷。调节任务难度时需要避免天花板效应和地板效应。任务太难容易导致用户放弃该任务,但任务太容易又不能有效反映认知负荷水平。

任务复杂度的控制方式包括:控制任务难度(难或易)、任务属性(探索性或程序性)、任务的逻辑性(强或弱)、材料的抽象程度(高或低)等多种方式[47]。任务难度可以通过材料复杂度、熟悉度、提高工作记忆要求等方法实现控制。

③ 控制时间压力

时间压力是由限定任务完成时间量引起的一种主观感受[58]。在限定时间内完成任务,用户需调整策略,提高任务完成速度。资源有限理论提出,认知资源在信息处理时,会通过将信息分流、分时、分组处理,以减小集群信息同时输入的拥堵,从而减少无效等待时间和信息载荷[59]。因此,增加时间压力,在短时间内需要消耗更多的认知资源,导致认知负荷增加。研究表明,时间压力对认知负荷具有显著的影响作用,已有研究中对时间压力的控制常分为无时间压力、低时间压力和高时间压力等条件,可根据预实验中被试完成任务的平均时间选取[26]。

④ 控制任务操作步骤

任务操作步骤与人的工作记忆能力有关。一般而言,我们工作记忆的处理阈限是 7 ± 2 个组块,增加任务操作步骤会增加认知负荷,操作步骤过多,用户将很难学会该任务的操作[59]。因此,在采用该方法控制认知负荷时,调整测试任务的操作步骤数量即可。

(2)控制技术影响认知负荷的理论分析

人的认知资源(工作记忆容量)是有限的,视觉通道在加工信息时,多种信息同时竞争相同认知资源,如果资源缺乏,就会导致有些信息得不到加工,这部分信息在用户处理中将缺失,从而导致任务绩效降低[47]。认知资源短缺会增加用户的认知负荷，为确保及时对重要信息进行认知加工，合理分配认知资源非常重要。材料组织呈现方式和任务复杂度 2 种方法，对调节认知负荷的影响如表 5.6 所示。

表 5.6　控制技术对认知负荷的影响（来源：龚德英，2009[26]）

认知负荷控制技术	表现形式	认知负荷变化方向
材料组织方式	分段呈现	↓
	连续呈现	↑
	概括呈现	↓
	全文呈现	—
	呈现内容量多	—
	呈现内容量少	↓
任务复杂度	探索型任务	↑
	程序型任务	—
	逻辑性强	↓
	逻辑性弱	
	材料难度大	—
	材料难度小	↓

备注：↓代表降低，↑代表增加，—代表影响不显著

　　材料组织形式影响认知负荷主要是通过控制冗余信息数量实现，冗余信息会分散注意力，消耗认知资源，增加额外的认知负荷。分段呈现、概括呈现等材料组织呈现形式能减少信息呈现数量，从而降低外在认知负荷[47]。

　　任务复杂度是通过影响用户的认知构架，从而改变认知负荷的。当用户面对新任务时，其认知结构中缺乏适当的认知构架，这时需通过学习产生一个有效同化新知识、新任务的认知框架，使新知识、新任务顺利、快速地进入用户的认知结构，这一过程能够帮助用户理解新旧任务的异同。用户认知构架的形成受任务难度的影响，如果任务难度较大，则同化新知识、新任务时所消耗的认知资源会增加，从而加大认知

负荷[47,60]。探索型任务消耗的认知资源多,会增加认知负荷,逻辑性强的任务则有助于降低认知负荷。

5. 认知负荷度量

经过众多学者长期的研究积累,已经研发出一整套成熟的认知负荷测量方法,供研究者选择。这些测量方法可根据研究目的、实验条件选择。目前常用的认知负荷测量方法分为主观测量法、任务绩效测量法和客观测量法。本节将分析各种认知负荷测量方法优缺点和适用条件。

(1)主观测量法

主观测量方法由多种测量量表组成,最有代表性的量表有:Paas 开发的主观评价量表[43]、SWAT 量表[60]、TLX 评价量表[60]及 WP 量表[51]。

① Paas 主观测量量表

该量表构建于认知负荷分类理论的基础上,共有 3 个测试项目,分别测试任务难度和心理努力程度两个维度,采用 9 级评分,1 代表难度和心理努力程度低,9 代表非常困难和非常努力。该量表信度很高,是使用最广泛的主观测量量表[43]。

② SWAT(Subjcetive Workload Assessment Technique)量表

该量表由美国空军航空医学研究院开发,分三个维度:时间负荷、努力负荷和心理紧张程度[60]。与 Paas 量表相比,该量表增加了对时间负荷和心理紧张程度的考察,其中时间负荷指完成该工作时可用的空闲时间多少,心理紧张程度指任务完成过程中产生的心理焦虑、不满意等心理状态表现的程度[53]。

该量表在使用中操作较为复杂,需要分阶段测量,且不适用于低认知负荷水平状态。因此研究者在使用时需提前对任务的认知负荷水平做预判,判断是否适合使用该量表。

③ TLX(Task Load Index)评价量表

该量表由美国航天局开发,由 6 个测量维度构成,分别测量心理需求、体力需求、时间需求、努力程度、绩效水平和受挫程度。每个测量维度都采用 20 等级评分方法，1 代表低，20 代表高。其中绩效水平测量时，1 代表很好，20 代表很差。体力负荷的测量主要用于测量体力负荷对脑力负荷的影响。

该量表比 SWAT 量表操作便捷，在评价总的认知负荷水平时比较敏感，适合现场操作环境下使用[60]。

④ WP 量表（the Workload Profile Index）

该量表的理论基础是心理负荷的多重资源模型，该理论将用户学习和使用产品分为四个阶段，并认为每个阶段会占用两种心理资源：1）信息处理阶段，占用中央处理资源和响应资源；2）编码处理阶段，占用空间编码和语言资源；3）输入阶段，占用视觉接收和听觉接收资源；4）输出阶段，占用操作输出和语言输出资源[53]。

该量表每个维度评分在 0—1 之间，其中 0 代表没有占用资源，1 代表全部占用。8 种认知资源的评分总和即是总体认知负荷指数。该方法信效度较好[51]，但由于该量表的表述在向非心理学专业被试解释时较困难，存在一定的使用障碍。

（2）任务绩效测量法

任务绩效测量法是通过比较任务操作的成功率、时间、绩效等判断该任务施加给用户的认知负荷[50]。

Mayer 开发的单任务测量指通过用户完成单一任务中的表现结果来推算用户的认知负荷[50]。该方法的理论假设是当认知负荷增加时，会占用更多的心理资源，由于心理资源有限，用户的任务绩效会下降，出错率会上升。任务绩效的测量指标包括：任务准确率、反应时、错误率、任务完成时间等。该方法的缺点是不同性质任务所占用的心理资源不同，如有些任务占用中央处理资源，有的任务则占用空间编码资源，因此很难做横向比较，因此单任务测试具有一定的局限性。

Brunken 开发的双任务测量是认知负荷测量的常用方法，该测量方法要求用户同时完成两项任务（主任务和次任务），其中主任务是要求用户必须完成的任务，而次任务承担认知负荷的测量工作，它测量用户在完成主任务时剩余多少认知资源，从而判断主任务的认知负荷水平[51]。该测量方法是认知负荷测量的经典范式。该测量方法的理论假设是:人的信息加工能力是有限的,但可以灵活地分配到任务解决的不同方面。在双任务测试中,如果用户同时完成两个任务,且两个任务都需要相同的心理资源,如都是听觉资源,那么所有资源就需要在两个任务间调配,从而根据两个任务的成绩判断认知负荷的强度。

(3)生理测量法及相应指标

生理测量方法是一种间接的认知负荷测量方法,它通过测量用户的生理反应来评价认知负荷。已有研究表明,与认知负荷有关的生理指标有多种,包括:心电指标、脑电指标和眼动指标等。心电指标主要是指心率,脑电指标主要是颅顶区的 theta 波[60],眼动指标相对较多,包括瞳孔直径、眨眼率、注视时间、注视点数等。

眼动追踪技术是最常用的阅读研究数据采集技术,能够有效弥补心理量表主观性强的不足,通过分析眼动行为的数据指标,如注视时间、注视点数、眼跳等可以判断和评价阅读内容的难度、用户处理信息的流畅度以及阅读疲劳度等[59]。闫国利等[59]详细介绍了以下眼动指标:

瞳孔直径:已有研究表明,该指标是目前公认的测量认知负荷最为直接、有效的眼动指标,瞳孔直径越大,认知负荷越高。

眨眼率:在眼动指标中,眨眼率是一个相对的概率值,眼动仪系统将闭眼状态的时间与全部测量时间的比值称为眨眼率。该指标反映了被试的眼部疲劳程度、舒适度,间接反映了认知负荷。

注视时间:该指标反映了信息的复杂程度,注视时间越长,意味着信息处理的难度越大,从而间接反映了认知负荷水平。注视时间还有其他的含义,如注视时间长,也可能代表着用户对该区域信息感兴趣。

注视点数:注视点是指用户在信息上有效停留的次数。注视点数量反映了信息处理的难度,它也能代表用户对某个区域的信息具有兴趣。

眼动指标还有很多,如首次注视时间、回视、扫描路径等,但这些指标与认知负荷的关联度不大,因此不再赘述。

生理测量方法的优点是具有客观性、实时性和不受干扰性。生理指标可以连续测量，很少受外在活动干扰，并且不受用户的主观偏见影响。但缺点是该测量方法需要严格的理论假设，且上述生理指标并非仅针对认知负荷有用，其他心理活动也可能对上述指标产生影响。因此，在研究中应当协同其他技术手段完成测试目标。

认知负荷是指人在完成任务过程中进行信息加工所需要的认知资源总量[61]。相关研究表明，认知负荷变化与任务绩效之间呈倒"U"形，认知负荷过低或过高都会降低任务绩效[62]。影响认知负荷的因素有很多，如先前知识、经验、工作记忆容量等，通常在研究中需要对这些因素进行控制[45]。常用的认知负荷控制方法包括：控制任务难度、任务复杂程度、时间压力等。读者使用数字图书馆的目标是提升信息服务效率，因此本研究中将选取时间压力作为控制认知负荷的技术手段。

时间压力设定方法如下：实验开始前，邀请 5 名读者依次完成预先设定的 5 项任务，计算任务完成消耗的平均时间，分别加减 60 秒，设定为时间压力小和大的条件，本研究中对应的任务限制时间是 180 秒和 300 秒，超出限制时间将被认定为任务失败。

6. 导航结构

导航功能对于网页、APP 开发的重要性不言而喻，任何一个网页的导航都具有三个功能：首先，它提供给用户一种在网站间跳转的方法；其次，导航设计必须传递出这些元素和它所包含内容之间的关系；最后，导航设计必须传递出它的内容和用户当前浏览页面之间的关系[46]。导航的重要使命是清晰地告诉用户"他们在哪儿"，以及"他们能去哪儿"。因此，导航的逻辑结构是否清晰，对用户能否顺利完成任务、避免迷路至关重要。

导航结构最早以扁平式为主，随着网站信息量增加，导航结构逐渐从扁平结构发展成树形导航结构。本研究中所选取的国家数字图书馆 APP 有两个版本，其旧版就属于典型的扁平式结构，而新版导航结构属于树形结构，如图 5.9 所示。

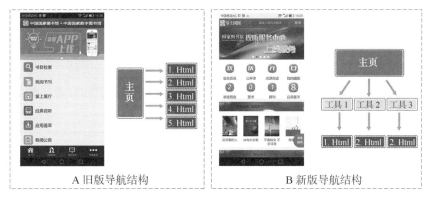

A 旧版导航结构　　　　　　B 新版导航结构

图 5.9　新旧版本国家数字图书馆界面及导航结构

7. 情感体验与可用性测量

情绪是个体心理状态的"晴雨表",而生活事件是日常情绪体验的重要前提条件[53]。Zautra 等认为所有的情感体验都发生在一定的情境之中,情感体验随生活事件改变会发生动态变化,生活事件对情感体验的影响分为积极和消极两类[64]。数字化阅读也是生活事件,根据 Zautra 的情感体验理论可知,读者完成任务后,会产生一定的情绪波动,其波动分为正、负两个方向。本研究中对情感体验的测量采用经典 PANAS 正负情绪测量量表,该量表由 20 个形容词构成,含 10 个正性情绪词汇和 10 个负性情绪词汇,该量表既能用于描述用户一段时期内的情绪状态,也能用于描述即时情绪状态,且信效度极高[65]。计算方法有两种,一是比较前、后测正、负性情绪的均值,查看其变化趋势;二是分别比较单一正性或负性指标前测、后测的均值变化情况,本研究采用第一种计算方法。

可用性测量采用经典的 SUS 量表[66],该量表由 10 个问题构成,分别针对系统易用性、有用性、自我效能、满意度等指标,综合形成系统可用性得分,该量表总分为 100 分,低于 50 分表示不可接受,51—70 分之间表示勉强能接受,71 分以上意味着可用性较好。

8. 研究假设

根据上述理论,本研究提出如下假设:

假设 1:认知负荷可能对情感体验、可用性、任务绩效具有显著影响。

假设 2：导航结构可能对情感体验、可用性、任务绩效具有显著影响。

假设 3：认知负荷和导航结构可能对情感体验、可用性、任务绩效的影响具有交互作用。

假设 4：可用性与情感体验变化的相关性可能显著。

假设 5：扁平式导航结构可能更适合老年人。

二、认知负荷与导航结构设计研究方法

1. 实验设计

本研究采用 2×2(2 因素 2 水平)混合实验设计，2 因素分别是认知负荷与导航结构，其中认知负荷分为高和低 2 个水平，采用时间压力技术控制；导航结构分为扁平式结构和树形结构 2 个水平，分别对应国家数字图书馆的新、旧版本。

2. 视觉舒适度与疲劳度主观评价的年龄差异

本研究共邀请了 20 位老年人参加实验，被试均从老年大学招募，文化程度全部高中以上，平均年龄 64.37 岁，SD＝4.03，其中男性被试 9 名，女性被试 11 名。被试平均每天手机阅读时间 3 小时以上，矫正视力正常，均为右手利。在实验前全部认真阅读实验知情同意书，并签字确认。

3. 视觉舒适度与疲劳度主观评价的年龄差异

每位被试需在 2 个版本的国家数字图书馆上完成相同数量、相似内容的任务，如表 5.7 所示。要求在规定时间内，按照顺序依次完成任务，实验主试人员记录每个任务完成时间。为消除顺序效应的影响，每位被试按照随机化顺序抽取数字图书馆实验版本顺序，完成 2 个版本的测试任务。

表5.7　实验任务内容安排

序号	旧版任务	新版任务
1	查找图书《山海经》,并收藏。	查找图书《四世同堂》,加入书架。
2	查看排行榜,找到《东周列国志》,打开阅读。	查看排行榜,找到《北京,北京》,打开阅读。
3	查找 2017 年国家数字图书馆中秋、国庆假期开馆安排。	查找最新公告,"国家数字图书馆" APP 上线通告。
4	查找辛德勇主讲的:发现《燕然山铭》——浅谈这一发现的学术价值,请说出讲座时间和地点。	查找邬文玲主讲的:出土简帛记述的古代中国,请说出讲座时间和地点。
5	查看《祖国颂》在线展览。	查看《百子团圆》在线展览。

被试在进入实验室后,先休息 3—5 分钟,听取实验内容和要求的介绍,在实验开始前,填写 PANAS 情绪量表,记录使用数字图书馆前的情绪,作为参考标准,在完成一个版本的试验任务后,再次填写 PANAS 量表,并填写 SUS 量表。两个版本的实验测试间隔 30 分钟,每位被试全部完成测试需 40—50 分钟左右。实验设备采用华为 Nova2 手机,屏幕尺寸 6 寸,屏幕分辨率 2160×1080,亮度统一,实验环境光线统一。

实验期间共采集了两套数据:客观数据和主观数据。客观数据指实验期间的行为数据,包括每个任务的完成时间,任务成功率;主观数据指情感体验数据和可用性数据,分别采自主观评价量表。

三、认知负荷与导航结构对老年人用户体验的影响

1. 认知负荷与导航结构对用户行为的影响

实验完成后,对所有被试的任务平均完成时间、任务成功率分别进行统计,结果如表5.8所示。完成任务 1 平均所需时间最长,任务 2 和任务 3 时间相似,略少于任务 1,任务 4 和任务 5 所需时间最短。

表 5.8　每项任务的平均完成时间和成功率描述统计结果表

	任务 1	任务 2	任务 3	任务 4	任务 5
完成时间均值 （标准差）	66 s (17.5 s)	42 s (15.7 s)	42 s (16.0 s)	34 s (10.1 s)	33 s (11.3 s)
成功率(%)	100	100	100	70	55

　　任务时间的双因素方差分析结果发现，认知负荷与导航结构 2 个因素影响任务 1 完成时间的交互作用显著（$F=4.88, p=0.035$），但认知负荷、导航结构影响任务 1 完成时间的主效应均不显著（$p>0.05$）。导航结构对任务 3（$F=4.12, p=0.05$）、任务 5（$F=6.5, p=0.02$）完成时间的主效应显著。在本实验中，任务 1 完成时间仅随认知负荷与导航结构同时改变而变化，而不受认知负荷或导航结构单个变量的影响。任务 3 和任务 5 完成时间随导航结构变化发生显著变化。

　　任务 4、任务 5 成功率的卡方检验结果发现，认知负荷对任务 4（$F=7.57, p=0.06$）和任务 5（$F=15.18, p<0.001$）的成功率主效应显著，说明任务 4 和任务 5 的成功率随认知负荷变化发生显著改变。导航结构对任务成功率影响不显著。分析结果如表 5.9 所示。

表 5.9　任务完成时间双因素方差分析结果与任务成功率卡方检验结果表

任务 1	行为数据	均方	F 值/χ^2	p 值
认知负荷	任务时间	136.13	0.48	0.49
导航结构	任务时间	36.13	0.13	0.72
认知负荷×导航结构	任务时间	1378.13	4.88	0.035*
任务 2				
认知负荷	任务时间	81.28	0.35	0.56
导航结构	任务时间	850.78	3.67	0.06
认知负荷×导航结构	任务时间	195.03	0.84	0.37
任务 3				
认知负荷	任务时间	96.56	0.40	0.53

任务 3	行为数据	均方	F 值/ χ^2	p 值
导航结构	任务时间	1005.72	4.12	0.050*
认知负荷×导航结构	任务时间	19.51	0.08	0.7796
任务 4				
认知负荷	任务时间	250.71	2.55	0.1222
	成功率	—	7.57	0.006**
导航结构	任务时间	57.57	0.59	0.45
	成功率	—	0.15	0.694
认知负荷×导航结构	任务时间	0.91	0.01	0.92
任务 5				
认知负荷	任务时间	179.44	1.86	0.19
	成功率	—	15.18	<0.001***
导航结构	任务时间	618.21	6.40	0.02*
	成功率	—	0.13	0.72
认知负荷×导航结构	任务时间	221.99	2.30	0.14

注：*代表 $p<0.05$，**代表 $p<0.01$，*** $p<0.001$

2. 情感体验结果

情感体验采用后测减去前测的方法检验变化量，开始实验前，测量被试的基础情感体验状态，分别得出正性情感状态（PA1）和负性情感状态（NA1）的前测值，在每一个 APP 测试完成后，马上做后测情感状态测量，结果分别是 PA2 和 NA2，两次正性情感得分的差值就是正性情感体验的变化值，负性情感体验的算法与正性情感体验一样。情感体验测量结果的描述统计如表 5.10 所示。

表 5.10　各种测试条件下情感体验测量结果描述统计表

条件	统计量	PA1	NA1	PA2	NA2	ΔPA	ΔNA
高负荷扁平导航	平均值	3.47	1.27	3.9	1.03	0.48	−0.19
	标准差	0.83	0.66	0.79	0.07	0.71	0.34

续　表

条件	统计量	PA1	NA1	PA2	NA2	ΔPA	ΔNA
高负荷树形导航	平均值	3.47	1.27	2.59	1.56	−0.89	0.29
	标准差	0.83	0.66	0.94	0.54	0.69	0.54
低负荷扁平导航	平均值	3.47	1.27	3.16	0.73	−0.31	−0.54
	标准差	0.83	0.66	1.14	0.07	0.54	0.65
低负荷树形导航	平均值	3.47	1.27	3.52	1.16	0.05	−0.11
	标准差	0.83	0.66	1.01	0.32	0.78	0.52

　　对情感体验数据可视化处理,如图 5.10 所示,从情感体验均值比较中能够发现,高认知负荷扁平导航条件增加了读者的正性情感均值($\Delta PA = 0.48$),同时降低了负性体验($\Delta NA = -0.19$)。高认知负荷树形导航和低认知负荷扁平导航都降低了读者的正性情感体验,高负荷树形导航大幅降低了正性情感体验($\Delta PA = -0.89$),同时还增加了负性情感($\Delta NA = 0.11$)。低负荷树形导航结构正、负情感体验影响都不大。

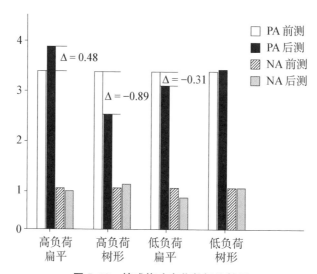

图 5.10　情感体验变化数据比较图

　　进一步研究认知负荷和导航结构对情感体验变化的影响,以认知负荷和导航结构为自变量,正性情感变化值为因变量做双因素方差分析,发现导航结构对正性情感变化的主效应边缘显著($F=3.88,p=0.058$),认知负荷对正性情感变化的主效应不显著($F=0.18,p=0.677$),但是认知负荷和导航结构对正性情感变化的交互作用显著($F=13.66,p<0.001$),说明只有当两个自变量共同作用时,才会显著影响情感体验变化量。确定交互作用存在后,进一步做简单效应分析,发现固定导航结构不变时,扁平式导航结构随认知负荷增加,正性情感提升,树形导航结构则随认知负荷增加,正性情感降低。固定认知负荷不变时,低认知负荷状态下,两种导航结构正性情绪体验分值相差不大,但树形导航结构略高;在高认知负荷状态下,情感体验差别显著,扁平式导航结构正性情感体验更高。

进一步研究认知负荷和导航结构对负性情感体验变化的影响,以负性情感体验变化值为因变量做双因素方差分析,发现认知负荷($F=0.55,p=0.47$)、导航结构($F=2.2,p=0.14$)对负性情感体验变化的影响都不显著,且二者无交互作用($F=0.02,p=0.89$),如图 5.11 所示。

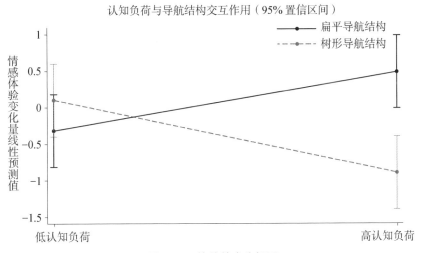

图 5.11　简单效应分析图

3. 可用性结果

被试在完成 App 测试任务后,先做情感体验评分,再对产品可用性进行评分。4 种测试条件下可用性得分描述统计如表 5.11 所示。

表 5.11 各种测试条件下的可用性得分描述统计表

条件	统计量	SUS 得分
高负荷扁平导航	平均值	90.31
	标准差	5.89
高负荷树形导航	平均值	58.88
	标准差	22.78
低负荷扁平导航	平均值	79.06
	标准差	16.74
低负荷树形导航	平均值	71.88
	标准差	16.24

绘制 4 种条件下可用性得分箱式图,如图 5.12 所示,扁平式导航结构可用性得分比树形导航结构可用性得分略高,认知负荷的两个条件可用性得分分布情况相似。进一步对可用性得分做双因素方差分析发现,认知负荷对可用性得分没有显著影响($F=0.07$, $p=0.79$),但导

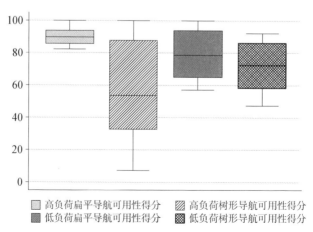

图 5.12 各种测试条件下的可用性得分箱式图

航结构对可用性影响显著（$F=7.99,p=0.009$），认知负荷与导航结构的交互作用不显著（$F=3.33,p=0.079$）。

4. 可用性与情感体验的关系

为验证可用性与情感体验变化存在相关性这一理论假设，对可用性得分、正性情感体验变化得分、负性情感体验变化得分做皮尔逊相关系数分析，发现正性情感体验变化与负性情感体验变化之间相关性显著（$r=-0.493,p=0.005$），但正性情感体验变化与可用性得分之间相关性不显著（$r=0.323,p=0.076$），负性情感体验变化与可用性得分之间相关性也不显著（$r=-0.137,p=0.462$）。

四、提升老年用户体验的导航设计建议

数字阅读用户体验是一项复杂的心理活动，借助读者阅读的绩效表现和主观评价可以部分实现对这一活动的量化，帮助我们有效分析用户体验发展、变化的心理过程，进而为数字图书馆界面设计、产品开发、服务模式创新提供理论指导，提高信息资源利用率，以实现推动全民阅读的目的。以用户为中心的设计理论认为，用户界面设计是否友好、是否合理，将直接影响数字图书馆系统的使用效率[67]。本研究分别从认知负荷和导航结构两个维度对用户体验的情感体验和可用性进行展开，以下将实验结果依次对照研究假设进行了讨论。

1. 基于任务绩效、情感体验和可用性的设计建议

行为数据分析结果表明，认知负荷对 5 个任务的完成时间均没有显著影响，但对任务 4（$F=7.57,p=0.06$）、任务 5（$F=15.18,p<0.001$）的任务成功率具有显著影响，在时间压力大的条件下，读者任务 4、任务 5 的成功率低于时间压力小的条件。该结果与李晶等人的研究结论相似，他们分别考察了时间压力大、中、小三个条件对用户记忆图形或颜色的绩效影响，结果发现，时间压力越大，认知速度和效果越差[68]。已有研究表明，压力会增加人的信息处理速度，但会导致人在信息处理过程中倾向于注意事物的大致轮廓，而不会深度分析[69]，由此推

测时间压力会对任务完成时间产生影响。本研究中所有被试都是首次使用国家数字图书馆，在时间压力大的条件下，任务 1 完成时间远大于其他任务，表 2 的数据结果显示，后续任务完成速度逐渐加快。这说明用户在任务前期消耗大量时间学习这个软件，那么，时间压力对任务前期学习时间是否有显著影响？实验结果表明，时间压力对任务 1 完成时间无显著影响（$F=0.48, p=0.9$），但是，时间压力与导航结构具有交互作用（$F=4.88, p=0.035$），说明两个因素单独作用于任务 1 完成时间没有太大影响，只有两个因素共同作用时才能发挥显著的影响。

情感体验数据分析结果表明，认知负荷对正性情感（$F=0.18, p=0.677$）、负性情感体验变化值（$F=0.55, p=0.47$）的影响都不显著。已有研究认为，压力大可能会引起生理、情绪、认知等方面令人不悦的变化，也可能会带来焦虑等负面情绪[70]。本研究的实验结果并没有发现认知负荷对情感体验变化具有显著的影响效应，但是继续分析认知负荷和导航结构的交互作用，发现当两个因素对情感体验变化具有交互作用，说明认知负荷对情感体验的影响需要与导航结构共同作用时才能发挥。

对可用性数据分析结果表明，认知负荷对可用性得分（$F=0.07, p=0.79$）没有显著影响。该结果表明，读者并没有将未能完成任务的责任归咎于可用性。测后访谈结果表明，读者非常自信能够熟练使用国家数字图书馆，通过已完成的任务他们已经熟悉了该产品，并对其作出了综合评价。

综上，认知负荷对任务绩效中的任务成功率具有显著影响，对任务 1 完成时间、情感体验的影响都需要通过导航结构共同作用才能体现，对可用性没有显著影响。

2. 导航结构设计建议

实验结果表明，导航结构对任务成功率没有显著影响，但对任务 3（$F=4.12, p=0.05$）、任务 5（$F=6.5, p=0.02$）完成时间有影响显著，并且与认知负荷共同施加了对任务 1 完成时间的影响。进一步分析发现，读者在扁平导航结构中的任务完成时间小于树形导航结构，说明老年人在扁平导航结构中完成任务更容易、高效。网站导航的功能是引导并帮助用户快速找到所需要的功能,不同导航结构信息传递的层级会有差异。已有研究表明,老年人使用线性结构导航的绩效表现优于超链接导航形式,Castilla 等人对老年人电子邮件系统导航做了测试,分别请老年人通过线性导航或超链接导航形式接收和发送邮件,结果表明,线性导航成功率和效率都优于超链接导航形式[71]。本研究中,旧版国家数字图书馆 APP 所使用的扁平式导航结构属于线性导航形式,而新版国家数字图书馆 APP 属于超链接导航。线性导航需要按照步骤操作,不能跳跃,而超链接导航可以直接搜索功能,跳跃至所需页面。老年人由于对电脑的熟悉度不够,且认知速度、记忆等认知能力降低,使其更容易接受线性导航。

正性情感体验变化受导航影响较大($F=3.88$, $p=0.058$),在与认知负荷共同作用后,对正性情感体验变化的影响显著($F=13.66$, $p<0.001$)。导航结构对正性情绪体验变化影响大,可能是由于当读者无法找到对应功能时,挫败感会增加,而当导航有效地引导读者找到所需功能后,读者会产生愉悦、高兴、自信等正性情感体验。如图 3 所示,扁平式导航结构帮助读者找到对应功能时,正性情感提升明显($\Delta PA=0.48$),且负性情感略降($\Delta NA=-0.19$)。读者可能会在树形导航中迷失,其结果是正性情感明显下降($\Delta PA=-0.89$),负性情感略升($\Delta NA=0.11$)。认知负荷与导航结构的交互作用发现,低认知负荷下两种导航结构对情感体验的影响较小,情感体验的变化值区间在(-0.5, 0.5),但在高认知负荷下,放大了两种导航结构对情感体验的影响。因此,本研究中,导航结构对情绪体验具有较大的影响,认知负荷在情感体验中存在调节效应。

对可用性数据分析结果发现,导航结构对可用性影响显著($F=7.99$, $p=0.009$),扁平式导航结构的可用性得分高于树形导航结构。如前所述,导航在数字图书馆使用中具有非常重要的作用,清晰的导航结构不仅有助于提升可用性,也会增加用户的正性情感体验,因此导航结构的选择对提升不同人群的数字图书馆用户体验非常重要。

综上，导航结构对任务完成时间具有显著影响，对正性情感体验变化影响显著，且认知负荷与导航结构对正性情绪的交互作用显著。导航结构对可用性影响显著。认知负荷与导航结构的交互作用仅在任务1完成时间和正性情感体验变化中显著。

3. 其他设计建议

如前所述，对可用性得分与正性、负性情感体验变化值的相关性分析结果表明，可用性与正负情感变化的相关性不显著。说明本研究中二种认知负荷条件下，导航结构变化过程中，正性情感变化不会随可用性分数的高低变化产生显著的同向或反向变化。负性情绪变化亦如此。但是，正性情感体验与负性情感体验存在显著的负相关关系，说明当正性情感体验增长时，负性情感体验会降低，在数字图书馆情感体验研究中，提升正性情感体验或降低负性情感体验，都会有助于增加用户对数字图书馆的整体情感体验。

结合上述研究结论不难发现，老年人在使用扁平导航结构的数字图书馆时，任务效率、正性情感体验变化值和可用性得分都显著高于树形导航结构，说明老年人更适合使用扁平式的导航结构。数字图书馆在针对该人群提供服务时，扁平式导航更加适宜。

本文对老年读者使用不同导航结构的国家数字图书馆，在不同时间压力下完成阅读任务做了实验研究，发现认知负荷和导航结构对老年读者的用户体验都有不同程度的影响，实验结果能够为数字图书馆开发、设计工作提供理论支持。

首先，认知负荷是不同年龄段读者都无法避免的，它受知识、经验、时间紧迫程度等多种因素影响，本文实验结果表明，认知负荷单独作用于任务绩效、情感体验、可用性时，影响都不大。但是，当认知负荷与导航结构共同变化时，认知负荷对任务绩效和情感体验的影响很大，起到推波助澜的作用，因此在数字图书馆交互设计时应该加以重视。

其次，导航结构对任务绩效、情感体验和可用性的影响都很大。本文实验结果表明，老年人更适合扁平式导航结构，因此在开发数字图书馆时，应当区分人群，针对性开发适宜不同人群的数字图书馆APP。国家数字图书馆已经开发了 2 种版本的 APP,应该同步更新,针对不同用户群体,开发相应的信息服务模式和内容,这样更有利于全民数字阅读的推广。

最后,提升情感体验有助于留住读者,增加读者阅读的次数和时间,提高信息资源利用率,数字图书馆开发不仅要重视可用性,还应重视读者的情感体验。

第三节　偏好增益:数字交互界面适老化设计实证

近年来,老年人信息行为出现逐年递增的趋势,数字界面是用户与信息系统交流的通道,良好的数字信息界面设计,能提升老年人的信息行为体验,增加老年人信息行为持续意愿。界面布局是信息组织呈现的基本要素,界面信息组织清晰且一致,美观、组织合理的界面布局形式对信息呈现和识别非常关键。Bateman 等认为,界面布局为整体信息传递的一致性提供了丰富的资源和方法,信息一致性是用户行为构建的重要基石,为此他们考察了美学历史,基于美学理论采用实证研究的方法制定了一套图文界面布局的整合方法[72]。但是,界面布局并非是影响信息检索绩效的唯一要素,信息检索目的同样会影响检索绩效,甚至决定了信息检索的视觉策略[73]。美观界面虽然不会显著影响信息检索绩效,但能提升对产品有用性的感知。如 Hassenzahl 和 Monk 从美学的角度研究了产品外观如何影响用户感知,结果发现外观漂亮的产品会被用户认为更有用,即美学能提升产品有用性[74]。由此可知,界面布局可以通过改善用户注意力提高用户信息检索绩效,因此,研究界面布局对用户信息检索绩效的影响很有必要。

信息检索是用户与信息系统交互过程的作用机制,"以用户为中心"的理念正在成为信息检索交互研究的主流思想。长期以来,学者们借助认知心理学理论研究人机交互的相关问题,如有研究发现用户认知风格对信息检索策略有显著影响,提出应建立面向不同认知风格的信息检索系统界面[75]。黄崑等梳理了国内外情感负荷理论在信息行为研究中的应用,提出未来应探索情感负荷在目的性明确主动和非目的性检索的信息交互过程中所发挥的作用[76]。将用户认知特点纳入信息行为研究的重要性不言而喻,在信息检索交互过程中,界面布局会影响用户的注意力分配,良好的界面布局不仅会影响读者的信息检索策略,还会对提高读者的检索绩效有一定的帮助。主观问卷结合生理指标,如眼动追踪、脑电等,能够更全面地反映用户的认知过程与规律。因此,本研究拟采用眼动追踪技术采集用户的注视时间和注视点数,将上述眼动指标作为信息用户在检索结果界面注意力分布的判断依据,提出优化检索界面设计的建议。

一、信息交互用户体验研究

1. 信息检索交互行为模型

近年来,信息行为研究范式已经发生了变化,从关注信息和系统本身逐步转向为关注用户的需求和行为[77]。Wilson 首次提出了信息搜寻模型,将信息用户作为模型的出发点[78]。随着网络技术进步,互联网成为信息发布和交流的主要平台,越来越多的学者接受了"以用户为中心"的思想,围绕用户与信息系统交互过程构建了信息行为模型。最为典型的代表当属 Wilson 提出的系列信息行为模型,他在模型修订中关注用户的信息需求及信息行为中的干扰变量[79,80]。此外,Kuhlthau 构建的信息查询过程模型也是一个经典模型,他将用户信息查询过程描述为初始—选择—探索—观点形成—收集—表述六个阶段[81],提出信息搜寻具有不确定性,据此探索了信息用户在不同阶段的情绪状态。此后 Kuhlthau 提出应基于用户体验、用户信息需求等因素开发信息交互系统,这是对设计师提出的巨大挑战[82]。Ingwersen 将信息检索研究方法分为三类:系统导向、用户导向和认知导向的信息检索交互研究方法,系统导向侧重于提高信息系统的检索性能、用户导向侧重于用户信息需求和行为、认知导向侧重于检索者的认知和行为[83]。Ingwersen 还构建了认知信息检索交互模型,核心构成要素包括:认知行动者、界面、社会环境、信息技术和信息对象[84]。人机界面是用户与信息系统的接口,人机信息交换的通道,信息检索交互必须借助于界面来完成,因此界面的功能和作用成为研究重点。

国内外关于信息搜索界面和检索结果显示的界面很多,其中最为著名当属多元反馈界面设计研究,White 等学者基于多元表示理论建立了内容丰富的信息搜索和检索结果显示界面,能够多维度呈现检索结果文档信息[85,86]。传统检索界面仅显示标题等信息,多元反馈界面事实上增强了隐性相关反馈,有利于用户修改初始检索表达式,从而降低信息检索交互的不确定性。时至今日,多元反馈界面不仅可以用文字来显示检索结果,还可以用图片、音频、视频等多媒体的方式显示,因此本研究提出基于多元表示理论检验研究图文布局界面设计对老年人信息检索绩效的影响。

2. 信息交互设计中的用户体验

Wilson 将信息行为研究分为了两类:一是以用户为中心的研究,强调用户信息需求、检索行为、个体认知、动机等因素;二是强调界面与用户之间的交互,探讨解决系统设计可用性、界面呈现等问题,用户体验是该类研究的重要内容[87]。用户体验很早就被纳入到了信息行为模型的构建中,Kuhlthau 认为信息查询初期阶段会引发用户对不确定性的感知,并诱发焦虑,但随着相关信息的呈现,情感会随之变化,他明确提出了信息查询每个阶段的用户情感体验状态[81]。用户体验有三个层级:本能层、行为层和反思层,本能层是指用户对产品在感知觉层面所形成的直观体验,行为层则是用户通过实际操作、使用产品而产生的需求满足感,反思层则是用户通过组织和回忆的方式对产品感知觉和交互的经验总结[88]。用户体验与用户信息检索行为高度相关,二者都是动态变化的,用户会在检索过程中学习、总结、反思,据此调整检索策略,形成观点,完成任务,用户体验则经历了对信息系统的感知,通过操作满足信息需求,反思总结经验。因此,信息检索与反馈界面是用户体验的核心载体，本研究聚焦于检索反馈界面。

近年来不少国内研究者从用户体验的视角，对界面布局展开了讨论，如郑方奇等对网易云阅读和QQ阅读器两款APP的人机交互界面进行了对比分析，总结了数字阅读平台个性化、社交化等若干界面特点[89]。谢湖伟等人采用科学量化的问卷调查法，对新闻阅读类APP，从使用时间、使用场景、个性需求三个维度进行因子分析、描述性统计分析，得出了移动数字阅读用户体验构建的若干假设[90]。还有学者以图文布局为研究对象，对阅读软件作可用性评价[91]。国外学者Kretzschmar等人对比了纸质媒介与电子媒介两种界面的可用性，探讨读者在两种界面中阅读是否存在差异显著的认知付出，结果显示，媒介差异不显著，但老年人在电子媒介阅读时，屏幕对比度高将对老年人更有帮助[92]。Koc-Januchta等研究者将被试分为图式思维者（visualizers）和语言思维者（verbalizers），比较这两种人在观看图、文时的差异，结果发现图式思维者更容易被图吸引，而语言思维者则更倾向于阅读文字[93]。

多元表示理论强调了在文献、检索引擎以及用户认知空间中的认知变化或多元表示[94]。根据多元表示理论，本研究将检索反馈界面设计为图文布局形式和纯文本形式，采用问卷与眼动追踪相结合的研究方法，针对具体界面设计中图文布局形式变化对老年人信息检索绩效的影响开展研究。

3. 眼动追踪技术

近年来，眼动追踪技术引起了学者们的重视，将其作为对用户主观反馈的补充，应用于交互式信息检索研究中。眼动追踪有利于揭示用户信息检索行为背后的深层动机，关注用户的认知心理、注意力分布、在人机交互过程中能够检验搜索界面的可用性。吴丹等提出了眼动追踪在交互式信息检索研究中的四个应用趋势：①交互式信息检索中的认知差异研究；②基于眼动的移动搜索研究；③自然环境下的交互信息检索行为眼动研究；④眼动追踪方法与其他多元化的分析方法的结合[95]。用户视觉注视行为是优化搜索界面设计的重要参考因素，梁少博等通过眼动实验对用户在不同跨设备情境下的视觉分布进行研究，发现用户在跨设备后视觉注意力有所分散，提出在信息界面中提供历史信息有助于用户提升检索绩效[96]。许鑫等研究了用户在浏览高校图书馆门户网站主页时的浏览习惯，发现了用户使用高校图书馆门户网站时关注度较高的热门区域和关注度较低的冷门区域，以此提出了设计建议[97]。上述研究表明眼动追踪对信息检索和结果呈现界面设计具有指导意义，眼动指标能够为更深层次地理解用户信息检索行为提供依据。

　　信息检索研究中常用的眼动指标包括注视点数、注视时间、瞳孔直径等[98]。眼动分析需预设兴趣区，研究者根据研究目的按照功能设置兴趣区。注视点数代表了信息加工难度，注视点数越多说明信息加工难度越大；注视时间则代表了用户在界面中的兴趣分布和注意力分布[91,96]；瞳孔扩张能够反映信息用户的情绪变化[76]，也能够反映信息用户在信息检索过程中的认知负荷[98]。本研究关注老年用户在信息检索结果界面的注意力分布情况，因此重点分析注视点数和注视时间两个指标。

二、信息交互包容性用户体验研究方法

1. 实验设计

　　数字图书信息检索结果显示界面一般有两种显示方式，一是纯文本显示，包括题目、作者等基本信息；二是图文显示，在文本旁增加书皮封面信息。图文显示能补充提供新的信息供读者参考。本研究采用主观量表与客观眼动数据相结合的方法，开展单因素重复测量实验，根据多元表示理论将自变量界面布局设置为三个水平，分别是左图布局、右图布局和无图布局。邀请老年人做信息检索任务。每位老年人需要在一种界面中，根据主持人提供的关键词，依次完成 3 个信息检索任务。实验过程中，眼动仪记录任务完成时间和眼动数据，测试完成后，请老年人填写主观感受量表。

为了分析眼动数据，需将图文布局划分为若干个兴趣区，本研究以比较不同界面布局形式对老年人信息检索绩效的影响为目标，因此划分了 2 个兴趣区：图片兴趣区和文字兴趣区。将每个兴趣区的首次注视时间、兴趣区内的注视点数，注视时间和眨眼率作为评价老年人信息检索策略的重要评价指标，用眼动仪记录上述指标，被试在完成信息检索后，分别从可用性、有效性、易用性、满意度、视觉吸引力、视觉舒适度等方面对信息检索过程进行评价。研究图文布局、认知负荷对用户体验的影响，研究框架见图 5.13。

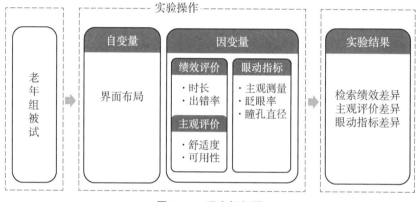

图 5.13　研究框架图

为保证研究不受其他变量干扰，实验过程采用随机化阅读顺序，使用同一台实验仪器，相同光照参数，信息检索材料字号间距相同。

2. 实验材料

分别选取左图右文、左文右图和纯文字三种界面布局形式，简称左图布局、右图布局和无图布局。选取图书信息作为实验材料，每篇材料中包含 10 条图书信息，其中包含 5 本畅销小说和 5 本学术著作。

为了使实验更加符合真实的信息检索情境，本实验将精心准备的材料做成图片格式，尺寸与实验设备的屏幕尺寸相同，以确保参与者在实验中看到的文字材料显示效果与真实手机阅读材料呈现效果相同。实验材料呈现如图 5.14 所示。

图 5.14　实验材料呈现

3. 实验被试

本次实验共招募了 20 位老年被试,全部来自同济大学老年大学,年龄在 61—74 岁之间,平均年龄 64.37 岁,SD＝4.03,其中男性被试 9 名,女性被试 11 名,所有被试具备高中以上文化水平,矫正视力正常,均为右手利。在实验前全部认知阅读实验知情同意书,并签字确认。每名被试在参加完实验都能够领取 100 元的实验补偿。

4. 实验流程与数据采集

实验首先需要参与者完成一个训练任务,该任务的设置有两个目的:首先是为了确保参与者能够胜任所有实验任务,其次是熟悉任务内容。实验中,每位被试需提前了解需要完成的任务,然后针对性检索信息,检索完成后,关闭实验设备。信息检索时间和正确率作为行为数据进行记录。

用户对文献信息的需求包括两个类型,即对已知文献资料的需求和已知主题的需求。本研究的实验任务采取已知文献资料检索,即告知题目、作者等基本信息,通过输入题目,寻找目标书籍。具体任务如表 5.12 所示。

表 5.12　实验任务内容安排

序号	左图界面任务	右图界面任务	纯文字界面任务
1	查找图书《平凡的世界》，路遥著，打开页面	查找图书《四世同堂》，老舍著，打开页面	查找《往事有踪》，曲世勃著，打开页面
2	查找图书《追风筝的人》，卡勒德著，打开页面	查找图书《月亮与六便士》，毛姆著，打开页面	查找《流浪图书馆》，曲世勃著，打开页面
3	查找图书《马尔克斯：百年孤独》，加西亚著，打开页面	查找图书《马尔克斯：百年孤独》，加西亚著，打开页面	查找《房思琪的初恋乐园》，契诃夫著，打开页面

　　主观用户体验数据采集包括三个维度，即舒适度、可用性与情绪变化。测量采用主观问卷量表，舒适度测量改编自阅读舒适度量表，包括三个问题，即视觉舒适度、可读性、清晰性。可用性测试共 10 题，改编自系统可用性问卷(SUS)。视觉舒适度与可用性测试评分均采用了李克特 7 级尺度评价方法。情绪测量采用了正负情绪量表(PANAS)，筛选了与本研究相关的情绪共 10 题。全部量表共 23 题。

　　实验设备采用 iPhone6s，屏幕尺寸 138.1mm×67.0mm，屏幕像素密度 326pp，背景亮度统一，眼动数据采用头戴式眼动仪 Dikablis，采样率 60HZ，监测各兴趣区首次注视时间，注视时间与注视点数。

三、图文布局对交互信息包容性用户体验的影响

1. 图文布局对信息检索时间与正确率的影响

　　以信息检索时间为因变量，图文布局为自变量，做单因素方差分析，结果发现图文布局的主效应边缘显著($F=3.147, p=0.058$)，图文布局改变了老年人信息检索的时间，且变化量大。信息检索时间如表 5.13 所示，在左图布局中，20 位被试的平均信息检索时间约 152.3 ± 41.6 秒，时间最长；右图布局中，平均信息检索时间约 125.1 ± 53.1 秒，无图布局的平均信息检索时间最短，约 122.9 ± 55.6 秒。

表 5.13　不同界面布局中信息检索平均时间与正确率

	左图布局(标准差)	右图布局(标准差)	无图布局(标准差)
任务完成时间(s)	152.3(41.6)	125.1(53.1)	122.9(55.6)
正确率	89.7%	90.2%	92.5%

以信息检索正确率为因变量,界面布局为自变量,做单因素方差分析,结果发现,界面布局对信息检索正确率的主效应不显著($F=0.316$,$p=0.732$),即界面布局对信息检索的正确率影响不大。

研究结果表明,在正确率不变的前提下,界面布局变化对老年人信息检索时间具有显著影响,其中无图布局的信息检索速度最快,右图布局次之,左图布局最慢,图片信息对提升检索效率没有帮助。

2. 图文布局对老年人信息检索体验的影响

以舒适度、可用性、情感体验得分为因变量,图文布局为自变量,做单因素方差分析,结果如表 5.14 显示,图文布局对舒适度($F=12.06$,$p<0.001$)、可用性($F=21.39$,$p<0.001$)、情感体验($F=18.25$,$p<0.001$)的主效应显著,说明老年人对不同图文布局具有非常明显的主观偏好。

表 5.14　界面布局对信息检索舒适性、可用性和情感体验影响的单因素方差分析结果

因变量	均方	自由度	F 值	p 值
舒适度	16.73	2	12.06	0.001**
可用性	31.43	2	21.39	0.001**
情感体验	40.77	2	18.25	0.001**

备注:显著性水平为 $p=0.05$

进一步对打分情况分析,发现老年人对左图布局的可用性得分低于右图布局(5.25 ± 1.0 vs. 6.29 ± 0.79),无图布局的可用性得分最低(3.96 ± 1.98)。对三种图文布局之间做进一步组内比较分析,发现左图布局与右图布局的舒适度($F=10.86$,$p<0.01$)、可用性($F=8.57$,

$p=0.01$)、情感体验得分($F=7.10,p=0.05$)差异显著,左图布局与无图布局的可用性($F=17.33,p<0.001$)、满意($F=15.28,p<0.001$)、情感体验得分($F=15.11,p<0.001$)也都差异显著。从主观评价来看,老年人更加认可右图布局,信息检索体验的整体得分明显高于左图布局和无图布局,分析结果表明,老年人对有图的布局评分更高,说明图对他们的阅读体验非常重要,而图的位置则以右侧为佳。已有研究表明,纯文本阅读时间越长,累积的认知负荷越高,文本中搭配图片虽然会使小幅影响搜索效率,但能够有效降低读者的认知负荷[73],这是老年人喜欢有图布局的根本原因。

3. 眼动数据分析结果

注视时间是指被试在该区域进行信息处理所消耗的时间。本研究中,注视时间越长,意味着用户对该区域信息越感兴趣。注视点数用于表征被试在该区域进行信息加工的深度,注视点数越多,信息处理越深入。本研究通过眼动仪记录了各兴趣区内的注视时间、注视点数,在数据处理过程中,将注视时间、注视点数标准化后,进行了比较分析。统计结果发现右图布局的注视时间比率高于左图布局。图的位置变化导致注视时间比率变化的差异影响很大($F=3.378,p=0.075$),结果如表 5.15 所示。

表 5.15　界面布局对信息检索过程中注视时间、注视点比率的影响(%)

左图区注视时间比率	右图区注视时间比率
9.59(12.77)	15.38(8.13)
左图区注视点比率	右图区注视点比率
0.241(0.12)	0.357(0.08)

进一步对注视点数比率进行分析,图片兴趣区注视点比率做描述统计如表 5.14 所示,右图布局注视点比率比左图布局注视点比率高约 10%,方差分析结果如表 5.16 所示。图的位置变化对注视点比率变化的影响差异显著($F=13.17,p=0.003$),说明图的位置变化,会影响被

试注视该区域的注视点数。

表 5.16 界面布局对信息检索过程中注视时间、注视点比率的单因素方差分析结果

因变量	均方	自由度	F 值	p 值
注视时间比率	140.27	1	3.378	0.075
注视点比率	0.072	1	13.17	0.003

备注:显著性水平为 $p=0.05$

　　注视时间比率和注释点比率为界面布局影响信息检索绩效提供了客观证据,即界面布局变化导致了用户在信息处理时间和深度上的差异,进而影响了信息检索时间和效率。此外,本研究中的阅读行为是从左至右的,图片提供的信息不足以确认是否达到目标,虽然实验过程中没有设置时间节点,但老年人都希望尽快完成任务,所以当图片放在左侧时,老年人仍需要通过文本确认任务是否完成,而图片放在右侧时,老年人已经完成了信息检索任务,抱着放松或欣赏的视角观看图片,二者心态不同,因此对右图注视时间比例显著高于左图。本研究还发现,图片在信息检索过程中虽然能够提供部分信息,但老年人在信息检索任务中,主要依靠文字完成信息检索任务,图片起到了调节信息分布密度,提升视觉舒适度的作用,从而提高了老年人对有图布局的满意度。

四、信息交互图文布局包容性设计建议

　　上述研究结果表明,界面布局对信息检索绩效和体验有显著影响,眼动数据为该结论提供了客观依据。

1. 界面布局对信息检索绩效的影响

　　实验结果表明,界面布局对老年人信息检索时间影响显著,其中在无图界面中信息检索的速度最快,但信息检索的体验最差。信息中的图文位置变化导致老年人注视图的时间发生了显著变化,该结果不仅在信息检索时间分析中得到验证,而且在眼动数据分析结果中也得到

了佐证。但是,如何看待老年人信息检索时间长度需要深入讨论,已有研究表明,数字界面的导航结构、时间压力、认知负荷都会影响老年人的信息行为体验[99],时间压力越大,老年人在信息检索中感受的压力越大,犯错增多[100]。然而,老年人在生活中闲暇时间较多,应当综合考虑信息检索的绩效和体验,判别何种界面设计更符合老年人信息检索的需求。

2. 界面布局对用户体验的影响

本研究中,对用户体验数据按照其构成要素分别进行了分析,具体构成要素有:舒适度、可用性和情感体验。

① 界面布局对满意度的影响

舒适度是一种心理状态,是用户在使用产品过程中的生理感受[101]。本研究结果表明,界面布局对舒适度评分的影响显著($F=18.25, p=0.001$),且老年用户对右图布局的舒适度评价显著高于左图布局($F=16.22, p=0.001$),因此,信息检索界面采用右图布局更适合老年人。

② 界面布局对可用性的影响

可用性数据分析结果表明,界面布局对可用性得分的影响显著($F=12.06, p=0.001$),其中右图布局可用性得分最高,其次是左图布局,无图布局最低。对三种布局两两比较,发现右图布局可用性得分显著高于左图布局($F=8.75, p=0.01$)。这说明从可用性评价来看,老年人认为图放在右边可用性更高。该结论可能和年轻人的可用性评价有差别,但是,已有研究证明,老年人在可用性方面和年轻人确实存在很多差异。如 Bergstrom 等人对网站可用性做了年龄差异的研究,他们做了 5 个网站的可用性测试案例,每个网站有 5—6 名被试,按照年龄比较差异,总体上发现老年人被试在完成任务时所花费的时间要比年轻人长,准确率要比年轻人低,老年人在使用网站时看网站中间部分的频繁度高于年轻人,看页面左上部分的频率低于年轻人[102]。本研究结果表明,信息检索界面的设计,有图优于无图,右图优于左图。

③ 界面布局对情感体验的影响

本研究中对情感的评价主要从美观度、色彩、设计等要素进行考察，很多研究表明，漂亮的造型不仅能够提升用户对产品信任度的感知，还能提升用户对品牌的忠诚度[103]。Cyr 等人研究了设计美学对产品忠诚度的影响，他们以手机购物网站为实验材料，通过发放问卷的形式采集数据，用多重线性回归的方法进行数据分析，发现漂亮的视觉设计确实对感知的有用性、易用性、愉悦感能够产生显著影响，通过对这些因素施加影响，间接影响了用户对手机购物网站的忠诚度[104]。此外于飞对报纸版面设计的易读性做了研究，结合视觉生理学和心理学、平面设计学等方面对报纸的易读规律进行了论述，并提出了通过版面设计提升阅读舒适度的建议[105-107]。在对情感体验的数据分析中发现，图文布局形式对上述测试内容的影响显著，说明在信息检索时，图片信息对情感体验的影响很大。

3. 眼动数据对研究结论的支持

① 界面布局对注视时间比率的影响

注视时间比率数据分析中，图的位置变化导致注视时间比率变化的差异边缘显著（$F=3.378, p=0.075$），p 值非常接近显著水平。右图布局时，老年人对图的注视时间比率较高，平均注视时间比率约是 15.48%，左图布局中，老年人对图的平均注视时间比率约是 9.59%，右图布局高出左图布局平均注视时间比率约 6%。说明在右图布局中，老年人对图的关注更多。

通过注视时间比率的比较，为主观评分提供了客观的证据支持，右图布局评分高的重要原因可能是老年人在这种布局下更容易控制观看图片的时间，由于信息检索是从左向右的，图在左侧时，为了完成检索任务，用户更关注信息本身，因此，处理图片信息的时间较短。Bingham 的研究表明，图片能够增加学生的兴趣度，提高愉悦感[106]，在右图布局时，注视图片时间延长，增加了老年人的阅读兴趣和愉悦感，因此提高了信息检索的情感体验。

② 界面布局对注视点比率的影响

    注视点比率分析主要是针对两种布局注视点比率的差异开展的，数据分析结果表明，无论以图片为兴趣区，还是以文字为兴趣区，图的位置变化对注视点比率变化的影响显著（$F_{图区}=13.17, p=0.003$；$F_{文区}=14.138, p=0.003$），这说明在两种图文布局形式中，图片信息受被试关注程度存在差异，注视点数多，说明更受关注。右图布局中，对图片区的平均注视点比率约是 35.7%，左图布局中，对图片区的平均注视点比率约是 24.1%，相差约 11.6%。该结果充分说明，图的位置变化引起了被试对图的关注程度的变化。该结果为界面布局对用户体验主观数据产生的差异变化提供了客观的证据支持。

    刘婷对手机新闻 App 的图文布局也做过眼动研究，她以左图右文、左文右图和上文下图三种布局作为实验材料，从视觉搜索和视觉浏览规律的角度，分析了手机新闻 App 图文布局结构对用户阅读效率的影响，开展了眼动研究，发现上文下图布局阅读效率更高[81]。与本研究相似的地方是，她们的眼动指标也选用了注视点数量，不同之处是她们的实验任务是随意浏览，并且只有 6 秒的浏览时间，此外她们的研究被试是 17 名在校学生，而本研究的被试是 20 位老年人。梁福成等对科普杂志目录编排效果做了眼动研究，他们设计了三个实验变量：插图位置（左、右、交叉、居上、居下）、插图注解（有、无）和文字颜色（黑、蓝）。研究发现插图位置对注视时间和注视次数的主效应显著[108,109]。王雪艳等则对科普杂志目录编排效果做了眼动研究，与梁福成等的研究相比，他们把插图位置这个变量改成了插图颜色，分为有和无两个水平[110]。本研究对新闻目录的布局形式做了研究，是这个研究的延伸，在布局时，将插图位置分为左、右、无三种布局方式，研究结果与梁福成等人的研究部分一致，图文布局对兴趣区内注视点比率主效应显著，但对兴趣区内注视时间比率的主效应仅接近显著（$F=3.378, p=0.075$）。上述两个已有研究已经证明本研究结果与前人研究成果具有一定的一致性，但上述两个研究的被试都是在校学生，且没有对用户的主观用户体验开展研究。本研究分析了界面布局对老年人信息检索绩效的影响，是对前人研究的补充和完善，发现了能够提升老年人信息检索绩效和情感体验的界面布局方法，研究结果获得了眼动数据的支持。

参考文献

［1］ Portello J K, Rosenfield M, Bababekova Y, Estrada J M, & Leon, A. Computer-related visual symptoms in office workers ［J］. Ophthalmic & Physiological Optics, 2012,32(12):375－382.

［2］ Gowrisankaran S, Sheedy J E, & Hayes J R. Eyelid squint response neurasthenia-inducing conditions ［J］. Optometry and Vision Science, 2007,84 (5):611－619.

［3］ Tsubota K, & Nakamori K. Dry eyes and video display terminals ［J］. New England Journal of Medicine,1993,32(8):584－585.

［4］ L Wang, H Sato, P L P Rau, K Fujimura, Q Gao, and Y Asano, Chinese Text Spacing on Mobile Phones for Senior Citizens ［J］, Educational Gerontology, 2009,35(7):77－90.

［5］ Diane E Papalia & Sally Wendkos Olds. Experience Human Development ［M］. New York: MIT Press, 1997.

［6］ M Rosenfield, S Jahan, K Nunez, and K H Chan. Cognitive demand, digital screens and blink rate ［J］. Computers in Human Behavior, 2015,51(13): 403－406.

［7］ Kerber N, "Web usability for seniors: A literature review," http://home. ubalt. edu/nicole. kerber/idia612/Kerber _ Literature _ Review. pdf/, 2013－ 12－28.

［8］ Kules B, Xie Bo. Older adults searching for health information in Medline Plus — An exploratory study of faceted online search inter-faces ［C］. Proceedings of the 74th Annual Meeting of the American Society for Information Science & Technology. Silver Spring: ASIST, 2011.

［9］ Bernard M, Liao Chiahui, Mills M. The effects of font type and size on the legibility and reading time of online text by older adults ［C］. Proceedings of ACM Conference on Human Factors in Computing Systems 2001. Seattles: ACM, 2001(2):175－176.

［10］ Becker S A. A study of Web usability for older adults seeking online health resources ［J］. ACM Transactions on Computer-Human Interaction (TOCHI), 2004,11(4):387－406.

［11］ Nielsen J, "Seniors as Web users," http://www. useit. com/alertbox/seniors. html, 2013－12－30.

［12］周爱保,张学民,舒华等. 字体、字号和词性对汉字认知加工的影响[J],应用心理学,2005,11(2):128－132.

［13］ Goodman Deane, J Waller, S Latham, K Price, H. Tenneti, R Clarkson, P J, Differences in vision performance in different scenarios and implications for design [J]. Applied Ergonomics, 2016,55(1):149 - 155.

[14] Williamson K. The role of research in professional practice: With reference to the assessment of the information and library needs of older people [J]. Australasianpublic Libraries and Information Services, 1999, 12 (4): 145 - 153.

[15] 李宁,梁宁建,林小革. 不同认知负荷汉字输入的眼动研究[J]. 心理科学, 2008,31(1):54 - 57.

[16] Pass F, &Van Merrienboer J J G. Instructional control of cognitive load in the training of complex cognitive tasks [J]. Educational Psychology Review, 1994,6(4):351 - 371.

[17] Pass F, Renkl A &Sweller J. Cognitive load theory and instructional design: recent developments [J]. Educational Psychologist, 2003,38(1):1 - 4.

[18] Lamberts J, Van den Breok P L C, Bener L, Van Egmond J, Dirksen R & Coenen A M L. Correlation dimension of the human electroen-cephalogram corresponds with cognitive load [J]. Neuropsychobiology, 2004, 41: 149 - 153.

[19] 龚德英. 多媒体学习中认知负荷的优化控制[D]. 西南大学博士论文, 2009:107.

[20] Hassenzahl M, & Tractinsky N. User experience — A research agenda [J]. Behavior & Information Technology, 2006,25(3): 91 - 97.

[21] Morville P, Rosenfeld L. Information Architecture for the World Wide Web [M]. 清华大学出版社,2003.

[22] Mayer R E, Heiser J, Lonn S. Cognitive constraints on multimedia learning: When presenting more material results in less understanding [J]. Journal of Educational Psychology. 2001,93(1):187 - 198.

[23] Mayer R E, Massa L. Three facets of visual and verbal learners: Cognitive ability, cognitive style, and learning preference [J]. Journal of Journal of Educational Psychology. 2003b,(95):833 - 841.

[24] Alotaibi A Z. The effect of font size and type on reading performance with Arabic words in normally sighted and simulated cataract subjects [J]. Clinical and Experimental Optometry. 2007,90(3):203 - 206.

[25] Tsang P S, Velazquez V L. Diagnosticity and multidimensional subjective work-load rating [J]. Ergonomics, 1996,39(3):358 - 381.

[26] Hankins T C & Wilson G F. A comparison of heart rate, eye activity, EEG and subjective measure of pilot metal workload during flight [J]. Aviation, Space and Environmental medicine, 1998,69(4):360 - 367.

[27] ISO. 9241 - 210: 2010. Ergonomics of human system interaction part 210: Human centered design for interactive systems. International Organization for standardization (ISO). Switzerland, 2010:7 - 9.

[28] 徐芳,金小璞. 基于用户体验的数字图书馆用户交互模型构建[J]. 情报理论

与实践,2015,38(8):115-119.

[29] 周舒,张岚岚.云计算改善数字图书馆用户体验初探[J].图书馆学研究,2009(4):28-30.

[30] 徐芳,戴炜轶.国内数字图书馆用户交互体验比较实验与分析[J].图书馆学研究,2014(12):18-22.

[31] 顾立平.基于Web2.0型人的数字图书馆交互界面设计[J].图书情报工作,2008,52(9):130-133.

[32] 王茜,张成昱.清华大学手机图书馆用户体验调研及可用性设计[J].图书情报工作,2013,57(4):25-31.

[33] Nielsen J, Levy J. Measuring usability: preference vs. performance [J]. Communications of the Acm, 1994,37(4):66-75.

[34] Hassenzahl M, Tractinsky N. User experience — a research agenda [J]. Behaviour & Information Technology, 2006,25(2):91-97.

[35] Hassenzahl M, Diefenbach S. Needs, affect, and interactive products-Facets of user experience [J]. Interacting with Computers, 2010,22(5):353-362.

[36] 操雅琴,郭伏,屈庆星.基于多模式测量的网站用户行为意图预测模型[J].东北大学学报(自然科学版),2014,35(11):1669-1672.

[37] 徐芳.用户个体差异对数字图书馆交互体验评价的影响研究[J].图书馆建设,2014,243(9):56-61.

[38] 张宁,李雪.用户体验服务模式在图书馆中的应用实践——以国家图书馆数字图书馆体验区为例[J].图书情报知识,2017(2):33-41.

[39] 邓胜利,张敏.基于用户体验的交互式信息服务模型构建[J].中国图书馆学报,2009,35(1):65-70.

[40] 郑方奇,赵宇翔,朱庆华.用户体验视角下数字阅读平台人机交互界面的比较研究[J].图书馆杂志,2015,34(7):50-58.

[41] Wu K C. Affective surfing in the visualized interface of a digital library for children [J]. Information Processing & Management, 2015,51(4):373-390.

[42] Sweller, J. Cognitive Load during Problem-Solving-Effects on Learning. Cognitive Science, 1988,12(2),257-285.

[43] Paas F G W C, Merriënboer J J G V. Instructional control of cognitive load in the training of complex cognitive tasks [J]. Educational Psychology Review, 1994,6(4):351-371.

[44] 李金波,许百华.人机交互过程中认知负荷的综合测评方法[J].心理学报,2009,41(1):35-43.

[45] Palmer T. The effects of contextual scenes on the identification of objects. [J]. Memory & Cognition, 1975,3(5):519-526.

[46] Wickens C D, Isreal J, Donchin E. The Event Related Cortical Potential as an index of task workload [J]. Human Factors & Ergonomics Society Annual Meeting Proceedings, 1977,21(4):282-286.

[47] Senkfor A, Gabrieli J. Episodic action memories: Recapitulation of action

events revealed by fMRI [J]. Neuroimage, 2001,13(6):739 - 739.

[48] Meyer D E, Schvaneveldt R W. Facilitation in recognizing pairs of words: evidence of a dependence between retrieval operations. [J]. Journal of Experimental Psychology, 1971,90(2):227 - 234.

[49] Jeroen J G van Merriënboer, Sweller J. Cognitive Load Theory and Complex Learning: Recent Developments and Future Directions [J]. Educational Psychology Review, 2005,17(2):147 - 177.

[50] Mayer R E, Moreno R, Boire M, et al. Maximizing constructivist learning from multimedia communications by minimizing cognitive load. [J]. Journal of Educational Psychology, 1999,91(4):638 - 643.

[51] Roland Brunken, Jan L. Plass, Detlev Leutner. Direct Measurement of Cognitive Load in Multimedia Learning [J]. Educational Psychologist, 2003, 38 (1): 53 - 61.

[52] Seufert T. The impact of intrinsic cognitive load on the effectiveness of graphical help for coherence formation [M]. Elsevier Science Publishers B. V. 2007.

[53] Fred Paas, Alexander Renkl, John Sweller. Cognitive Load Theory and Instructional Design: Recent Developments [J]. Educational Psychologist, 2003,38 (1):1 - 4.

[54] Sweller J. Cognitive load theory, learning difficulty, and instructional design [J]. Learning & Instruction, 1994,4(4):295 - 312.

[55] Baddeley A. 沈政译. 工作记忆[M]. 上海教育出版社,1998.

[56] Paas F, Renkl A, Sweller J. Cognitive Load Theory: Instructional Implications of the Interaction between Information Structures and Cognitive Architecture [J]. Instructional ence, 2004,32(1 - 2):1 - 8.

[57] 龚德英. 多媒体学习中认知负荷的优化控制[D]. 西南大学,2009.

[58] Baddeley A. 沈政译. 工作记忆[M]. 上海教育出版社,1998.

[59] 闫国利,熊建萍,臧传丽,等. 阅读研究中的主要眼动指标评述[J]. 心理科学进展,2013,21(4):589 - 605.

[60] Atkinson R C, Shiffrin R M. Human memory; A proposed system and its control processes [J]. Psychology of Learning and Motivation, 1968:89 - 195.

[61] Wickens C D, Isreal J, Donchin E. The Event Related Cortical Potential as an index of task workload [J]. Human Factors & Ergonomics Society Annual Meeting Proceedings, 1977,21(4):282 - 286.

[62] Treisman A. Strategies and models of selective attention [J]. Psychological Review, 1969,76(3):282 - 299.

[63] [美]索尔索等. 邵志芳等译. 认知心理学[M]. 上海人民出版社,2008.

[64] Berkowitz L. 2003. Affect, aggression, and antisocial Behavior. In Dalam Davidson, R. J, Scherer, K. R., Goldsmith, H. H(Eds.). Handbook of Affective Sciences (804 - 823). Oxford: University Press.

[65] Zautra A J, Affleck G G, Tennen H, et al. Dynamic Approaches to Emotions

and Stress in Everyday Life: Bolger and Zuckerman Reloaded With Positive as Well as Negative Affects [J]. Journal of Personality, 2005, 73 (6): 1511 - 1538.

[66] Tellegen A. Development and validation of brief measures of positive and negative affect: the PANAS scales [J]. Journal of Personality & Social Psychology, 1988, 54(6): 1063 - 1070.

[67] Brooke J. Sus-A quick and dirty usability scale [J]. Usability Evaluation in Industry, 1996, 189.

[68] 王翠,郑春厚. 以用户为中心的数字图书馆用户界面设计研究[J]. 图书馆学研究, 2008(6): 11 - 14.

[69] 李晶,薛澄岐,王海燕,等. 均衡时间压力的人机界面信息编码[J]. 计算机辅助设计与图形学学报, 2013, 25(7): 1022 - 1028.

[70] Mannix E A. Process and structure in human decision making H. Montgomery and O. Svenson (Eds). John Wiley and Sons, Chichester, 1989. No. of pages: 321 [J]. Journal of Organizational Behavior, 2010, 12(1): 81 - 83.

[71] Salas E, Driskell J E, Huges S. Introduction: The Study of Stress and Human Performance [J]. Driskell J. e. & Salas E. stress, 1996: 1 - 45.

[72] Castilla D, Garcia P A, Miralles I, et al. Effect of Web navigation style in elderly users [J]. Computers in Human Behavior, 2016, 55(PB): 909 - 920.

[73] Bateman J, Kleinz J, Kamps T, et al. Towards constructive text, diagram, and layout generation for information presentation [J]. Computational Linguistics, 2001, 27(3): 409 - 449.

[74] Scott G G, Hand C J. Motivation determines Facebook viewing strategy: An eye movement analysis [J]. Computers in Human Behavior, 2016, 56: 267 - 280.

[75] Hassenzahl M, Monk A. The Inference of Perceived Usability From Beauty [J]. Human-computer Interaction, 2010, 25(3): 235 - 260.

[76] 张路路,黄崑. 基于认知风格的数字图书馆用户信息检索行为研究[J]. 情报学报, 2018, 37(11): 1164 - 11.

[77] 黄崑,李京津,吴英梅. 信息行为研究中的情感负荷理论及应用研究综述[J]. 图书情报工作, 2018, 62(12): 116 - 124.

[78] 柯青,周海花. 基于用户认知风格差异的信息检索交互行为研究[M]. 北京:科学出版社, 2017.

[79] Wilson T D. On User Studies and Information Needs [J]. Journal of Documentation, 1981, 37(1): 3 - 15.

[80] Wilson T. D. Models in information behaviour research [J]. Journal of Documentation, 1999, 55(3): 249 - 270.

[81] Wilson T. D. Human information behavior [J]. Informing science, 3(2): 49 - 56.

[82] Kuhlthau C C. Developing a Model of the Library Search Process: Cognitive

and Affective Aspects [J]. 1988,28(2):232 - 242.

[83] Kuhlthau C C. The role of experience in the information search process of an early career information worker: Perceptions of uncertainty, complexity, construction, and sources [J]. Journal of the American Society for Information Science, 1999,50(5):399 - 421.

[84] Kuhlthau C C. Accommodating the User's Information Search Process: Challenges for Information Retrieval System Designers [J]. Bulletin of the American Society for Information Science & Technology, 2005, 25 (3): 12 - 16.

[85] Ingwersen P. Information Retrieval Interacton. 1992, London: Taylor Graham.

[86] Ingwersen P. Cognitive Perspectives of Information Retrieval Interaction: Elements of a Cognitive IR Theory [J]. Journal of Documentation, 1996,52(1):3 - 50.

[87] White R W. Using searcher simulations to redesign a polyrepresentative implicit feedback interface [J]. Information Processing & Management, 2006, 42(5): 1185 - 1202.

[88] Wilson T D. Information behaviour: An interdisciplinary perspective [C]. An International Conference on Information Seeking in Context. Taylor Graham Publishing, 1997.

[89] 唐纳德·诺曼. 设计心理学：情感设计[M]. 中信出版社,2012.

[90] 郑方奇,赵宇翔,朱庆华. 用户体验视角下数字阅读平台人机交互界面的比较研究[J]. 图书馆杂志,2015,34(7):50 - 58.

[91] 谢湖伟,霍昀昊,聂娟. 移动数字阅读发展趋势研究(一)——从 APP 新闻阅读看移动数字阅读用户体验构建[J]. 出版科学,2013,21(6):7 - 12.

[92] 孙洋,张敏. 基于眼动追踪的电子书移动阅读界面的可用性测评——以百阅和 iReader 为例[J]. 中国出版,2014(5):48 - 52.

[93] Kretzschmar F, Pleimling D, Hosemann J, et al. Subjective Impressions Do Not Mirror Online Reading Effort: Concurrent EEG-Eyetracking Evidence from the Reading of Books and Digital Media [J]. Plos One, 2013, 8(2): e56178.

[94] Koć-Januchta M, Höffler T, Thoma G B, et al. Visualizers versus verbalizers: Effects of cognitive style on learning with texts and pictures — An eye-tracking study [J]. Computers in Human Behavior, 2017,68:170 - 179.

[95] 张新民. 多元表示与情报学[J]. 情报理论与实践,2009,32(07):23 - 28.

[96] 吴丹,刘春香. 交互式信息检索研究中的眼动追踪分析[J]. 中国图书馆学报, 2019,45(02):109 - 128.

[97] 梁少博,吴丹,董晶,唐源. 跨设备搜索引擎结果页面注意力分布研究——基于眼动视觉数据的实证分析[J]. 图书情报知识,2018(01):27 - 35.

[98] 许鑫,曹阳. 基于眼动追踪实验的高校图书馆门户网站网页设计研究[J]. 大学图书馆学报,2017,35(03):46 - 52.

[99] 侯冠华,宁维宁,董华. 认知负荷视角下的中老年人数字阅读界面体验设计研究[J]. 信息系统学报,2019(01):15 - 26.

[100] 侯冠华,董华,刘颖等.导航结构与认知负荷对老年读者数字图书馆用户体验影响的实证研究——以国家数字图书馆为例[J].图书情报工作,2018,62(13):45-53.

[101] 侯冠华,刘颖,范光瑞.时间压力与导航结构对老年读者信息搜寻情感体验的影响研究[J].图书馆建设,2018(06):81-87.

[102] 查金祥,王立生.网络购物顾客满意度影响因素的实证研究[J].管理科学,2006,19(1):50-58.

[103] Bergstrom J C R, Jans O H M E. Age-Related Differences in Eye Tracking and Usability Performance: Website Usability for Older Adults [J]. International Journal of Human-Computer Interaction, 2013, 29 (8): 541-548.

[104] Li Y M, & Yeh Y S (2010). Increasing trust in mobile commerce through design aesthetics. Computers in Human Behavior, 26(4),673-684.

[105] Cyr D, Head M, Ivanov A. Design aesthetics leading to m-loyalty in mobile commerce [J]. Information & Management, 2006,43(8):950-963.

[106] 于飞.报纸版面设计的易读性探析[D].南京艺术学院,2011.

[107] Bingham T, Reid S, Ivanovic V. Paint me a picture: translating academic integrity policies and regulations into visual content for an online course [J]. International Journal for Educational Integrity, 2016,12(1):2.

[108] 刘婷,侯文军.基于视觉行为的手机新闻 App 图文布局设计研究[J].北京邮电大学学报(社会科学版),2016,18(3):6-13.

[109] 梁福成,王雪艳,李勇等.科学杂志目录中图文版式的效果研究[J].心理科学,2006,29(1):41-43.

[110] 王雪艳,白学军,梁福成.科普杂志目录编排效果的眼动研究[J].心理与行为研究,2005,3(1):49-52.

第六章

隐喻设计:基于老年
用户思维特征的数字适老设计实证

随着人口老龄化的加深和数字信息技术的交叉发展,数字鸿沟问题逐渐凸显[1-3],为此国内外大量研究从感知类障碍、操作类障碍和理解类障碍三方面展开系统的适老化设计,致力于降低系统使用障碍,使产品和服务能够更好满足老年群体需求[4-7]。感知类障碍方面,老年用户特殊的感知类障碍使得在图形、文字、色彩、声音等方面识别存在障碍。以界面的字体、结构、布局、颜色等信息为核心,对感知界面的元素进行合理排列,对声音信息进行反馈,探究适合老年用户的视觉和听觉表现是这方面的主要研究内容。如张丽娜[8]等对汉字字体类型与字体结构的易读性研究发现,老年用户适用的字体为无衬线字体,如方正兰亭字体;王琳[9]等在研究中提出了适合老年用户手机阅读的字间距和行间距,为老年用户识别信息提供了帮助;袁蕾[10]通过对老年智能的交互界面进行分析,发现放大界面元素、减小明度差异等可以满足老年群体的生理感知需求;刘小路[11]、刘畅[12]等在研究中表明:老年用户在使用系统时,可以通过反馈操作结果使老年用户感知得到,例如语音提示、震动提醒等方式,可以帮助老年用户更加直观和切身地感受当前应用进度,从而有助于做出下一步反应和动作;刘康[13]等认为在老年用户对产品进行操作时,可利用产品的声音来反馈操作成功或者失败,如当前操作正确可进行下一步操作时可发出悦耳的声音,而当老年用户操作失败后则用急促警示声音提醒操作失误，需要重新进行。操作类障碍方面，老年用户由于肌肉群功能减弱、关节灵敏性下降等多种原因，导致操作动作缓慢且协调性、执行操作精度降低。提高产品交互的易用性和使用效率，在交互动作上满足老年用户行为习惯和操作需求，降低老年用户使用系统难度是操作类障碍方面的主要研究内容。孙启超[14]、章新成[15]等提出通过简化交互操作方式，降低操作界面的复杂性，认为在进行一项操作任务时，界面的层级跳转最多不可以超过三项；高冰洁[16]等从技术角度出发，对在线健康信息服务平台的内容和服务提出改善之处，认为干扰弹窗广告、推送等中断通知会对老年用户操作产生打扰，并且多关注老年用户使用习惯，使得系统操作流程与之相符；黄薇[17]等提出简化操作手势，丰富交互形式通道。通过取消左右滑、双击等易错手势，减少老年用户精细动作不足带来的误操作行为；丁明珠[18]提出按钮操作不要违背老年用户日常行为方式，根据情境需要，通过手指以按压、点击、拖动等简单交互行为完成操作命令。理解类障碍方面，由于老年用户学习能力、接受能力变慢，对信息的认知理解存在障碍，因此对新鲜事物的接受度较低。探究老年用户加工、储存和提取信息的能力[19]、降低理解难度、调动老年用户的认知积极性是认知理解方面的主要研究内容。郑璀颖[20]在基于老年用户对产品反馈的实验中发现：非语音表征形式老年用户存在理解障碍，而采用语音表征形式更容易理解；Zhou[21]研究发现拟物化界面对老年用户的认知理解有利，扁平化界面中可点击按钮和不可点击的静态图片容易使老年用户难以区分，不利于老年用户检索信息，而拟物化界面中识别图标和静态图片对老年用户更为简单；Kim[22]等学者发现相较于图标标签，文本标签的提供有助于老年用户更好地理解信息，避免隐喻不当带来的用户理解偏差。

自隐喻概念提出以来，桌面和窗口隐喻获得最初成功实践，之后国内外学者对隐喻的实用性方面做了大量探究，其应用范围和应用对象得到不断扩展，验证了隐喻对于用户认知的重要作用。隐喻主要作用在于利用已有的知识去学习新的知识[23]，Berkley[24]等研究结果表明界面设计运用隐喻方式唤起用户已有经验,在与新的界面交互时可以加速信息的理解,对用户认知障碍的处理提供帮助;Blackwell[25]研究中肯定了隐喻的设计方式的重要作用,通过隐喻使得繁琐、抽象、难以理解的内容容易理解,有助于老年用户更好地应用移动系统;Biljon[26]等提出利用老年用户熟悉的事物进行隐喻设计,能够帮助老年用户更好地理解系统中信息,从而提升老年用户的客观交互绩效和对系统的主观满意度。隐喻对于老年用户认知理解具有重要作用[26-32],可以作为一种破冰船或踏脚石,让老年用户对陌生的概念产生一定熟悉度,从而有信心尝试一些其他方面不熟悉的东西,减少交互问题的数量。

"隐喻"一词源于希腊语 Metaphora[33],其原本大意为"由此及彼""传送""转换"。隐喻的思维是利用想象、类比、转换的思维,将一种事物的特征融合在另一种事物之中,或利用两个事物的相关因素将二者建立联系。Lakoff[34]指出,隐喻可以作为理解抽象概念的一种手段,人们可以通过隐喻来解释一幅抽象概念的画面,执行抽象的思想。隐喻超越了纯粹的修辞认知领域,延伸到整个人类认知过程,其功能主要体现在可以通过用户已有的经验帮助概念的转化和传递,加速信息理解速度,缩小用户与系统思维模式差距[35]。隐喻由喻体、本体和比喻词三部分构成,喻体指传达某种含义的其他事物形象,是用作比喻的事物;本体是设计对象,是被比喻的事物;比喻词连接本体和喻体[36]。图形隐喻中界面设计隐喻无处不在,可使用户在进行操作的时候更加直观,使用隐喻的系统设计能够节约用户阅读并操作的时间,也方便用户搜索和记忆界面,如图 6.1 所示。

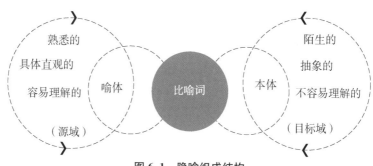

图 6.1　隐喻组成结构

　　隐喻作为人们认识世界的基本思维方式，由源域和目标域两部分构成。Neale 和 Carroll[23] 认为"隐喻允许知识从源域（熟悉的知识领域）转移或映射到目标域（不熟悉的领域或情况）。源域指一个人已经拥有的知识或技能的面积，目标域指一个人试图熟悉的知识或技能的面积"[37]。源域模型中的槽位映射到目标域中的槽位；源域中的关系映射到目标域中的关系；源域中的属性映射到目标域中的属性；源领域中的知识映射到目标领域中的知识，如图 6.2 所示。

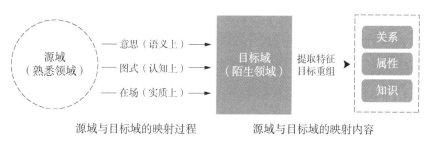

图 6.2　隐喻运行机制

　　隐喻对应的认知过程是借助一个"域"来想象另一个"域"，是一种"隐含的类比"。以文字隐喻"知识就是财富"为例，从"知识"到"财富"的认知借用，本质上挪用的是关于财富的一套"认知系统"。具体来说，"财富"存在一个稳定的认知系统——"财富很宝贵""财富来之不易""财富是有价值的资源"……这些关于"财富"的属性与特征共同构成了一套相对稳定的"认知图式"，最终按照这一"认知图式"来建构关于"知识"的理解方式。由于"知识"较为抽象难以把握，隐喻思维方式就是寻找一些具有普遍认同基础的事物，如"财富"携带着某种集体共享的理解框架，从而"以框架的方式"赋予前者既定的理解方式，以便有效地把握前者的属性和特征。

第一节　数字交互界面图形隐喻适老化设计实证

　　老年用户随着身体机能衰退，其认知系统存在一定障碍，加之对计算机系统使用经验匮乏,易出现无法理解系统文字语义、无法识别交互图形等认知障碍。不同隐喻机制对老年用户完成任务体验存在影响,如当老年用户使用带有隐喻的图标使用系统,他们通常能更快更成功地完成聊天任务[38]。因此在老年用户设计中,根据已有经验的认知框架来把握本体的属性和特点,可以帮助老年用户以一种更容易理解的方式访问和与显示器交互。

一、隐喻发展历程与类别

隐喻理论最早源于古希腊[39],在此期间研究成果较为匮乏。20世纪70年代初期,关于隐喻的理论前赴后继涌现出来,西方国家对隐喻方向的研究逐渐深入。美国语言学家 Lakoff&Johnson 于 1980 年出版了《我们赖以生存的隐喻》,对于隐喻的系统性研究由此开始。该书中关于隐喻的探究包括语言词汇方向,更多包括关于隐喻认知过程的探究,是语言研究和认知理论方面的突破性研究[40]。在此之后,国内外学者不断创新和发展探究隐喻理论,因此隐喻研究不再单单局限于单一的修辞方向,逐渐偏向于多学科、多角度发展,在心理学、文艺学、哲学、设计学等多学科领域得到了更多应用。隐喻发展至今,涉及的领域和范围更加广泛,后期在设计学界面应用中,用户界面设计的入门教材强调了隐喻的重要性,提出系统设计师应该尽可能使用用户熟悉的隐喻设计界面。隐喻发展历程如图 6.3 所示。

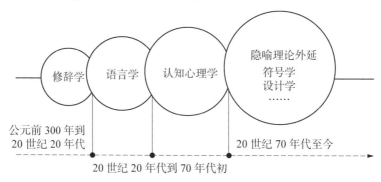

图 6.3 隐喻发展历程

隐喻不仅仅是文字语言现象，更是一种视觉认知现象，是人类的一种基本认知方式和认知工具[41]。文字隐喻和图形隐喻属于隐喻的不同表现形式，文字隐喻由预示同一性的语法结构产生，图形隐喻则使用表明同一性的图像或视觉策略，其本质都是借助一种事物来认识和体验我们当前的事物。在设计中，设计师通过文字隐喻、图形隐喻等设计手法，将设计元素与生活元素建立记忆联系，便于用户记忆与理解。

图形隐喻指的是利用一个事物的外观、象征、关系等特性隐喻表征另一事物的特性，如淘宝系统中的购物车样式，选用外观相似隐喻来隐喻超市中我们用来装想要物品的车子。图形隐喻应用范围较广，可以描述具体的事物，也可以表达抽象的概念，是人类抽象思维与具象思维的集合体。图形隐喻分类不断衍生，从不同维度划分可分为不同类型，如事物隐喻、功能隐喻和拟人隐喻[42]等，标准不一，尚未形成规范。从图形隐喻的原始类型分类看，对隐喻类型分类以及定义明确，可分为象征相似隐喻、外观相似隐喻和关系相似隐喻三种类型[43]，如图 6.4 所示。第一种是象征相似隐喻（SRM），通过社会或文化规范表达传统的抽象概念，隐喻意义的推导是一个认知过程。例如，鸽子象征和平、心形象征爱情、"V"代表"胜利"，这是一个与规定的抽象概念相关的图像

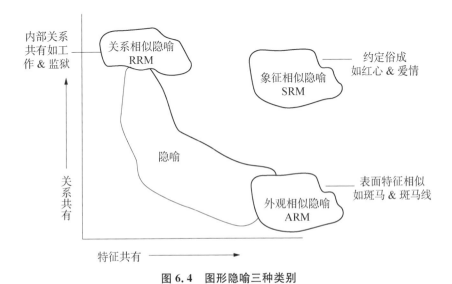

图 6.4　图形隐喻三种类别

的视觉呈现。SRM 被归类为一种低度复杂性的修辞,这种图像的呈现意味着引导测试对象推断出一个众所周知的意义;第二种是外观相似隐喻(ARM),指产品的属性与视觉形象之间的关联,产品的外观和特征具有联想性,具有形状、颜色、材料和纹理等。例如,蜗牛的螺旋形图案、斑马身上有黑白相间的条纹。ARM 被归类为一种中等复杂性的修辞,它强调产品的外观或特征与视觉形象之间的联系,图像的特征可以通过直接观察确定;第三种是关系相似隐喻(RRM),A 和 B 之间的关系会根据人们的语义记忆和先验知识唤起 C 和 D 之间更复杂的联系。例如:一辆挤满了人的公共汽车连接着沙丁鱼罐头。RRM 被归类为一种高度复杂的修辞,用户必须有相关的知识才能理解这个概念,从而激发观者与隐喻本身内容联系起来[44]。

　　基于图形隐喻的设计方式会让一些繁琐并难以理解的内容变得轻松易懂,有助于增加移动应用的可用性及易用性,提升老年用户系统使用体验。廖宏勇[46]在研究中肯定了隐喻的重要作用,认为隐喻是界面设计中重要的表现手法。国内外对于图形隐喻的研究载体集中于广告、产品、用户界面,主要包括以何种形式建立隐喻、图形隐喻的不同表现形式、不同用户群体适用的隐喻类型三大类研究内容。第一类在以何种形式建立隐喻研究中,姚江[47]介绍了用户界面中隐喻设计的 3 种方法,其中包括从"物的形态"出发建立隐喻、从"物的功能"出发建立隐喻、从"物的道理"出发建立隐喻;邓滔[41]对移动应用反馈机制的隐喻类型进行以下四种分类:实物隐喻、人物隐喻、情景隐喻、象征隐喻。第二类在图形隐喻的不同表现形式研究中,Mulken[48]根据图像元素在视觉隐喻中的空间分布,分为三种类型的隐喻:明喻(目标和来源在视觉上分别呈现),混合(目标和来源融合在一起)和上下文隐喻(来源或目标在视觉上都不存在);Isabel[49]将图形隐喻细分为:明喻、语境隐喻、混合隐喻和综合隐喻四种类型;Chang 和 Yen[50]按照图形出现在广告中的位置来划分隐喻类型,分为直白隐喻和含蓄隐喻两种类型,在广告中引人注目的位置出现的隐喻图形就是直白隐喻,否则是含蓄隐喻。第三类在不同用户适用的隐喻类型研究中,Li[51]邀请 22 名老年被试执行 4

个导航任务，比较带有 3D 隐喻的卡片接口和没有 3D 隐喻的列表接口更适合老年用户，研究结果发现不带 3D 隐喻的列表界面导航性能上更好，更适合老年用户使用；Oswald[52]基于 A/B 版本设计实验任务，分为平面图形隐喻和拟态图形隐喻，研究发现经验不足的用户无法识别如何操作现实世界的隐喻，而他们更容易操作平面设计的抽象对象。

综上所述，已有研究主要探索了图形隐喻的构建形式、表现类型以及不同用户适用的隐喻类型，虽在以往研究中考虑到隐喻适用差异性，但多从隐喻外在形式不同出发，从认知过程面探索老年用户适用的隐喻类型尚有一定的局限。从单一维度出发未考虑不同情境的适用差异，只有少数研究考虑了多重变量。实际的系统使用过程中涉及多个影响因素，因此从不同功能类型出发探寻适合的图形隐喻类型是有价值的。

二、适老化图形隐喻研究方法与过程

1. 老年被试概况

本研究共招募了 20 位老年被试，严格控制被试特征，年龄分布在 60—70 岁之间，平均年龄 61.4 岁，SD＝1.54。其中，男性被试 10 名，女性被试 10 名。所有被试均持有智能手机，且有 2 年以上智能手机使用经验，如图 6.5 所示。被试教育水平集中在初中文化，均为右利手，矫正视力正常，通过视觉辅助设备后视力可清晰识别实验内容。在招募时被告知实验目的，所有被试都签署了实验知情同意书，在实验完成后给予少量酬金。

图 6.5 参与者实验图

2. 不同功能类型下图形隐喻素材选取

本研究采用 2（功能类型：操作型功能、认知型功能）×3（隐喻类型：外观相似隐喻、象征相似隐喻、关系相似隐喻）双因素被试内实验设计，因变量为准确率、注视持续时间、首次注意到 AOI 时间和回视次数。在素材选取中，首先按照定义每组筛选出 20—30 个图形，随后邀请设计领域专家确认图形所属功能类型和隐喻类型，最后由 5 位 60 岁以上不参与实验的老年用户对每组图形熟悉度进行评分筛选，最终选取每组评分最高的 5 个图形作为实验素材。为避免顺序效应，实验顺序采用拉丁方顺序进行。每位被试需在两种不同功能类型下，完成三种不同类型图形隐喻，每种图形隐喻下包含 5 个试次，共 30 个试次。具体实验内容呈现如图 6.6 所示。

3. 实验应用界面变量控制

实验材料选用支付系统常用图形，在操作型和认知型 2 种不同功能类型下，分别选用 5 组外观相似隐喻、象征相似隐喻和关系相似隐喻图形。通过 photoshop 软件对 30 个图形进行统一处理，最终呈现为黑白图标，图标以 3×3 呈现于界面上。根据已有研究结论，本实验所用单个图标尺寸为 72×72px（12×12mm）[53]，此时老年用户认知努力最低；图片材料像素为 515×1125，本实验共 33 张图片，其中 3 张预实验图片，30 张正式实验图片，每张材料呈现 1 次，实验共进行 33 个试次。由于颜色具有隐喻含义，实验材料统一用 photoshop 去色，界面整体以黑白灰为主。每种材料中的实验任务性质相同，实验步骤相同，为避免因重复操作带来的熟悉度影响实验的准确性和有效性，图形排列随机打乱。题目文字材料直接键入 Tobii Pro Lab 程序中，部分实验材料如图 6.7 所示：

操作型			认知型		
外观相似隐喻	象征相似隐喻	关系相似隐喻	外观相似隐喻	象征相似隐喻	关系相似隐喻
领红包时,点击 / 瓜分红包	存钱时,点击 / 存储	查看等待时间时,点击 / 等待办理	查看消费记录时,点击 / 消费账单	购买保险时,点击 / 保险	查看基金走势时,点击 / 基金走势
扫码时,点击 / 扫码	判断财富投资状况时,点击 / 财富诊断	筛信息时,点击 / 筛选	咨询专业管家时,点击 / 顾问管家	联系客服时,点击 / 客服	理财社交时,点击 / 社区
查看购买商品时,点击 / 购物	查看出行服务时,点击 / 出行服务	预约银行时,点击 / 网点预约	查看活动日期时,点击 / 活动日历	进入安全中心时,点击 / 安全中心	查看基金排名时,点击 / 基金排行榜
充话费时,点击 / 手机充值	选择短期理财时,点击 / 短期理财	展示收益时,点击 / 晒晒收益	查看卡包时,点击 / 卡包	献爱心时,点击 / 爱心公益	查看累计收益时,点击 / 累计收益
签到时,点击 / 签到	交水电费时,点击 / 水电缴费	功能设置时,点击 / 设置中心	领取新人礼品时,点击 / 新人礼品	查看会员权益时,点击 / 会员权益	享受生活服务时,点击 / 生活服务

图 6.6 实验材料图

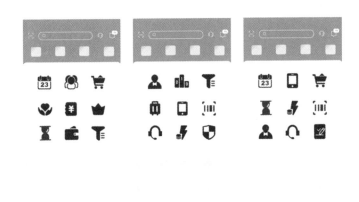

图 6.7 实验界面展示图

数据采用 SPSS 19 进行数据统计分析。鉴于本次研究旨在探究图形隐喻的适用性,因此选取准确率作为行为分析指标,注视持续时间、首次注意到 AOI 时间、回视次数作为眼动指标。准确率反映老年用户行为数据,老年用户确认答案后触摸显示屏选择答案,只有一次选择机会。如果该功能类型下 5 个图形隐喻类型答案选择都为正确,则准确率为 1,如果错误 1 个则准确率为 0.8,依此类推,全部错误则为 0;注视持续时间是指老年用户在该页面兴趣区内,眼动仪捕获的所有注视点停留时间总和,注视持续时间可以反映出老年用户对该页面中的图形认知加工水平和任务完成水平。一般而言,老年用户注视持续时间越长说明对该页面的信息加工速度越慢,较长的注视持续时间表示老年用户进行较为充足的加工,较短的注视持续时间则表示较表浅的加工处理,时间太长则说明老年用户在进行图形的认知处理过程中存在阻碍;首次注意到 AOI 时间是指老年用户第一次注意到正确答案兴趣区的时间,反映老年用户在界面图形中的查找难度;回视次数指老年用户在界面中回看落入某个图形区域的次数,是老年用户再次注视到该区域的次数数据,说明老年用户需要对之前处理过的图形信息进行重新加工或比较。回视次数一方面表明该区域图形的重要性及认知难度,另一方面也可以反映出老年用户对图形隐喻的处理能力,是考察用户理解情况的重要指标,当对该图形隐喻理解有困难时,回视次数便相应增多。

4. 实验触摸屏设备与眼动程序

本实验中的实验仪器使用的是 Tobii 公司生产的桌面屏幕式眼动仪,眼动仪连接触摸屏,触摸屏大小尺寸为 24 英寸,分辨率为 1920×1080,老年用户与触摸屏之间的视距保持在 55—60cm 之内。眼动仪可记录老年用户的眼动数据,如注视持续时间、回视次数等眼动指标。试验程序在 Tobii Pro Lab 进行创建和调整顺序,实验过程中 Tobii Pro Lab 自动记录老年用户的眼动数据,并进行数据存储。实验在宁波大学包容性用户体验设计中心实验室完成,由于检索绩效为考量因素之一,实验中并未对被试提出时间要求,被试平均花费 15 分钟完成所有任务。

5. 实验步骤和操作流程

老年用户开始正式实验前,需要先阅读屏幕上方的实验指导语,从而了解和熟悉实验内容。当老年用户阅读完指导语后,主试会主动与老年用户交流实验细节,充分说明注意事项和实验流程,并对提出疑惑的老年用户进行耐心解答。老年用户需要在正式实验之前先完成三个简短的图形隐喻练习任务,任务与正式实验流程相同,但界面中图形隐喻内容不同,老年用户熟悉实验流程后正式开始图形隐喻实验,三组练习实验的数据不进行统计分析。在实验开始时,老年用户静坐于安静的实验室内,眼睛注视触摸显示屏中央进行眼球校准,实验流程见图所示。先阅读实验指导语,等老年用户阅读完指导语后便按空格键开始练习实验。屏幕首先呈现图形任务内容,等老年用户记住任务内容后按空格键跳转至界面材料,老年用户通过触摸点击选择任务答案,然后自动且随机跳转到下一个任务。以此类推,直至完成 30 组正式实验。实验过程中,手动记录被试行为数据和自动记录眼动数据,实验流程如图 6.8 所示。

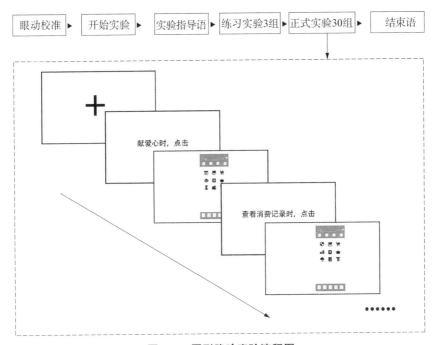

图 6.8　图形隐喻实验流程图

三、外关相似、象征相似与关系相似隐喻设计比较

1. 老年用户使用象征相似隐喻设计能更准确地完成任务

以准确率为测量标准，对不同功能类型下的图形隐喻准确率做描述性统计，结果如图 6.9 所示。在操作型功能下外观相似隐喻（0.78 VS. 0.72 VS. 0.57）准确率高于象征相似隐喻和关系相似隐喻；认知型功能下外观相似隐喻（0.66 VS. 0.59 VS. 0.49）准确率高于关系相似隐喻和象征相似隐喻。

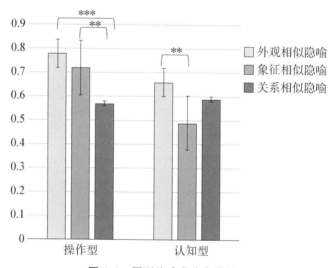

图 6.9　图形隐喻准确率结果图

（一）功能与图形隐喻类型对支付系统准确率有显著影响

为检验功能类型与隐喻类型对准确率的影响，以功能类型、隐喻类型为自变量，准确率为因变量做双因素重复测量方差分析，发现功能类型对准确率的主效应显著（$F = 10.09$，$p = 0.005$，$\eta_p^2 = 0.35$）。隐喻类型对准确率的主效应显著（$F = 14.54$，$p < 0.001$，$\eta_p^2 = 0.62$），功能类型与隐喻类型对准确率交互作用显著：（$F = 6.68$，$p = 0.007$，$\eta_p^2 = 0.43$）。结果如表 6.1 所示。

表 6.1　准确率双因素方差分析结果

自变量	F	P值	η_p^2
功能类型 A	10.09	0.005**	0.35
隐喻类型 B	14.54	<0.001***	0.62
A*B	6.68	0.007**	0.43

注:* 表示 $p<0.05$,** 表示 $p<0.01$,*** 表示 $p<0.001$

(二) 象征相似隐喻在准确率方面存在优势

事后分析多重比较发现,操作型功能下外观相似隐喻与象征相似隐喻的准确率差异不显著($p=0.25$);外观相似隐喻与关系相似隐喻的准确率存在显著差异($p<0.001$),外观相似隐喻显著优于关系相似隐喻(0.78 VS.0.57);象征相似隐喻和关系相似隐喻的准确率存在显著差异($p=0.004$),象征相似隐喻显著优于关系相似隐喻(0.72 VS.0.57)。

认知型功能下外观相似隐喻与象征相似隐喻的准确率存在显著差异($p=0.001$),外观相似隐喻显著优于象征相似隐喻(0.66 VS.0.49);象征相似隐喻和关系相似隐喻的准确率不存在显著差异($p=0.27$);象征相似隐喻和关系相似隐喻的准确率不存在显著差异($p=0.13$)。多重比较分析结果如表 6.2 所示。

表 6.2　准确率下功能类型与隐喻类型多重比较

任务情境	隐喻类型	均值差值	标准误差	P值	95%置信区间 下限	上限
操作型功能	外观 VS. 象征	0.06	0.05	0.25	−0.05	0.17
	外观 VS. 关系	0.21	0.05	<0.001***	0.12	0.3
	象征 VS. 关系	0.15	0.05	0.004**	0.06	0.25
认知型功能	外观 VS. 象征	0.17	0.04	0.001**	0.08	0.26
	外观 VS. 关系	0.07	0.06	0.27	−0.06	0.2
	象征 VS. 关系	−0.1	0.06	0.13	−0.23	0.03

注:* 表示 $p<0.05$,** 表示 $p<0.01$,*** 表示 $p<0.001$

2. 老年用户使用外观相似隐喻设计信息处理时间短

从图 6.10 描述性统计看,操作型功能下外观相似隐喻 A1B1 注视持续时间最短,象征相似隐喻 A1B2 注视持续时间最长;认知型功能下外观相似隐喻 A2B1 注视持续时间最短,象征相似隐喻 A2B2 注视持续时间最长。

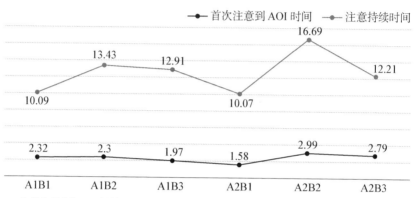

A1 为操作型功能 A2 为认知型能力
B1 为外观相似隐喻 B2 为象征相似隐喻 B3 为关系相似隐喻

图 6.10 图形隐喻注视持续时间与首次注意到 AOI 时间结果图

（一）图形隐喻类型对支付系统注视持续时间有显著影响

为检验功能类型与隐喻类型对注视持续时间的影响,以功能类型、隐喻类型为自变量,注视持续时间为因变量做双因素重复测量方差分析,发现功能类型对注视持续时间的主效应不显著($F=2.61,p=0.11,\eta_p^2=0.03$)。隐喻类型对注视持续时间的主效应显著($F=13.02,p<0.001,\eta_p^2=0.21$),功能类型与隐喻类型对注视持续时间交互作用不显著($F=1.2,p=0.31,\eta_p^2=0.02$)。结果如表 6.3 所示。

表 6.3 注视持续时间双因素方差分析结果

自变量	F	P 值	η_p^2
功能类型 A	1.5	0.22	0.02
隐喻类型 B	11.94	<0.001**	0.2
A * B	1.77	0.18	0.04

注：* 表示 $p<0.05$，* * 表示 $p<0.01$，* * * 表示 $p<0.001$

（二）外观相似隐喻页面停留时间短

事后分析多重比较发现,操作型功能下外观相似隐喻与象征相似隐喻的注视持续时间差异显著($p = 0.01$),外观相似隐喻显著优于象征相似隐喻(10.09s VS.13.43s);外观相似隐喻与关系相似隐喻的准确率存在显著差异($p = 0.04$),外观相似隐喻显著优于关系相似隐喻(10.09s VS.12.91s);象征相似隐喻和关系相似隐喻的准确率不存在显著差异($p = 0.7$)。

认知型功能下外观相似隐喻与象征相似隐喻的准确率存在显著差异($p = 0.001$),外观相似隐喻显著优于象征相似隐喻(10.07s VS.16.69s);象征相似隐喻和关系相似隐喻的准确率存在显著差异($p = 0.03$),外观相似隐喻显著优于关系相似隐喻(10.07s VS.12.21s);象征相似隐喻和关系相似隐喻的准确率存在显著差异($p = 0.007$),关系相似隐喻显著优于象征相似隐喻(12.21s VS.16.69s)。多重比较分析结果如表6.4所示。

表 6.4　注视持续时间下功能类型与隐喻类型多重比较

任务情境	隐喻类型	均值差值	标准误差	P 值	95%置信区间	
					下限	上限
操作型功能	外观 VS. 象征	−3.33	1.33	0.01*	−5.98	−0.7
	外观 VS. 关系	−2.82	1.36	0.04*	−5.52	−0.12
	象征 VS. 关系	0.52	1.34	0.7	−2.14	3.18
认知型功能	外观 VS. 象征	−6.62	1.64	0.001**	−9.87	−3.37
	外观 VS. 关系	−2.14	1.05	0.04*	−4.21	−0.07
	象征 VS. 关系	4.48	1.64	0.007**	1.23	7.74

注:* 表示 $p < 0.05$,** 表示 $p < 0.01$,*** 表示 $p < 0.001$

（三）首次注意到 AOI 时间

从描述性统计看,关系相似隐喻 A1B3 首次注意到 AOI 时间最短,操作型功能下关系相似隐喻 A1B2 首次注意到 AOI 时间最短;认知型功能下外观相似隐喻 A2B1 注视持续时间最短,象征相似隐喻 A2B2 注视持续时间最长。

（1）图形隐喻类型对支付系统首次注意到 AOI 时间有显著影响

为检验功能类型与隐喻类型对首次注意到 AOI 时间的影响，以功能类型、隐喻类型为自变量，首次注意到 AOI 时间为因变量做双因素重复测量方差分析，发现功能类型对首次注意到 AOI 时间的主效应不显著（$F=0.7, p=0.4, \eta_P^2=0.007$）。隐喻类型对首次注意到 AOI 时间的主效应显著（$F=3.62, p=0.03, \eta_P^2=0.7$），功能类型与隐喻类型对首次注意到 AOI 时间交互作用显著（$F=5.26, p=0.007, \eta_P^2=0.1$）。结果如表 6.5 所示。

表 6.5　首次注意到 AOI 时间双因素方差分析结果

自变量	F	P 值	η_P^2
功能类型 A	0.7	0.4	0.007
隐喻类型 B	3.62	0.03*	0.7
A * B	5.26	0.007**	0.1

注：* 表示 $p<0.05$，* * 表示 $p<0.01$，* * * 表示 $p<0.001$

（2）外观相似隐喻比象征相似隐喻首次进入 AOI 时间短

事后分析多重比较发现，操作型功能下外观相似隐喻与象征相似隐喻的首次注意到 AOI 时间差异不显著（$p=0.95$）；外观相似隐喻与关系相似隐喻的首次注意到 AOI 时间不存在显著差异（$p=0.32$）；象征相似隐喻和关系相似隐喻的首次注意到 AOI 时间不存在显著差异（$p=0.38$）。

认知型功能下外观相似隐喻与象征相似隐喻的首次注意到 AOI 时间存在显著差异（$p=0.001$），外观相似隐喻显著优于象征相似隐喻（1.58s VS. 2.99s）；象征相似隐喻和关系相似隐喻的首次注意到 AOI 时间存在显著差异（$p=0.006$），外观相似隐喻显著优于关系相似隐喻（1.58s VS. 2.79s）；象征相似隐喻和关系相似隐喻的首次注意到 AOI 时间不存在显著差异（$p=0.65$）。多重比较分析结果如表 6.6 所示。

表 6.6　首次注意到 AOI 时间下功能类型与隐喻类型多重比较

任务情境	隐喻类型	均值差值	标准误差	P 值	95% 置信区间	
					下限	上限
操作型功能	外观 VS. 象征	0.02	0.34	0.95	−0.65	0.7
	外观 VS. 关系	0.36	0.35	0.32	−0.35	1.05
	象征 VS. 关系	0.33	0.38	0.38	−0.41	1.08
认知型功能	外观 VS. 象征	−1.41	0.4	0.001**	−2.205	−0.62
	外观 VS. 关系	−1.21	0.43	0.006**	−2.05	−0.36
	象征 VS. 关系	0.21	0.45	0.65	−0.68	1.09

注：* 表示 $p < 0.05$，* * 表示 $p < 0.01$，* * * 表示 $p < 0.001$

3. 老年用户在关系相似隐喻表征下任务理解难度低

为检验功能类型与隐喻类型对回视次数的影响，以功能类型、隐喻类型为自变量，回视次数为因变量做卡方检验分析，Fisher 的精确检验后发现双侧 p 值主效应显著（$p < 0.05$），说明功能类型与隐喻类型对回视次数有显著影响。通过描述性统计发现，操作型功能下关系相似隐喻比外观相似隐喻和象征相似隐喻回视次数更少（2.28 VS. 2.61 VS. 3.36）；认知型功能下关系相似隐喻比象征相似隐喻和外观相似隐喻回视次数更少（2.75 VS. 2.97 VS. 3.31）。描述性分析结果如图 6.11 所示。

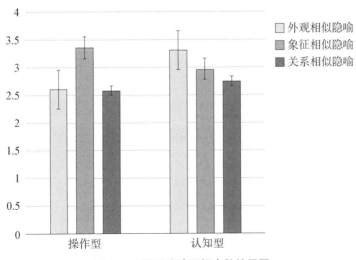

图 6.11　图形隐喻回视次数结果图

四、适用性与灵活性：适老化图形隐喻设计建议

1. 操作型适用关系相似隐喻认知加工难度低

操作型功能引导用户在系统中进行一些动作来获取信息，将动作以图形形式得以展现较为抽象复杂，老年用户在认知加工过程中具有一定难度。在系统中使用关系相似隐喻表征操作型功能，使得一些繁琐并难以理解的操作行为变得易懂生活化，降低了老年用户的认知加工难度，便于老年用户理解和感知。实验结果表明功能类型与隐喻类型对首次注意到 AOI 时间交互作用显著。事后分析多重比较发现，操作型功能下外观相似隐喻、象征相似隐喻和关系相似隐喻三者在首次注意到 AOI 时间不存在显著差异，但描述性统计显示关系相似隐喻首次注意到 AOI 时间最短。老年用户落入 AOI 时间越短，表明关系相似隐喻下利用老年用户在生存过程中积累的经验、记忆的认知模式，A 和 B 之间的关系会根据记忆和先验知识唤起 C 和 D 之间更复杂的联系，让老年用户以熟悉的方式学习，避免了建立新的心智模型的麻烦。回视次数做卡方检验分析发现功能类型与图形隐喻类型对回视次数有显著影响，其后通过描述性统计发现：操作型功能下关系相似隐喻比外观相似隐喻和象征相似隐喻回视次数更少。回视次数少表明老年用户较少对之前处理过的图形重新加工或比较，反映出认知加工时难度较低，呈现出关系相似隐喻在操作型功能下的优越性。

2. 认知型适用外观相似隐喻信息加工效率高

认知型功能是向用户传递一些信息，帮助用户理解和了解事物概念，将事物以图形形式得以展现较为具象简单，老年用户在信息加工过程中效率较高。在系统中使用外观相似隐喻表征认知型功能，使老年用户能够短时间高准确率完成任务，与 Gentner[54] 研究中提出的存在物理相似性时被试更快地学会了新的界面结果相吻合，都属于对应的结构元素之间相似。实验结果表明首次注意到 AOI 时间方面，外观相似隐喻显著优于象征相似隐喻和关系相似隐喻；注视持续时间方面，认

知型功能下外观相似隐喻 A2B1 注视持续时间最短,说明老年用户对外观相似隐喻不需要过长时间的思考,更容易解码。Sperber 和 Wilson[55]研究表明信息传递的强弱与用户解码过程有关,当信息表达越明显时,被试对信息进行演绎和解码就越容易,时间就越短,信息传达得越弱时越难解码,时间也就越长。准确率反映了认知加工过程的结果,研究结果显示认知型功能下外观相似隐喻与象征相似隐喻的准确率存在显著差异,外观相似隐喻显著优于象征相似隐喻。外观相似模拟形态样式,老年用户只需要一次加工,将图形与现实生活物品对应即可,不需要额外加工,因此老年用户在外观相似隐喻下能够更加准确完成任务。

3. 老年用户图形隐喻适用性建议

不同图形隐喻下老年用户认知加工结果不同,在支付系统使用中各有千秋。综合图形隐喻实验中行为结果以及眼动结果,三种图形隐喻适用性排序为:外观相似隐喻＞关系相似隐喻＞象征相似隐喻。外观相似隐喻在移动支付系统适老化设计中占有较大优势,指实际生活中形象与图形之间的关联密切,Smith[56]研究中验证了相似性对于用户思维的认知和理解起着至关重要的作用。在图形视觉搜索方面发现寻找代表事物的图形要比寻找动作的图形更容易,如代表打印机、垃圾桶的图形非常容易理解,但很难用图形来表示"转换""连接"。关系相似隐喻在一定程度上补偿了老年用户认知能力大幅度老化,通过隐喻作用于老年用户的过去记忆,将用户不熟悉事物建立关系。Neale 和 Carroll[23]研究认为从基础域(熟悉的知识领域)转移或映射到目标域(不熟悉的领域或情况)具有重要意义,从基础域顺利映射目标域,对有效降低老年用户在系统应用中的任务理解难度有重要作用。关系相似隐喻在加工过程中需要唤起老年用户过往支付过程中的记忆,加工程度深于外观相似隐喻,耗费的认知精力也将更多。象征相似隐喻依赖于传统的抽象概念,向老年用户传递众所周知的意义,但老年用户学习能力下降,对移动支付系统相关概念的关注程度较低,因此不利于老年用户广泛使用。

总体上，外观相似隐喻＞关系相似隐喻＞象征相似隐喻的研究结果具有创新意义。Lin[43]在对广告记忆的研究中的对三种隐喻类型复杂度进行对比，将象征相似隐喻归类为一种低度复杂性的修辞，外观相似隐喻归类为一种中等复杂性的修辞，关系相似隐喻归类为一种高度复杂的修辞。不同的图形隐喻适用性排序归结于不同研究对象。Lin的研究对象针对年轻用户展开，年轻用户与老年用户认知能力具有较大差异，老年用户先验知识丰富但思维、注意等能力衰退，对新鲜事物接受能力差，与年轻用户形成高度反差，因此图形隐喻适用性排序结果不同。

第二节　数字交互界面图形隐喻设计实证

一、文字隐喻类型与相关研究

本义和隐喻构成文字的不同表征类型，如图 6.12 所示。文字隐喻指的是出现在系统界面的功能命名采用隐喻的修辞手法表征，是概念与概念之间的隐含类比，将前者的特性施加于后者，或者是将后者的相关情感与想象因素赋予前者[45]。文字隐喻包含本体和喻体，二者处于不同的认知域，本体和喻体是基于某种相似性而相互产生联系，文字修辞结构的本质就是跨域映射。喻体为源域的另一种表达，通常指用户已有认知中熟悉且具体的概念，比如我们日常生活中熟悉的各种物品。本体为目标域，指的是用户相对陌生、未知或是比较抽象的概念。如"家是温暖的港湾"的隐喻表达中，喻体是"港湾"，本体是"家"，用"港湾"具体的概念表达"家"抽象概念；文字类型中本义是指文字的原初含义，就是句子的字面义，例如"平遥是古城"就是一句本义句，而"灯塔是方向"则是一个隐喻句。在此隐喻句中，"灯塔"是句子要描述的对象，指本体；"方向"是被用来描述本体的，指喻体。将文字本义和隐喻运用在界面设计中，如"墙纸"的本义指用于裱糊墙面的室内装修材料，具有装饰作用，设计师将界面中"装饰界面视觉美感"的功能文字隐喻为"墙纸"，和现实生活中用户熟悉的墙纸本义存在较大关联性，方便用户理解和记忆。在"文件助手"功能命名中，"助手"的本义指的是可以帮助别人的人，设计师将系统中文件夹标签为"文件助手"，期望"助手"功能可以在用户整理文件时提供助力，通过隐喻表达给用户传递一种帮助。

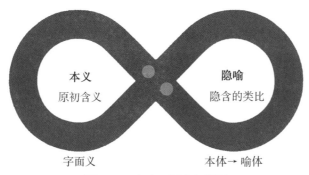

图 6.12　文字不同表征类型

　　老年用户随着年龄增长，对文字理解能力衰退，因此探究适合老年用户的文字类型尤为重要。隐喻有助于促进老年用户思考，更好、更容易地理解文字所传递的信息。已有研究表明，不同文字类型大脑的加工不同。文字隐喻既是一种语言修饰，也是老年用户理解新事物、新概念的重要方法，有助于向老年用户解释新现象和理解复杂或抽象概念。当前对于文字隐喻的研究重点一部分集中于语法，将不同类型语言修辞与隐喻进行对比研究。束定芳[57]按照文字表达中是否应用喻词，将广义上的隐喻细分为隐喻和明喻，应用比喻标志词为明喻表达，没有应用比喻标志词则为隐喻表达；Roncero[58]通过实验比较明喻和隐喻的理解性，发现向用户表达不熟悉的内容时，尽量选用明喻表达，因为明喻比隐喻更容易被用户吸收理解；Chiappe、Kennedy 和 Smykowski[59]则认为，当两者的关系恰当合理时，选用隐喻的文字表达更为合适。另一部分集中于通过脑电设备探究隐喻的理解加工机制，Publications[60]研究问题集中于隐喻表征加工方式，探究隐喻表征属于自动加工还是控制加工；Glucksberg[61]等认为：本义和隐喻不存在先后关系，属于平行加工。用户在理解文字语言中对信息的处理不需要先分析其组成结构，便可以理解句子意义，因此认为本义和隐喻义属于平行加工；居银[62]通过脑电研究的方式，对隐喻义和本义不同的文字类型认知加工进行探究，提出了隐喻与本义加工机制和认知资源消耗的问题。

综上，对于文字类型中本义和隐喻的探究较为充分，多学科、多领域的专家参与其中做了大量研究，但多集中于本义和隐喻的语言学表现和加工机制方面。当前在系统界面文字信息设计中，对于隐喻的研究多停留在隐喻的字面表象上，比如将文字隐喻地加入"助手""导航"中。已有研究缺少老年用户为研究对象在系统设计中本义和隐喻优势的实证研究，且对不同文字类型下本义与隐喻的适用性研究更是不足。

二、适老化文字隐喻研究过程与方法

1. 老年被试概况

本研究共招募了 30 位老年被试，严格控制被试特征，年龄分布在 60—70 岁之间，平均年龄 61.7 岁，SD＝2.69。其中，男性被试 16 名，女性被试 14 名，被试实验场景如图 6.13 所示。所有被试均持有智能手机，且有 2 年以上智能手机使用经验。被试教育水平集中在初中文化，均为右利手，矫正视力正常，通过视觉辅助设备后视力可清晰识别实验内容。在招募时被告知实验目的，所有被试都签署了实验知情同意书，在实验完成后给予少量酬金。

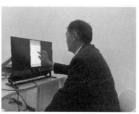

图 6.13 参与者实验图

2. 不同功能类型下文字类型素材选取

本研究采用 2（功能类型：操作型功能、认知型功能）×2（文字类型：本义、隐喻）双因素被试内实验设计，因变量为准确率、注视持续时间、首次注意到 AOI 时间和回视次数。每位被试需在 2 种不同功能类型下完成 5 项支付系统常见任务，同一项任务采用本义和隐喻 2 种不同文字类型表达同一含义，每种文字类型下包含 5 个试次，共 20 个试次。为避免顺序效应，实验顺序采用拉丁方顺序进行。具体实验内容呈现如图 6.14 所示。

操作型			认知型		
	本义	隐喻		本义	隐喻
判断投资风险时，点击	分析财富	诊断财富	查看收入支出记录时，点击	消费账单	消费流水
获得他人赏钱时，点击	领取红包	瓜分红包	在手机上办理银行业务时，点击	在线柜台	空中柜台
选取周期不长的投资项目时，点击	短期理财	闪电理财	享受打折活动时，点击	优惠区	羊毛社
分享投资盈利时，点击	展示收益	晒晒收益	查询零钱时，点击	余额	钱包
做慈善公益时，点击	爱心捐助	爱心解囊	获得返利去兑换礼品时，点击	积分奖励	积分商城

图 6.14 实验材料图

3. 实验应用界面变量控制

实验材料选用支付系统常用文字标签，在操作型和认知型 2 种不同功能类型下，分别选用 20 组文字。实验中所属的功能类型专家进行严格把控，所属的文字类型中本义和隐喻意义相同程度通过三位汉语言专业的硕士研究生进行量表评定，选取分值最高的 20 组文字类型作为实验材料。文字标签以 3×3 呈现于界面上。本实验所用字号大小为 17px,选用无衬线字体,此时老年用户认知努力最低且更容易阅读;图片材料像素为 515×1125,本实验共 23 张图片,其中 3 张预实验图片,20 张正式实验图片,每张材料呈现 1 次,实验共进行 23 个试次。为避免颜色隐喻对实验的干扰,实验材料用 photoshop 统一进行去色,界面整体以黑白灰为主。每种材料中的实验任务性质相同,实验步骤相同,为避免因重复操作带来的熟悉度影响实验的准确性和有效性,文字排列随机打乱。题目文字材料直接键入 Tobii Pro Lab 程序中,部分实验材料如图 6.15 所示。

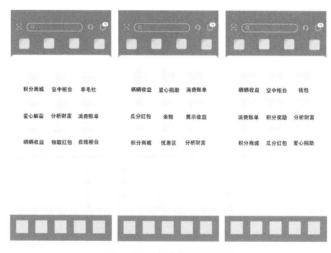

图 6.15　实验界面展示图

数据采用 SPSS 19 进行数据统计分析。本次研究旨在探究不同文字类型对老年用户的影响,选取准确率作为行为分析指标,注视持续时间、首次注意到 AOI 时间、回视次数作为眼动指标。准确率反映用户行为数据,老年用户确认答案后触摸显示屏选择答案,只有一次选择机会。如果该功能类型下 5 个文字类型答案选择都为正确,则准确率为 1,如果错误 1 个则准确率为 0.8,以此类推;注视持续时间是指眼动仪在该页面下捕捉到的所有注视点停留时间总和,注视持续时间可以反映出老年用户对该页面文字的认知加工水平和任务完成水平。当老年用户对该页面的信息加工处理速度较慢时，则在该页面的注视持续时间越长，注视持续时间较长表示老年用户对该页面的加工充足，注视持续时间较短表示加工处理较为浅显，时间太长则说明老年被试在进行文字的认知处理过程中存在阻碍；首次注意到 AOI 时间是指用户第一次注意到正确答案兴趣区的时间，反映老年用户在界面文字中的查找难度；回视次数指老年用户在界面中回看落入某个文字区域的次数，是老年用户再次注视到该区域的次数数据，说明老年用户需要对之前处理过的文字进行重新加工或比较。回视次数一方面表明该区域文字的重要性及认知难度，另一方面也可以反映出老年用户对文字信息的处理能力，是考察理解情况的重要指标，当对该文字理解有困难时，回视次数便增多。

4. 实验触摸屏设备与眼动程序

本实验中的实验仪器使用的是 Tobii 公司生产的桌面屏幕式眼动仪，眼动仪连接触摸屏，触摸屏大小尺寸为 24 英寸，分辨率为 1920×1080，老年用户与触摸屏之间的视距保持在 55—60cm 之内。眼动仪可记录老年用户的眼动数据，如注视持续时间、回视次数等眼动指标。试验程序在 Tobii Pro Lab 进行创建和调整顺序，实验过程中 Tobii Pro Lab 自动记录老年用户的眼动数据，并进行数据存储。实验在宁波大学包容性用户体验设计中心实验室完成，由于检索绩效为考量因素之一，实验中并未对被试提出时间要求，被试平均花费 12 分钟完成所有任务。

5. 实验步骤和操作流程

老年用户开始正式实验前，需要先阅读屏幕上方的实验指导语，从而了解和熟悉实验内容。当老年用户阅读完指导语后，主试会主动与老年用户交流实验细节，充分说明注意事项和实验流程，并对提出疑惑的老年用户进行耐心解答。老年用户需要在正式实验之前先完成三个简短的练习任务，任务与正式实验流程相同，但界面中文字内容不同，老年用户熟悉实验流程后正式开始文字隐喻实验，三组练习实验的数据不进行统计分析。在实验开始时，老年用户静坐于安静的实验室内，眼睛注视触摸显示屏中央进行眼球校准，实验流程见图所示。先阅读实验指导语，等老年用户阅读完指导语后便按空格键开始练习实验。屏幕首先呈现文字任务内容，等老年用户记住任务内容后按空格键跳转至界面材料，老年用户通过触摸点击选择任务答案，然后自动且随机跳转到下一个任务，以此类推，直至完成 20 组正式实验。实验过程中，手动记录被试行为数据和自动记录眼动数据。

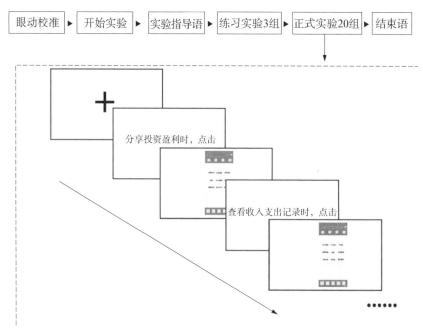

眼动校准 ▶ 开始实验 ▶ 实验指导语 ▶ 练习实验3组 ▶ 正式实验20组 ▶ 结束语

分享投资盈利时，点击

查看收入支出记录时，点击

图 6.16　文字隐喻实验流程图

三、本义与隐喻：适老化文字隐喻设计比较

1. 老年用户在本义表征下更准确完成任务

以准确率为测量标准，对不同功能类型下的文字类型准确率做描述性统计，结果如图 6.17 所示。在操作型功能下隐喻（0.7±0.15）准确率最高，本义（0.6±0.24）分值较低；认知型功能下本义（0.59±0.23）准确率最高，隐喻分值最低（0.46±0.25）。为检验功能类型与隐

喻类型对准确率的影响,以功能类型、文字类型为自变量,准确率为因变量做双因素重复测量方差分析,发现功能类型对准确率的主效应显著($F=17.05,p<0.001,\eta_p^2=0.37$)。文字类型对准确率的主效应不显著($F=0.11,p=0.74,\eta_p^2=0.004$),功能类型与文字类型对准确率交互作用显著($F=8.25,p=0.008,\eta_p^2=0.22$)。结果如表6.7所示。

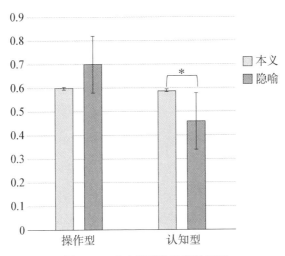

图 6.17 文字类型准确率结果图

表 6.7 准确率双因素方差分析结果

自变量	F	P 值	η_p^2
功能类型 A	17.05	<0.001**	0.37
文字类型 B	0.11	0.74	0.004
A * B	8.25	0.008**	0.22

注:* 表示 $p<0.05$,* * 表示 $p<0.01$,* * * 表示 $p<0.001$

事后分析多重比较发现,操作型功能下本义与隐喻的准确率边缘显著($p=0.07$),隐喻具有一定优势(0.7 VS.0.6);认知型功能下本义与隐喻的准确率存在显著差异($p=0.04$),本义显著优于隐喻(0.59 VS.0.46)。多重比较分析结果如表6.8所示。

表6.8　准确率下功能类型与文字类型多重比较

任务情境	文字类型	均值差值	标准误差	P值	95％置信区间	
					下限	上限
操作型功能	本义 VS. 隐喻	−0.1	0.05	0.07	−0.21	0.01
认知型功能	本义 VS. 隐喻	0.13	0.06	0.04*	0.005	0.25

注：* 表示 $p<0.05$，* * 表示 $p<0.01$，* * * 表示 $p<0.001$

2. 老年用户在本义表征下页面处理时间短

对六种不同情况做描述性统计，A 为功能类型变量，A1 为操作型，A2 为认知型；B 为文字类型变量，B1 为本义，B2 为隐喻。从图 6.18 描述性统计看，认知型功能下本义 A1B1 注视持续时间最短；认知型功能下本义注视持续时间最短，隐喻时间最长。为检验功能类型与文字类型对注视持续时间的影响，以功能类型、文字类型为自变量，注视持续时间为因变量做双因素重复测量方差分析，发现功能类型对注视持续时间的主效应显著（$F=10.73, p=0.001, \eta_p^2=0.07$）。文字类型对注视持续时间的主效应显著（$F=20.25, p<0.001, \eta_p^2=0.12$），功能类型与文字类型对注视持续时间交互作用不显著（$F=0.19, p=0.66, \eta_p^2=0.001$）。结果如表 6.9 所示。

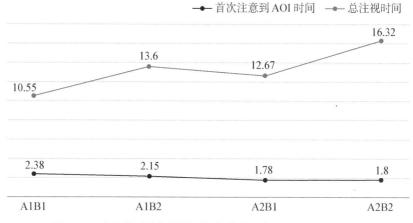

图6.18　文字类型注视持续时间与首次注意到 AOI 时间结果图

表 6.9　注视持续时间双因素方差分析结果

自变量	F	P 值	η_p^2
功能类型 A	10.73	0.001***	0.07
文字类型 B	20.25	<0.001***	0.12
A * B	0.19	0.66	0.001

注：* 表示 $p<0.05$，* * 表示 $p<0.01$，* * * 表示 $p<0.001$

（一）注视持续时间

事后分析多重比较发现，操作型功能下本义与隐喻的注视持续时间差异显著（$p<0.001$），本义显著优于隐喻（10.55 VS.13.6）；认知型功能下本义与隐喻的注视持续时间存在显著差异（$p=0.003$），本义显著优于隐喻（12.67 VS.16.32）。多重比较分析结果如表 6.10 所示。

表 6.10　注视持续时间下功能类型与文字类型多重比较

任务情境	文字类型	均值差值	标准误差	P 值	95%置信区间	
					下限	上限
操作型功能	本义 VS. 隐喻	−3.05	0.79	<0.001***	−4.6	−1.5
认知型功能	本义 VS. 隐喻	−3.65	1.19	0.003**	−6	−1.3

注：* 表示 $p<0.05$，* * 表示 $p<0.01$，* * * 表示 $p<0.001$

（二）首次注意到 AOI 时间

通过图 6.19 描述性统计发现，操作型功能下隐喻比本义首次注意到 AOI 时间更短（2.15 VS.2.38）；认知型功能下本义与隐喻首次注意到 AOI 时间基本相同（1.78 VS.1.8）。

为检验功能类型与文字类型对首次注意到 AOI 时间的影响，以功能类型、文字类型为自变量，首次注意到 AOI 时间为因变量做双因素重复测量方差分析，发现功能类型对首次注意到 AOI 时间的主效应显著（$F=7.29$，$p=0.008$，$\eta_p^2=0.05$）。文字类型对首次注意到 AOI 时间的主效应不显著（$F=0.34$，$p=0.56$，$\eta_p^2=0.002$），功能类型与文字

213

类型对注视持续时间交互作用不显著（$F = 0.34$，$p = 0.56$，$\eta_p^2 = 0.002$）。结果如表6.11所示。

表6.11　首次注意到 AOI 时间双因素方差分析结果

自变量	F	P 值	η_p^2
功能类型 A	7.29	0.008**	0.05
文字类型 B	0.34	0.56	0.002
A * B	0.34	0.56	0.002

注：* 表示 $p<0.05$，* * 表示 $p<0.01$，* * * 表示 $p<0.001$

3. 老年用户在隐喻表征下任务理解难度低

为检验功能类型与文字类型对回视次数的影响，以功能类型、文字类型为自变量，回视次数为因变量做卡方检验分析，Fisher 的精确检验后发现双侧 p 值主效应显著（$p=0.03$），如表6.12所示。通过描述性统计发现，操作型功能下隐喻比本义回视更少（2.11 VS. 2.17）；认知型功能下本义比隐喻回视次数更少（2.22 VS. 2.74）。描述性分析结果如图6.19所示。

表6.12　不同功能类型下回视次数 Fisher 检验结果

	精确 P 值（双侧）	精确 P 值（单侧）
Fisher 的精确检验	0.03*	0.017

注：* 表示 $p<0.05$，* * 表示 $p<0.01$，* * * 表示 $p<0.001$

四、适老化文字隐喻适用性分析

1. 操作型适用隐喻认知加工难度低

操作型功能所指代的是一个操作，如"拷贝""上传文件"等，将操作动作以文字形式得以展现较为抽象。隐喻作为一种基本的认知手段，使老年用户能够将抽象的或相对非结构化的概念理解为一个更为具体

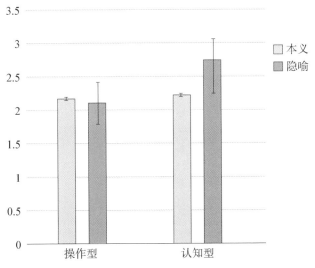

图 6.19 文字类型回视次数结果图

或高度组织化的概念。回视次数做卡方检验分析发现功能类型与文字类型对回视次数有显著影响,且通过描述性统计发现:操作型功能下隐喻回视更少,表明老年用户较少对之前处理过的文字重新加工或比较,反映出老年用户在隐喻表征下文字认知理解难度较低。操作型功能相较于认知型功能不是一个具象的事物,而是一个抽象概念,Cardillo 研究中印证了隐喻语言可以帮助更好地理解抽象概念[63]。加之老年用户使用支付系统经验较为匮乏,对支付相关文字较为陌生,而隐喻语言有助于解释新现象和理解复杂的理论[64],使语言和对象之间的差异最小化。因此操作型功能下隐喻优势显著,隐喻比本义准确率更高,且落入答案兴趣区内的时间缩短。

2. 认知型适用本义信息加工效率高

认知型功能所指代的对象表示某种事物或概念,如"商城""人工"等,将认知概念以文字形式得以展现较为具象。本义文字的意义是直接的,直接呈现字面意思,而隐喻的理解实际上是需要在字面意义理解的基础上再对隐喻意义进行理解和加工。注视持续时间显示认知型功能下本义与隐喻的注视持续时间存在显著差异,本义显著优于隐喻。相较隐喻,本义加工时间短,这与 Giora[65] 和 Onishi[66] 研究结果吻合,与字面句子相比，隐喻需要更长时间才能解码。认知型功能下本义与隐喻的准确率存在显著差异，本义显著优于隐喻，回视次数比隐喻更少。先前的研究也显示隐喻处理需要更多加工步骤，因此花费的注视时间更长。本义高效的信息加工结果得益于本义属于字面意思，加工深度较浅，处理速度更快，不需要耗费老年用户太多的认知时间。

综上，研究结果发现操作型功能下适用隐喻文字表征概念，此时老年用户认知加工难度低；认知型功能下适用本义表征概念，此时老年用户信息加工效率高。两种文字类型在不同功能类型下相互匹配帮助老年用户更好地理解内容。

第三节　数字交互图标隐喻设计的
语义一致性测量研究

图标通过象形图隐喻映射语义，在人机交互中发挥重要作用[68,69]。视觉化的图形图标通过隐喻表达语义，能够克服语言文字的沟通障碍，向用户传递信息，引导用户完成交互[70,71]。然而，图标隐喻借助象形图及其含义的固定关联表达语义[72]，涉及图形、语言的信息编码方式，图形及其含义关联的复杂性影响图标理解的趣味、意义及难度。隐喻是一种思维方式，允许从熟悉的知识领域向相对陌生的知识领域转移与映射知识，从而能够传递深层、复杂信息，并因此被运用于交互设计中更好地实现设计目的[73]。在图标设计中，隐喻设计指设计师将所要表达的信息用图形编码，用户以图形为线索进行解码，获取设计师所传递的语义信息。因此，探索用户如何理解隐喻，图标隐喻如何影响用户理解图标十分重要。

图标设计师通过图形隐喻传递复杂、抽象的图标语义，其中图标象形图是始源域，映射作为目标域的语义。始源域与目标域之间的关联是隐喻形成的关键[74]。图标借助象形图（始源域）与语义（目标域）之间存在的固定关联，建立隐喻映射关系，视觉化编码图标语义，提高用户的交互效率。如 Wu 等人基于隐喻认知研究了工业图标的语义-实体相关性（the Semantics-entity Relevance），并在此基础上运用隐喻设计方法重新设计了电池生产线的工艺图标，符合语义认知规律从而具有较高的搜索效率[74]。

前人根据始源域与目标域的关联将隐喻分成多种类型。如 Gentner 等人基于始源域与目标域的特征相似度与关联相似度将隐喻划分为外观（特征）隐喻、类比（关联）隐喻、字面相似隐喻[75]。视觉设计中隐喻的构建主要以始源域与目标域之间的视觉感知相似（颜色、纹理、外形等）与概念相似（文化、语义概念）为基础[76]。基于前人研究，图标中的隐喻可分为感知隐喻、概念隐喻与代表隐喻。感知隐喻主要通过象形图与图标语义的感知特征相似构建隐喻映射关系，包括颜色、轮廓、纹理等视觉感知特征。如使用抽象简化的手电筒图案作为手电筒图标，主要涉及轮廓比对等感知加工。概念隐喻主要通过象形图与图标语义概念特征上的相似构建隐喻关系。概念特征是人们通过学习和思考形成对事物的理解与总结，是事物的语义特征。该类图标的认知以概念加工为主，如使用闪电图案作为快速充电的图标。代表隐喻将图标语义中的代表性操作（认知）行为或对象作为构成象形图的依据，如使用餐具作为美食图标。

图标隐喻效果评估对指导设计师改进图标隐喻设计非常重要。已有研究采用眼动实验、主观量表和访谈等方法，检验了图标隐喻理解的效果[77,78]。但眼动和主观评估很难精准发现图标隐喻设计的问题，如长时间注视可能代表图标难以理解，也可能是图标具有吸引力的标志，不知道认知程户。为了解对不同隐喻类型图标的认知理解，有必要使用事件相关电位方法研究图标隐喻，在神经认知层面分析用户对不同隐喻类型图标设计的理解差异。

N400 是研究语义冲突的重要脑电成分。该成分由前置刺激与后置语义的关联冲突引发[79]，被大量运用于图形语义研究。Barrett 等人采用 S1—S2 实验范式，将常见物品图片作为刺激，划分为匹配（matching）与不匹配（nonmatching）两种组合，发现两种组合均诱发了

N400 成分,且不匹配组合有着更高的 N400 振幅;Ma 等人进一步探讨了汽车造型对其形象的隐喻分析方法,将汽车图片作为始源域,动物词汇作为汽车形象的目标域,采用 S1—S2 实验范式,分析语义适当(minicars-cat)与不适当(SUV-cat)对 N400 的影响,发现语义不适当引发了更大的 N400 振幅[79]。先前研究已证明 N400 对语义冲突十分敏感,其振幅大小与语义偏离程度成正相关。Hou 等人采用 S1—S2 范式分析了图标与语义的神经认知机制,发现图标与语义不匹配引发了更大的 N300 与 N400 振幅,最终提出 N300 与 N400 成分可以作为测量标识语义匹配性的 ERP 指标[80];Dong、Wu 等人分别将工业行业图标、建筑行业图标与匹配或非匹配语义组合,得出无关语义下 N400 激活程度更高,再次验证了 N400 可以作为验证图标与语义之间相关性的生理指标[81,82]。前人研究并未将隐喻进行细分,在实验材料中存在多种类型隐喻,本研究旨在探讨不同类型隐喻设计对语义理解的影响,是已有研究的延续。LPP 成分在研究中通常被作为衡量情绪唤醒程度的神经指标,积极和消极刺激相较于中性刺激都可以引发更大的 LPP[83,84]。Wu 等人研究了建筑安全标识背后的神经机制,发现禁止标志相较于警告图标会引发更大的负面联想从而引发更大的 LPP 振幅;Guo 等人使用 ERP 方法对加湿器产品外观进行情感偏好测量,发现喜欢与不喜欢的加湿器图片相较于中性加湿器图片引发了更大振幅的 LPP;Liu 等人的研究发现,与中等情绪体验的网页相比,具有良好和低情绪体验的网页引发了更高振幅的 LPP。Hou 等人使用 ERP 方法研究交通标识与公共标识理解时发现语义匹配情况有助于产生积极情绪,相较于语义不匹配情况可以引发更高的 LPP 振幅[80]。因此,本研究将 N400 作为衡量图标隐喻认知一致性程度的神经指标,使用 LPP 衡量图标理解时的情绪唤醒程度,以探究隐喻对于图标理解的影响。

综上所述,结合隐喻研究图标理解十分重要。已有研究主要探讨了视觉隐喻对于图标理解的影响,但并没有针对不同隐喻设计类型进一步深入研究。因此,本研究采用 ERP 方法,结合行为数据与神经数据探索隐喻设计类型（感知隐喻、概念隐喻、代表隐喻）对图标语义认知一致性的影响。

一、图标隐喻理解一致性研究方法与过程

1. 参与者

实验一共招募了 30 名参与者，男女比例 1：1，年龄在 18 到 24 岁之间（M＝21.4，SD＝2.1）。一名参与者的行为数据由于疲劳导致多个试次未判断而被拒绝，三名参与者的脑电数据因电极点脱落或疲劳原因而被拒绝。所有参与者都招募自校园，视力正常或矫正至正常，身体健康，并且均具有丰富的手机、电脑 GUI 使用经验，且非 UI 设计专业。参与者在实验前均有充分休息，同时签署了知情同意书，并在实验结束后获得了 50 元人民币被试费。本研究由宁波大学用户体验测量实验室内部评审委员会批准。

2. 实验材料

实验材料准备包括图标来源选择、熟悉度控制和隐喻认可评估三个步骤。首先，实验中的所有图标都来自字节跳动的"图标公园"开源图标库，有着统一的线条粗细、颜色、大小和视觉复杂度。其次，为了控制熟悉度对实验结果的影响，研究每种隐喻各选取了 25 个图标，并让 20 名参与者使用李克特 5 分量表对它们进行熟悉度评估，并去除了平均熟悉度低于 3 的图标。最后，研究邀请了 5 位图标设计专家使用 5 分量表对图标的隐喻分类和匹配语义进行认可度评分。任何一个专家认可度评分低于 3 的图标都会被去除。最终，每种隐喻类别选取了 15 个图标，具体示例如表 6.13 所示。单因素方差分析表明三种图标之间熟悉度无显著差异。此外，专家们还提供了 45 个不匹配语义，这些语义在实验中与图标随机匹配呈现。

表 6.13　图标隐喻类型与图标示例

隐喻类型	图标示例	语义 一致/不一致	悉度得分 M±SD	P
感知隐喻		计算器/电影	4.55±.34	
概念隐喻		浏览痕迹/天气	4.34±.44	.185
代表隐喻		商店/音乐	4.34±.21	

3. 实验设计与流程

本研究采用 3×2 双因素被试内实验设计，其中第一个自变量是隐喻类型，分为三种隐喻类别；第二个自变量是语义一致性，分为匹配与不匹配语义；因变量为语义匹配判别时间、准确率以及脑电数据；脑电实验采用 S1—S2 范式，在单个 trial 中依次呈现两种刺激，S1 为图标象形图，S2 为图标语义，共有 6 种象形图-语义组合。

实验过程中，参与者坐在一个安静的实验室，保持与屏幕距离 60cm 舒适坐姿。实验材料通过 E-prime2.0 以相同大小与颜色呈现，每个试次以十字注视点开始并持续 500ms，之后呈现 500ms 的灰屏，S1 将会呈现 1000ms，并在 500ms 后的灰屏后呈现 S2，参与者将在 S2 呈现的 2000ms 内进行语义匹配判别，通过数字键盘进行反馈，按键"1"表示匹配；"3"表示不匹配，S2 消失后呈现 1000ms 的灰屏，实验流程如图 6.20 所示。

实验开始之前有练习环节，确保参与者熟悉实验流程。根据已有研究，每种条件需要至少 60trails 才有足够的实验效应，因此实验每种条件都安排了 60trails，共计 360trails。整个实验时间大概在 30 分钟，在两个 block 之间可以中断休息，避免实验的疲劳效应。

4. 数据获取与处理

实验的数据采集系统采用 Nuroscan64 导联脑电记录仪，该系统电极位置属于 10—20 国际标准系统。实验中电极阻抗保持在 5kΩ 以下，

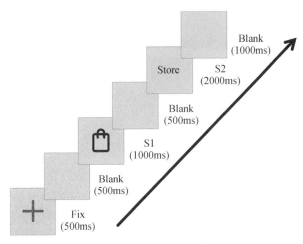

图 6.20　实验流程示意图

采样频率 1000Hz。脑电数据预处理采用 EEGlab 工具箱,在 Matlab 2022b 软件平台操作。在载入电极位置后,以双侧乳突为参考电极进行了重参考,进行了 0.1—30Hz 带通滤波,分段,并进行人工检验坏段,最后通过正成分分析法去除了眼电、肌电等伪迹。在分析时按照预先设置的标记分别做叠加平均,绘制波形图。

二、感知隐喻、概念隐喻与代表隐喻的语义比较分析

采用重复测量方差分析对行为数据与 ERP 数据进行了分析,隐喻类别(感知隐喻 VS. 概念隐喻 VS. 代表隐喻)与语义匹配条件(语义一致 VS. 语义不一致)是组内变量,描述性数据描述了平均值和标准误差。

1. 理解不同隐喻类型的反应时间

反应时间描述性数据如表 6.14 所示。重复测量方差分析结果表明,隐喻类别主效应显著($F = 11.67, p < .001, \eta_p^2 = .29$),语义条件主效应显著($F = 66.54, p < .001, \eta_p^2 = .70$)。此外,两者交互作用显著($F = 20.02, p < .001, \eta_p^2 = .41$)。

进一步简单效应分析发现,语义匹配情况下感知隐喻有着最短的反应时间,显著短于概念隐喻(611.47 ± 114.57 vs. $652.04 \pm 119.86, p$

<0.01)与代表隐喻(611.47±114.57 vs.676.46±120.24,p<0.01)；代表隐喻反应时间最长，显著长于感知隐喻(676.46±120.24 vs.611.47±114.57,p=0.11)与概念隐喻(676.46±120.24 vs.652.04±119.86,p<0.01)。语义不匹配情况下,三种隐喻的判别反应时间无显著差异。语义匹配条件下反应时间显著快于语义不匹配条件(Perceptual metaphor：611.47±114.57 vs.723.11±137.46,p<0.01；Conceptual metaphor：652.04±119.86 vs.706.39±134.73,p<0.01；Representational metaphor：676.46±120.24 vs.716.76±139.04,p<0.01)。

表 6.14　判别反应时间与准确率

语义分类	隐喻类型	反应时(ms)	准确率(%)
		M±SD	M±SD
一致	感知隐喻	611.47±114.57	96.44±3.27
	概念隐喻	652.04±119.86	95.27±3.29
	代表隐喻	676.46±120.24	93.55±5.91
不一致	感知隐喻	723.11±137.46	96.40±4.54
	概念隐喻	706.39±134.73	97.07±3.20
	代表隐喻	716.76±139.04	97.35±4.18

2. 理解不同隐喻类型的准确率

准确率的描述性数据如表 6.15 所示。重复测量方差分析结果显示,隐喻类别主效应不显著(F=1.69,p=1.11,η_p^2=.038),语义匹配条件主效应显著(F=11.77,p=.002,η_p^2=.30),两者交互作用显著(F=7.44,p=.003,η_p^2=.21)。

简单效应分析结果表明,语义匹配条件下感知隐喻判别准确率显著高于代表隐喻(96.44±3.27 vs.93.55±5.91,p=.009),语义不匹配情况下三种隐喻的判别准确率无显著差异。此外,概念隐喻与代表隐喻类图标在语义匹配条件下判别准确率显著低于语义不匹配条件(概念隐喻:95.27±3.29 vs.97.07±3.20,p=.007；代表隐喻:

93.55 ± 5.91 vs. 97.35 ± 4.18，$p<0.01$），感知隐喻匹配语义与不匹配语义的判别准确率无显著差异（96.44 ± 3.27 vs. 96.40 ± 4.54，$p=.941$）。

3. 不同隐喻类型理解过程的脑波状态

文献中大多数视觉语义的 ERP 分析都集中在额叶、中央、中央顶叶区。因此，本研究选取了额叶区（F1、FZ、F2、FC1、FCZ 和 FC2）、中央区（C3、CZ 和 C4）以及中央顶叶区（CP3、CP4 和 CPZ）作为分析区域。

图 6.21 展示了不同脑区下 6 种象形图-语义组合的 ERP 波形图，可以看出不同组合均诱发了 N400 成分与 LPP 成分，语义匹配情况下 N400 潜伏期为 380—400ms，LPP 潜伏期为 460—500ms；语义不匹配情况下 N400 潜伏期为 420—450ms，LPP 潜伏期为 550—600ms。

由于语义匹配条件下 N400 与 LPP 成分潜伏期差异较大，因此研究根据不同语义匹配条件下成分的波峰范围选取时间窗，进行平均振幅的重复测量方差分析，从而探究不同隐喻之间的平均幅值差异。平均幅值的描述性数据如表 6.15 所示。

前人研究表明，N400 主要激活于额叶区，因此研究重点分析了额叶区的 N400 平均振幅差异。重复测量方差分析结果表明，隐喻类别主效应不显著（$F=2.60$，$p=.085$，$\eta_p^2=.09$），语义匹配条件主效应显著（$F=21.97$，$p<.001$，$\eta_p^2=.46$），额叶区隐喻与语义匹配条件交互作用显著（$F=6.88$，$p=.002$，$\eta_p^2=.21$）。

简单效应分析结果显示，语义匹配条件下概念隐喻 N400 成分平均振幅显著低于感知隐喻（1.61 ± 6.37 vs. -0.15 ± 5.33，$p=.019$）与代表隐喻（1.61 ± 6.37 vs. 0.11 ± 5.70，$p=0.030$）；在语义不匹配条件下，代表隐喻 N400 平均振幅显著低于感知隐喻（-1.00 ± 6.23 vs. -2.50 ± 6.24，$p=0.007$）与概念隐喻（-1.00 ± 6.23 vs. -2.85 ± 6.05，$p=0.006$）。

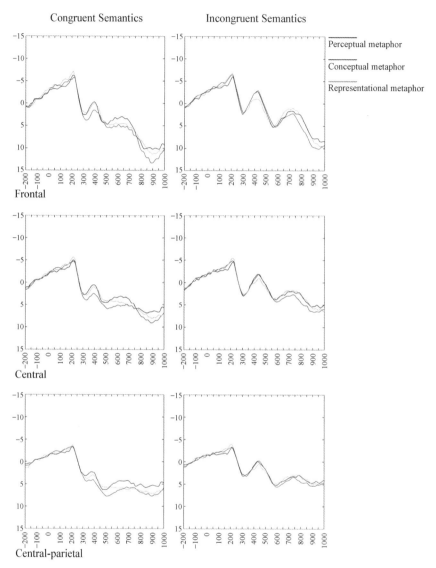

图 6. 21　脑电波形图

　　N400 成分地形图如图 6. 22 所示，颜色越深振幅越大。由图可知，N400 成分主要激活于额叶区，且在匹配条件下概念隐喻 N400 成分振幅最低，不匹配条件下代表隐喻振幅最低。

表 6.15 不同脑区脑电数据统计分析结果

成分	脑区	感知隐喻		概念隐喻		代表隐喻	
		一致	不一致	一致	不一致	一致	不一致
N400	前额区	−0.15±5.33	−2.50±6.24	1.61±6.37	−2.85±6.05	0.11±5.70	−1.01±6.23
	中央区	1.63±3.95	−0.50±4.41	3.15±4.81	−0.50±4.48	2.09±4.41	0.59±4.46
	中顶区	2.38±3.74	−0.06±3.72	4.06±4.47	0.13±4.02	2.98±4.01	0.78±3.81
LPP	前额区	4.35±10.28	5.16±12.09	4.98±9.24	5.01±10.01	4.81±9.85	4.93±11.78
	中央区	5.71±6.93	5.46±8.36	6.74±6.52	5.48±7.12	5.60±6.92	5.34±7.97
	中顶区	5.97±4.72	4.93±5.90	7.60±5.29	5.05±5.36	5.60±4.82	4.75±5.35

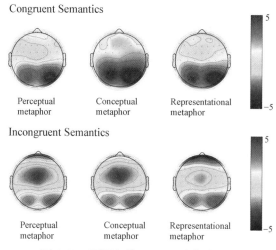

图 6.22　不同条件下 N400 脑电地形图

大量研究表明，LPP 激活于中央、顶叶区，因此研究主要选取中央-顶叶区作为主要分析区域。以语义匹配条件与隐喻类别作为自变量，平均振幅作为因变量进行重复测量方差分析发现，隐喻主效应显著（$F=6.22, p=0.005, \eta_p^2=0.19$），语义匹配条件主效应显著（$F=11.47, p=0.002, \eta_p^2=0.31$），两者交互作用显著（$F=4.10, p=0.024, \eta_p^2=0.14$）。

进一步简单效应分析结果表明，在语义匹配的情况下，概念隐喻 LPP 成分振幅高于感知隐喻（7.60 ± 5.29 vs. $5.97\pm4.72, p<0.001$）与代表隐喻（7.60 ± 5.29 vs. $5.60\pm4.81, p=0.002$）；语义不匹配条件下不同隐喻之间无显著差异。

LPP 成分地形图如图 6.23 所示。结果表明，LPP 成分主要激活于中央-顶叶区，且在匹配条件下概念隐喻 LPP 成分振幅最高，不匹配语义条件下无明显差异。

三、图标隐喻测量方法的适应性与设计启示

图标的隐喻类型深刻影响着用户对图标的理解。因此，深入研究

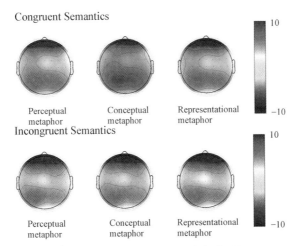

图 6.23　不同条件下 LPP 脑电地形图

隐喻对图标理解的影响对选择合适图标隐喻类型、提升用户界面交互体验至关重要。研究结合行为数据和神经数据研究隐喻对图标认知的影响，探索了不同隐喻类别之间的图标理解差异。

实验结果表明，参与者在语义匹配条件下有着更好的判别反应时表现，表明参与者在判别语义不匹配时需要耗费更多的认知资源，从而需要更长的判别时间，这与前人研究结果相符。

反应时间在隐喻类别上有着显著差异，感知隐喻类图标反应时间最短，其次是概念隐喻类图标，代表隐喻类图标反应时最长。感知隐喻类图标的认知涉及感知特征的识别与比对，认知加工深度较浅。利用感知相似性是视觉隐喻构建中最为广泛且基础的手段（如轮廓、颜色这类关键视觉线索），这种关联可以使得用户能够快速识别图标[32]，从而更快地进行语义匹配判别，因此感知隐喻类图标有着最好的反应时表现。概念隐喻类图标的构建依赖于象形图与图标语义在概念上的相似，由概念驱动的认知加工过程拥有更深的认知加工深度，因此语义匹配判断反应时间长于感知隐喻类图标。代表隐喻类图标较为特殊，一方面代表隐喻类图标依赖于用户对代表性事物与图标语义之间的联想关联，需要调动较多的认知资源，另一方面，代表隐喻类图标语义抽象程度更高，一定程度上影响了图标的认知与识别速度。因此，代表隐喻类图标的理解速度最慢。此外，在语义匹配情况下三种隐喻类别图标的反应时有显著差异，而非匹配情况下三种隐喻类别并无显著差异。这表明语义匹配关系对不同隐喻类别图标的理解反应时间有调节关系。

在语义匹配情况下，感知隐喻类图标有着最高的判别准确率，其次是概念隐喻类图标与代表隐喻类图标。而在语义不匹配情况下，不同隐喻类别之间的判别准确率无明显差异，表明语义匹配关系对不同图标隐喻下的语义判别准确率有调节关系。

语义匹配与不匹配两种情况下均诱发了 N400 成分，并且不匹配情况下 N400 成分平均振幅显著大于匹配情况。以往研究证明 N400 成分振幅强度反映了被试对刺激间的语义冲突感。研究中不匹配语义条件下引发了更大振幅的 N400 成分，这与前人结果相符。

在语义匹配情况下，感知隐喻类图标 N400 成分平均振幅最低，这意味着更低的主观语义冲突感，即更高的语义认同程度。全局与局部处理模型理论认为，人们的认知加工涉及两种系统，一种从整体上加工信息，一种部分处理信息。整体加工涉及概念、主题、与其他事物的相互关系；细节加工包括知觉加工，涉及事物的具体特征。概念加工更加综合、自发，且基于先验知识。概念隐喻类图标的构建基于事物间的概念相似性，在认知过程中涉及的概念加工对于事物的认识更为全面，因此在语义认可程度上有着最佳表现。代表隐喻类图标的基于事物之间的相互关系，感知隐喻类图标则基于可感知的事物细节，两类图标的象形图对于语义的映射相较于概念隐喻类图标更为片面，因此语义认可程度低于概念隐喻类图标。而在语义不匹配情况下，代表隐喻类图标有着更平滑的 N400 振幅，意味着参与者对于代表隐喻类图标语义错配情况下的语义冲突感受更低，不利于图标理解。此外，概念隐喻类图标在语义匹配的情况下引发了更大的 LPP 振幅，可能概念隐喻易于引起对先验知识的联想以及文化共鸣从而引发更高的情绪唤醒。

N400 与 LPP 成分能够充分反映图标语义理解时的语义认可与情绪唤醒程度。结果显示，隐喻类别显著影响图标的语义认可程度与情绪唤醒。在语义匹配情况下,概念隐喻类图标有着更高的语义认可程度以及更积极的理解情绪;在语义不匹配情况下,代表隐喻类图标的主观语义冲突感受相较于其他隐喻类图标显著更低。从行为指标上看,语义匹配时三种隐喻类别图标之间的语义判别速度有显著差异。感知隐喻类图标反应时间最快,概念匹配次之,代表隐喻最慢。判别准确率上感知隐喻高于概念隐喻,并高于代表隐喻。综合神经数据与行为数据来看,概念隐喻类图标有着最好的语义理解表现。因此,在设计新的图标时可以优先考虑使用概念隐喻,基于图标语义的概念属性选择与设计图标象形图。

参考文献

［1］国家统计局. 国务院第七次全国人口普查领导小组办公室负责人接受中新社专访［EB/OL］.(2021 - 05 - 13)［2023 - 2 - 29］. http://www. stats. gov. cn/sj/zxfb/202302/t20230203_1901094. html.

［2］中国互联网信息中心(CNNIC):《第 47 次中国互联网发展状况统计报告》［EB/OL］.(2023 - 04 - 04) http://www. cac. gov. cn/2021-02/03/c_1613923423079314. htm.

［3］刘述. 积极老龄化视角下我国香港老年用户数字融入路径研究［J］. 中国远程教育,2021(03):67 - 75.

［4］Freese J, Rivas S, Hargittai E. Cognitive Ability and Internet Use among Older Adults［J］. Poetics, 2006,34(4):236 - 249.

［5］严三九、郑彤彤. 老年用户移动支付采纳意愿的影响因素研究——以上海市老年用户为例［J］. 现代传播(中国传媒大学学报),2022,44(10):15 - 26. DOI:10.19997/j. cnki. xdcb. 2022.10.012.

［6］葛孟超. 支付行业加速创新服务［N］. 人民日报,2023 - 02 - 27(018).

［7］林雨婷. 基于 FBM 模型的汽车中控人机界面适老化设计研究［D］. 华南理工大学,2020. DOI:10.27151/d. cnki. ghnlu. 2020.001369.

［8］张丽娜、张学民、陈笑宇. 汉字字体类型与字体结构的易读性研究［J］. 人类工效学,2014,20(3):32 - 36.

［9］L. Wang, H. Sato, P. L. P. Rau, K. Fujimura, Q. Gao, and Y. Asano, Chinese Text Spacing on Mobile Phones for Senior Citizens［J］. Educational Gerontology, 2009,35(7):77 - 90.

［10］袁蕾. 基于感知的老年用户智能手机交互界面设计与操作流程研究［J］. 艺术与设计(理论),2018,2(05):92 - 94. DOI:10.16824/j. cnki. issn10082832. 2018.05.026.

［11］CASTILLA D, GARCIA P A, MIRALLES I, et al. Effect of Web navigation

style in elderly users [J]. Computers in human behavior, 2016 (55):
909 - 920.

[12] 刘小路,丁虹月,韦鑫珠.基于老年人认知需求模型的资讯 APP 界面适老化设计研究[J].天津美术学院学报,2017(02):104 - 108.

[13] 刘畅.考虑老年用户特征的购物网站界面设计可用性研究[D].东北大学,2021(12):0 - 75.

[14] 孙启超.医养结合服务模式下的老年用户智能家居产品设计应用研究[D].华东理工大学,2016.

[15] 章新成,谷罗捷.针对老年群体的医疗 APP 信息架构与界面设计研究[J].设计,2015(21):144 - 145.

[16] 高冰洁,张宁.老年用户在线健康信息行为的研究现状与前沿展望[J].图书馆学研究,2020(06):9 - 16,77.

[17] 黄薇,邵恩雨,吴剑锋.基于具身认知的就医导视系统适老化设计研究[J].包装工程,2023,44(02):290 - 297. DOI:10.19554/j.cnki.1001 - 3563.2023.02.032.

[18] 丁明珠.面向老年用户的车载数字界面情境感知交互设计研究[D].安徽工业大学,2020. DOI:10.27790/d.cnki.gahgy.2020.000154.

[19] 宫晓东.老年用户群人机特征研究述评——基于信息科技产品使用[J].北京理工大学学报(社会科学版),2015,17(05):149 - 155. DOI:10.15918/j.jbitss1009 - 3370.2015.0521.

[20] 郑璀颖.基于老年用户感官特点的产品操作反馈设计[J].机械设计,2014,31(01):116 - 119.

[21] Zhou J, Chourasia A, Vanderheiden G. Interface Adaptation to Novice Older Adults' Mental Models through Concrete Metaphors [J]. International Journal of Human-computer Interaction, 2016(1):1 - 15.

[22] Kim H, Heo J, Shim J, et al. Contextual research on elderly users' needs for developing universal design mobile phone [C]. Universal Acess in Human Computer Interaction. Coping with Diversity: 4th International Conference on Universal Access in Human-Computer Interaction, UAHCI 2007, Held as Part of HCI International 2007, Beijing, China, July 22 - 27, 2007, Proceedings, Part I 4. Springer Berlin Heidelberg, 2007:950 - 959.

[23] Neale D C, Carroll J M. The role of metaphors in user interface design [M]// Handbook of human-computer interaction. North-Holland, 1997:441 - 462.

[24] Berkley J, Cates W M. Building Coping Skills on a Firm Foundation: Using a Metaphorical Interface To Deliver Stress Management Instruction [J]. college students, 1996,(07):1 - 10.

[25] Blackwell A F. The reification of metaphor as a design tool [J]. ACM Transactions on Computer-Human Interaction (TOCHI), 2006,13(4):490 - 530.

[26] Biljon J V, Renaud K. Validating Mobile Phone Design Guidelines: Focusing on the Elderly in a Developing Country [C]//SAICSIT '16. 2016.

［27］陈华平,唐军.移动支付的使用者与使用行为研究[J].管理科学,2006(06):48-55.

［28］高鹏飞,郭飞.国外移动支付的发展与趋势[J].中国信用卡,2013(07):23-31.

［29］窦金花,覃京燕.智慧健康养老产品适老化设计与老年用户研究方法[J].包装工程,2021,42(06):62-68.DOI:10.19554/j.cnki.1001-3563.2021.06.009.

［30］白雪锋,郑婕,周成玲,王浩.基于Citespace知识图谱的中国适老化研究历程与趋势分析[J].中国老年学杂志,2021,41(20):4561-4566.

［31］高祥锐.基于适老化理念下的老年活动中心设计研究[D].河北科技大学,2021.DOI:10.27107/d.cnki.ghbku.2021.000019.

［32］黄必富.中国老龄产业发展问题研究[D].西南财经大学,2005.

［33］Gatsou C, Politis A, Zevgolis D. Text vs visual metaphor in mobile interfaces for novice user interaction [J]. Information services & use, 2011,31(3-4):271-279.

［34］Lakoff G. The contemporary theory of metaphor [J]. 1993,(11):23-31.

［35］Lakoff G, Johnson M. Metaphors we live by [M]. University of Chicago press, 2008.

［36］耿蕊.隐喻设计理念在吸尘器形态设计中的应用研究[J].包装工程,2014,35(20):38-41.DOI:10.19554/j.cnki.1001-3563.2014.20.010.

［37］Smilowitz E D. Metaphors in user interface design: an empirical investigation [M]. New Mexico State University, 1995.

［38］Prior S, Arnott J, Dickinson A. Interface metaphor design and instant messaging for older adults [M]. CHI'08 extended abstracts on Human factors in computing systems. 2008,(2),3747-3752.

［39］Boozer R W, Wyld D C, Grant J. Using metaphor to create more effective sales messages [J]. The Journal of Consumer Marketing, 1991,8(2):59.

［40］王寅.语义理论与语言教学[M].上海外语教育出版社,2014.

［41］邓滔,谭征宇.移动应用反馈机制中的隐喻设计研究[J].包装工程,2016,37(14):81-85.

［42］吴振.基于视觉认知的数字界面图形设计隐喻性研究[D].东南大学,2020.DOI:10.27014/d.cnki.gdnau.2020.003150.

［43］Lin P C, Yang C M. Impact of product pictures and brand names on memory of Chinese metaphorical advertisements [J]. International Journal of Design, 2010,4(1).

［44］Tsai, Chih-Yung. Effect of graphic simplification and graphic metaphor on the memory and identification of travel map signs running head [J]. International Journal of Industrial Ergonomics, 2017,61:29-36.

［45］刘涛.隐喻论:转义生成与视觉修辞分析[J].湖南师范大学社会科学学报,2017,46(06):140-148.DOI:10.19503/j.cnki.1000-2529.2017.06.019.

[46] 廖宏勇. 图形界面的隐喻设计[J]. 同济大学学报(社会科学版),2010,21(03):
76-82.

[47] 姚江,封冰. 对用户界面设计中隐喻的研究[J]. 包装工程,2012,33(20):83-
85+97. DOI:10. 19554/j. cnki. 1001-3563. 2012. 20. 022.

[48] Mulken M V, Pair R L, Forceville C. The impact of perceived complexity,
deviation and comprehension on the appreciation of visual metaphor in
advertising across three European countries [J]. Journal of Pragmatics, 2010,
42(12):3418-3430.

[49] Isabel, Negro, Alousque. Visual Wine Metaphor and Metonymy in Ads [J].
Procedia Social & Behavioral Sciences, 2015,173:125-131.

[50] Chang C T, Yen C T. Missing ingredients in metaphor advertising: The right
formula of metaphor type, product type, and need for cognition [J]. Journal
of Advertising, 2013,42(1):80-94.

[51] Li Q, Luximon Y. The effects of 3D interface metaphor on older adults'
mobile navigation performance and subjective evaluation [J]. International
Journal of Industrial Ergonomics, 2019,72:35-44.

[52] Oswald D. Affordances and Metaphors Revisited: Testing Flat vs. Skeuo-
morph Design with Digital Natives and Digital Immigrants [C]//HCI
2018. 2018.

[53] Hou G, Hu Y. Designing combinations of pictogram and text size for icons:
effects of text size, pictogram size, and familiarity on older adults' visual
search performance [J]. Human Factors, 2021,11(1).

[54] Gentner D, Grudin J. The evolution of mental metaphors in psychology: A 90-
year retrospective [J]. American psychologist, 1985,40(2):181.

[55] Sperber D, Wilson D. Relevance: Communication and cognition [M]. Cambridge,
MA: Harvard University Press, 1986.

[56] Smith E E, Medin D L. Categories and concepts [M]. Cambridge, MA:
Harvard University Press, 1981.

[57] 束定芳. 论隐喻与明喻的结构及认知特点[J]. 外语教学与研究,2003(02):
102-107,161.

[58] Roncero C, Kennedy J M, Smyth R. Similes on the internet have explanations
[J]. Psychonomic Bulletin & Review, 2006,13:74-77.

[59] Chiappe D, Kennedy J M, Smykowski T. Reversibility, aptness, and the
conventionality of metaphors and similes [J]. Metaphor and Symbol, 2003,
18(2):85-105.

[60] Schneider W, Shiffrin R M. Controlled and automatic human information
processing: I. Detection, search, and attention [J]. Psychological review,
1977,84(1):1.

[61] Glucksberg S, Gildea P, Bookin H B. On understanding nonliteral speech:
Can people ignore metaphors? [J]. Journal of verbal learning and verbal

behavior, 1982,21(1):85 - 98.

[62] 居银.隐喻义与字面义加工时程差异的 ERP 研究[D].上海师范大学,2010.

[63] Cardillo E R, Watson C E, Schmidt G L, et al. From novel to familiar: tuning the brain for metaphors [J]. Neuroimage, 2012,59(4):3212 - 3221.

[64] Roediger H L. Memory metaphors in cognitive psychology [J]. Memory & Cognition, 1980,8:231 - 246.

[65] Giora R, Fein O. On understanding familiar and less-familiar figurative language [J]. Journal of pragmatics, 1999,31(12):1601 - 1618.

[66] Onishi K H, Murphy G L. Metaphoric reference: When metaphors are not understood as easily as literal expressions [J]. Memory & Cognition, 1993, 21:763 - 772.

[67] Smith S L. Letter Size and Legibility [J]. Human Factors, 1979,21(6):661 - 670.

[68] W L Martinez, Graphical user interfaces, WIREs Comp Stat 3 (2011) 119 - 133.

[69] Lodding K (1983). Iconic interfacing. IEEE Computer graphics and applications, 3 (02),11 - 20.

[70] Gittens D (1986). Icon-based human-computer interaction. International Journal of Man-Machine Studies, 24,519 - 543.

[71] Shen Z, Xue C, & Wang H (2018). Effects of users' familiarity with the objects depicted in icons on the cognitive performance of icon identification. i-Perception, 9(3),2041669518780807.

[72] Thellefsen M, & Friedman A (2023). Icons and metaphors in visual communication: The relevance of Peirce's theory of iconicity for the analysis of visual communication. Public Journal of Semiotics, 10(2). https://doi.org/10.37693/pjos.2023.10.24762.

[73] Alty J L, Knott R P, Anderson B, & Smyth M (2000). A frame-work for engineering metaphor at the user interface. Interacting with Computers, 13 (2),301 - 322. https://doi.org/10.1016/S0953 - 5438(00)00047 - 3.

[74] Wu X, Yan H, Jiaran N, & Gu Z (2022). Study on semantic-entity relevance of industrial icons and generation of metaphor design. Journal of the Society for Information Display, 30(3),209 - 223.

[75] Gentner D, Markman A B, 1997. Structure mapping in analogy and similarity. Am. Psychol. 52 (1),45e56.

[76] van Weelden L, Maes A, Schilperoord J & Cozijn R (2011). The Role of Shape in Comparing Objects: How Perceptual Similarity May Affect Visual Metaphor Processing. Metaphor and Symbol, 26(4),272 - 298.

[77] Rizvanoglu K (2010). Generating guidelines for choosing appropriate metaphors in GUIs through the analysis of cross - cultural understanding of metaphorical icons: An explorative study with French and Turkish users on an

e-learning site. Digital Creativity, 21(3), 173 – 185.

[78] Tsai C-Y (2017). Effect of graphic simplification and graphic metaphor on the memory and identification of travel map. International Journal of Industrial Ergonomics, 61, 29 – 36.

[79] Ma Q, Hu L, Xiao C, Bian J, Jin J & Wang Q (2016). Neural correlates of multimodal metaphor comprehension: Evidence from event-related potentials and time-frequency decompositions. International Journal of Psychophysiology, 109, 81 – 91. https://doi.org/10.1016/j.ijpsycho.2016.09.007.

[80] Hou G, Lu G. Semantic processing and emotional evaluation in the traffic sign understanding process: Evidence from an event-related potential study [J]. Transportation research, 2018, 59F(PT. A):236 – 243. DOI:10.1016/j.trf.2018.08.020.

[81] Dong Y, Zhang Y, & Ming C (2023, June). Analysis on the cognitive mechanism of semantic relevance of icons in industrial systems. In International Conference on Mathematics, Modeling, and Computer Science (MMCS2022) (Vol.12625, pp.43 – 49). SPIE.

[82] Wu J, Du X, Tong M, Guo Q, Shao J, Chabebe A & Xue C (2023). Neural mechanisms behind semantic congruity of construction safety signs: An EEG investigation on construction workers. Human Factors and Ergonomics in Manufacturing & Service Industries, 33(3), 229 – 245. https://doi.org/10.1002/hfm.20979.

[83] Schupp H T, Cuthbert B N, Bradley M M, Cacioppo J T, Ito T & Lang P J (2000). Affective picture processing: The late positive potential is modulated by motivational relevance. Psychophysiology, 37(2), 257 – 261. https://doi.org/10.1111/1469-8986.3720257.

[84] Schupp H T, & Kirmse U M (2021). Case-by-case: Emotional stimulus significance and the modulation of the EPN and LPP. Psychophysiology, 58(4), e13766. https://doi.org/10.1111/psyp.13766.

第七章

感官代偿：破除老年
用户感官障碍的设计赋能实证研究

　　"感知"是人们对世界认知的反馈，包括视觉感知、听觉感知、触觉感知。模态是人体与世界事物接触的主要途径，即为感官[1]。人们对于世界的认知是从"感知"开始的，其中听、视、嗅、触、味都是感知的结果，模态是人体与外部接触的主要途径，通过人类神经传输系统将感知和认知的各种刺激直接传输给大脑，从而使人体感受到事物的属性信息[2-5]。多模态是指多种感官的融合，多模态交互通过语音、视觉、动作、触屏等多种方式感知与物体（包括人、机器等）进行交互的行为，并试图以类似于自然交互的方式结合多种感官输入和输出渠道。

　　多模态技术作为无障碍与包容性设计中的解决方案，人们期待多模态能够提供一种比鼠标和键盘输入模式更自然、更强大、更灵活的交互形式，允许用户使用最适合他们的交互方式[6-9]。在理论研究方面，作者徐洁漪、席涛在《基于多模态感官理论的交互式数字艺术研究》对于多模态理论与交互数字媒体艺术创作较为清晰地描述两者间的内在逻辑，说明了基于人类五种感官和大脑认知的多模态感官理论在数字艺术的创作中起着举足轻重的作用[3]，并满足了艺术与科技的融合，多感官交互的未来发展趋势。郭梦瑶、徐进波、夏宇诚等学者们在《多模态交互方式的用户接受度研究》对于多模态交互过程中用户的自身体验，多模态相互配合的信息处理方式能够给用户带来更高效更优质的用户体验[4]。在实践方面,汪海波等人通过多模态识别技术、多模态信息融合技术建立信息反馈机制协同处理老年人感官信息,提高老年智能拐杖系统的可靠性,使用时间越久越能够结合用户的行为特征进行个性化设置[5]。国外关于老年人多模态研究表明,当老年人使用多模态相关技术来创建内容、积极与家人和朋友信息共享、信息搜索和学习时,他们会获得许多社会和认知益处[6,10-15]。Coelho 等人进行了一项基于电视的多模式 Facebook 原型研究帮助老年人更积极地参与社交活动。结果表明,该系统有可能增加老年人与其亲属之间的在线和离线社交互动[8]。老年人在一组手势和语音输入多模态设计选择中,习惯以冗余的方式组合不同的多模态交互。与年轻人相比,他们更喜欢手势优先命令,优先选择手势再选择语音[16-20]。

上述研究表明,多模态交互可以带给用户更好的交互方式,也可以帮助老年人更好地使用智能设备和参与社交活动。因此研究多模态对老年人交互的影响是有必要的,对改善老年人因感知觉退化造成的交互问题具有重要意义。

第一节 触控、语音、眼控：多模态 输入适老化设计研究

感官代偿是指人的某个感官退化或者受到损害时,其他感官功能会随之增强或者替代[12,21-24]。它最早起源于医学领域,是人体的一种自我调适机制。比如视觉障碍者可以通过听觉、嗅觉、触觉等来代偿视觉信息。将感官之间相互补偿的这一自然生理现象应用于设计中,不仅能使产品更容易被感官障碍者感知,也能充分锻炼其感官代偿功能,这就是感官代偿设计[13,25]。

以感官代偿为基础的适老化设计,也是解决老年人交互障碍问题的新途径[26-30]。不少学者人应用了多种感官代偿、心理代偿、运动能力辅助等代偿方法,提出以知觉为导向的功能认知适老化、以效用为导向

的行为交互适老化、以互动为导向的情感体验适老化设计策略与方法[31-38]。学者们分析了人的感知系统,将感官代偿融入到设计中,通过相关的产品来验证感官代偿是一个有效的设计方法[39-45]。亦有学者希望老年用户参与代偿设计之中,从感官出发体验产品,增加情感上的满足[46-50];在面向老年人的用户界面设计时,通过声音来增强交互,充分发挥老年人的感知优势,增强交互认知,提升产品的可用性[51,52]。目前国内感官代偿下的老年产品交互设计研究较少,且新的研究产出于近几年,在领域方面多应用于工业产品设计研究。国家已将软件改造推向实践阶段,缺少理论的研究往往导致实际改造效果受到其影响。感官代偿设计作为适老化、无障碍设计的新兴研究方向,针对软件产品进行理论创新与实践必不可少。

一、老年人多模态输入交互背景研究

触摸屏设备是一种不受物理按钮限制的交互模态,界面设计简洁便于用户操作[53]。触摸界面可以清晰显示和突出重点信息[53],若设计得当,能够有效地提升用户交互的速度[54]。但老年人因视觉和肢体灵活度的下降,难以精确点击触摸屏绝对的位置,时常出现错按的情况[55-56]。非接触式交互的出现,即语音、虚拟助手、手势、非接触式指纹和眼控等交互模态,为提升老年人交互效率提供了新的途径。以及它们能够减轻在大流行期间通过接触感染的可能性。

已有研究表明探索各种非接触式交互模态是有必要的,它们能够提高老年人的用户体验[57]。无接触交互被定义为一种不需要物理接触的交互方式。例如,语音作为一种无接触交互模态,它通过口头语言进行交互,不受视觉输入的影响能极大地减轻用户认知负荷[58]。这种方法提高了可及性,有助于视觉或运动障碍者使用语音完成日常工作[59]。然而,语音交互更快、更容易的前提是用户必须清楚自己的任务和目的,以及掌握与语音系统相关的基本交互逻辑[60]。为了防止系统误认,Jacob强调应选择易于系统识别的单词避免系统误认[61]。眼控交互作为另一种无接触交互方式，通过眼睛注视控制完成系统输入。它可以帮助用户定位物品，并进行连续和动态的观察，以确保清晰的视觉输入。眼控技术利用眼球运动进行快速、实时的操作，并消除不必要的手动触发过程[62]。所以对于行动不便的用户，眼球控制也能参与到系统中提高智能设备的可及性[63]。目前，眼控主要用于实验设置中，在静态刺激中提取参与者眼睛的相关注视数据[64]。然而，新型的非接触式交互模态对年轻人而言易于接受，但是否合适老年人还存在疑虑[65]。

随着数字技术的发展，医院自助系统预约、挂号对患者进行管理。中国约有 1100 家医院采用数字自助挂号设备来提高生产力[66]。研究表明，数字技术在医院的广泛使用对老年人并不友好，在如何使用登记设备和支付医院就诊费用方面出现了许多的问题[67]。在大流行环境中，COVID‐19 容易通过空气中的飞沫和直接接触被污染的表面传递给人类[68]。人们通过接触存在病毒的区域而被感染[69]。因此，在解决智能设备使用问题的前提下，探索适宜的接触式及非接触式交互方式，是提升数字自助服务平台效率，减少大流行感染发生的可用方案。本节旨在实现以下目标：

（1）对不同年龄组输入模态进行对比（触摸、语音和眼控）；

（2）确定在大流行和非大流行环境中，不同年龄段用户使用接触式交互（触摸）和非触摸式交互（语音、眼控）的最佳选择。

人的表现在不同交互模态中是不一致的，认知负荷和任务表现是影响模态选择的重要因素之一。Ferron 等人[70]比较了用户在语音、隔空手势和触控输入中的任务表现和认知负荷。语音和触控比隔空手势的任务表现更好。由于隔空手势操作流程复杂，需要较高的认知负荷和冗长的动作。Angelini 等人[71]发现，手势、语音和触控输入在感知可用性、认知负荷和任务表现方面是相当的。语音（关于心理需求）与触控（关于任务完成时间）在任务表现上的优势已经被发现。关于老年人的一项鼠标、触摸屏和眼控输入研究发现，鼠标输入的任务完成时间最长，任务表现最差，老年人使用触摸输入时任务表现最佳，眼控输入的运动需求较小，产生的认知负荷较高[72]。综上所述，交互输入模态在感知可用性、认知负荷和任务表现方面都具有可比性。

1. 老年人触控交互研究

老年人在处理信息细节、准确移动和及时控制的能力减弱,导致他们很难满足点击和移动等运动要求[73-74]。例如,当触控屏幕较小时,点击按钮的尺寸必须大于 30 像素,老年人才能够成功地点击和拖动物体[75]。老年人比年轻人更难使用触控点击,易造成无效触控[76]和无意识触控[77]。他们更倾向于使用像按下物理按钮一样有感知和反应的虚拟按钮。在文本输入过程中,键盘按键在小屏幕中呈现区域小,老年人在输入过程中出错率高且文字输入速度慢[78]。为了便于老年人阅读,以及鼓励他们与智能设备交互,Ali 等人[79]发现大的屏幕、界面图形和按钮尺寸能够高效地显示信息。Murata 和 Iwase[80]在探究老年人触摸屏上理想按钮尺寸和间距的研究,提倡使用大于 16.5 毫米的触摸按钮。然而,大屏幕的设计组件分布较广,用户在搜索过程花费的时间较长,容易导致认知负荷过载和错误点击[81]。总之,前人研究表明大屏幕比小屏幕更有利于用户操作,但老年人因身体机能的逐渐退化,在进行缩放和移动等行为时使用效果较差。

2. 老年人语音交互研究

语音交互提升了老年人对智能设备的使用信心和接受能力。Kaufman 等人[82]发现老年人更喜欢语音用户界面(VUI)而不是图形用户界面(GUI)。VUI 更加易于识别并且提供了一个介绍性交互来增强可用性。对于有视觉障碍的老年人,使用 VUI 可以减少视觉搜索。例如,Mhaidli 等人[63]使用语音交互帮助视觉障碍者朗读文本界面信息,通知网页上的状态变化。综上所述,研究者们肯定了语音交互界面应用于老年交互中的可行性,有利于改善他们的用户体验。然而,语音交互受环境的影响,它是否适合于医疗信息环境中的老年人,以及提高老年人的任务表现和可用性还有待深入研究。

3. 老年人眼控交互研究

眼控交互作为另一种非接触式的交互模态,取决于计算机交互的凝视行为。例如,用户需要设备捕捉眼球停留的位置与时间来锁定目标[83]。研究人员试图通过设定不同的凝视时间来作为信息选择的参考指标，探究时间对用户体验的影响[84]。眼控交互也可以通过注视实现信息输入[85-86]。已有研究发现注视在交互效率方面比眨眼更有效，不易导致错误操作[87]。Rosado 对两种不同的注视模式（滑动注视和扫视注视）的评估发现，扫视表现出最高的准确率，并以每次眼睛扫视约 1.5 至 2.5 秒的速度完成[88]。然而，眼控交互也会随着注视时间的增加造成眼睛疲劳和负担加重，导致过高的认知负荷[87]。

二、老年人多模态输入交互的差异性设计研究

1. 老年人触控、语音和眼控输入模态的研究问题

已有研究表明非接触式交互可以减少用户的认知工作量，提高可及性。然而，触摸输入是否适合身体协调能力逐渐降低的老年人？以及新型的无接触交互方式是否能够增强老年人交互是值得商榷的。因此，本段旨在回答以下三个研究问题：

（1）触控、语音和眼控输入模态如何影响用户的任务表现和认知负荷？

（2）如何选择适合于特定用户年龄组的输入方式？

（3）接触式交互（触控输入）或非接触式交互（语音和眼控输入）在大流行和非大流行环境中对不同用户的适用性有何影响？

2. 老年人触控、语音和眼控输入模态的实验参与者

本实验共招募了 42 名参与者，他们的年龄范围如下：年轻组（18 至 54 岁），初老组（55 至 60 岁，包括但不限于 55 岁），以及老年组（60 岁及以上）。实验要求每位老年用户能够独立完成任务。以及所有参与者都是右手利。此外，通过使用中文版的功能性视觉筛查问卷（FVSQ）（1991 年），在参与者中进行视力和听力能力测试，以进行筛选。其中排除了 5 名患有白内障和青光眼等眼部疾病或接受过眼部手术的参与者。5 名参与者因眼球追踪失败导致获得无效数据而被排除。参与者被允许佩戴他们的日常助视器，以确保他们能看清晰。所有参与者的

视力为 1.0,听力能力为 25 分贝或以下[89-90]。最后,32 名参与者完成
了实验。且每位参与者都拥有三年及以上使用智能手机的经验。

32 名健康参与者被分为三个年龄组:年轻组 12 人(6 名女性和 6
名男性),平均年龄为 22.83(SD=1.528);初老组 10 人(5 名女性和 5
名男性),平均年龄为 56.7(SD=1.494);老年组 10 个人(5 名女性和 5
名男性),平均年龄为 64(SD=3.127)。年轻组中包括本科生和研究
生,老年组为学校在职或退休的员工(图 7.1)。在实验进行前已经获得
了所有参与者的知情同意。

图 7.1　参与者实验图

3. 老年人触控、语音和眼控输入模态的实验材料

本实验采用网络研究和实地调研的方式,分析了中国医疗自助服
务系统的界面,并以一个医疗自助服务系统的标准界面作为实验材料
(图 7.2)。

4. 老年人触控、语音和眼控输入模态的实验设计

实验采用了 3(输入模态)×3(年龄组)的组内实验设计来评估输入
模态和年龄对任务表现和认知负荷的影响。输入模态被分为三个水
平:触控、语音和眼控。年龄被分为三个水平:年轻组、初老组和老
年组。

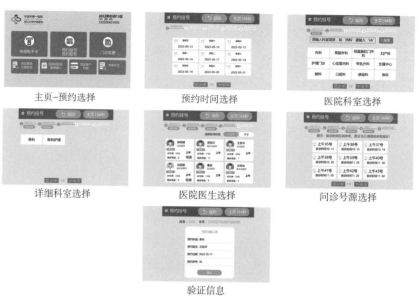

主页-预约选择　　　　预约时间选择　　　　医院科室选择

详细科室选择　　　　医院医生选择　　　　问诊号源选择

验证信息

图 7.2　实验材料图(对应于实验任务)

　　任务表现是以完成任务的时间来评估；客观的眼球跟踪指标和主观的美国国家航空航天局任务负荷指数(NASA－TLX)量表评估认知负荷。反映认知负荷的眼动追踪指标是总注视时间和总注视点个数。感兴趣的区域(AOIs)是根据眼动追踪研究中的相关区域或目标预先定义。总注视时间是一个与注意力分布相关的指标，反映了用户在兴趣区内(AOIs)注视停留的时间[91]。注视时间越长，说明提取目标信息越困难[92]。总注视点个数是指位于目标 AOIs 内用户注视点的数量。总注视点个数越多，搜索任务中识别目标的难度越大，认知负荷越高[93]。固定是眼睛在一定时期内的相对静态的状态，眼睛视觉稳定在某一位置，从而使视觉系统能够获得物体的细节。可测量的注视持续时间至少为 60ms，注视速度不超过 $30°/s$[94]。认知负荷是用 Hart 和 Staveland[95]开发的 NASA－TLX 量表来测量。NASA－TLX 量表项目按 20 分制评分(0＝低，20＝高)。精神需求、身体需求、时间需求、表现、努力和挫折等分量表结合起来，形成 NASA－TLX 综合工作量分数(0 分＝低，100 分＝高)[96]。

5. 老年人触控、语音和眼控输入模态实验设备与程序

（1）系统建设的硬件环境

眼控输入通过 Tobii Pro Spark 眼球追踪设备进行，如图 7.3(a)所示。该眼控设备适用于各种环境下注视行为的科学研究。它为头部运动提供了极大的自由度，让用户在记录过程中摇晃时保持一致的准确性和精确性。Tobii Pro Spark 设备可以安装在显示器、笔记本电脑或其他设备上进行眼控输入。使用 24 英寸 IPS 无边框触摸屏显示器实现触控输入，图 7.3(b)。该显示器支持全高清 1080p 显示，最大分辨率为 1920×1080(16∶9 长宽比)。

数据采集设备为 Tobii Pro Spectrum 眼动仪 55 厘米×18 厘米×6 厘米/22 英寸×7 英寸×2 英寸，图 7.3(a)。这种高性能的眼球追踪器能够以高达 1200 Hz 的采样率获取眼球追踪数据。该设备使用视频来记录参与者的动作数据，并使用红外线来捕捉参与者眼睛数据。实验中使用了触控显示器和 Tobii Pro Spectrum 设备的组合，如图 7.3(b)所示。

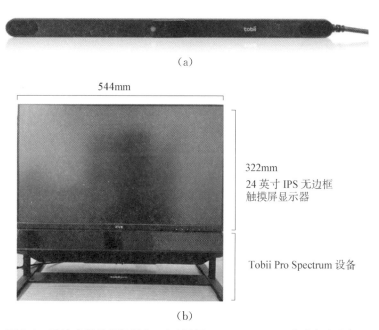

(a)

(b)

图 7.3 系统建设的硬件设备。(a)显示 Tobii Pro Spark 眼球追踪设备，(b)显示 24 英寸 IPS 无边框触摸屏显示器和 Tobii Pro Spectrum

（2）系统建设的软件环境

本实验使用 Visual Studio 2022 用于 C♯ 程序编译和调试，Unity Hub 用于交互系统开发，Tobii Experience 用于视线跟踪校准，Adobe Illustrator/Photoshop 用于图标制作和界面设计。上述所有的软件都部署在 Windows 10 操作系统上。触控和眼控系统可以自动生成，参与者触摸点击显示器完成触控输入。眼控输入是一个由眼睛注视触发的系统，已有研究表明眼睛触发系统最佳的停留时间为 600 毫秒[97]。因此，本实验中触发眼控系统的固定时间为 600 毫秒。语音输入采用了绿野仙踪的实验方法，在被试使用语音输入任务后，实验主试人员手动点击跳转至下一界面。绿野仙踪实验法是主试人员在主模拟器上进行操控，参与者正常地与智能设备进行交互，其效果如同系统自动进行一样[98]。

6. 老年人触控、语音和眼控输入模态实验流程

实验室为一个封闭的环境，没有外窗，光线恒定。参与者被要求舒适地坐在显示屏幕前。他们的眼睛与屏幕之间的距离约为 65 厘米至 75 厘米，视觉角度为 28.16°×28.16°。在进行正式实验之前，为了每位参与者熟悉三种不同的模态交互设计了练习的环节。每位参与者通过完成医院部门搜索任务来练习使用三种不同的输入模态。该训练任务区别于正式任务，不会让参与者在正式实验中产生熟悉效益。且训练一直持续到参与者熟悉每种交互模态为止。实验开始前，参与者被要求回答一份关于他们年龄、教育背景和使用智能手机经验的问卷。此外，还采用了视觉和听觉能力测试来筛选参与者。随后，Tobii Pro Spectrum 设备开始眼球校准并记录数据。

实验分为两个阶段：执行任务和填写量表。首先，参与者按照显示屏上的指示，使用触控、语音和眼控三种模态分别完成七项医疗预约任务，如表 7.1 所示。其次，在使用一种交互模态完成七项医疗预约任务后，参与者被要求完成该模态的 NASA - TLX 量表[95]。例如，使用触摸完成任务后，参与者被要求完成触摸的 NASA - TLX 量表。测试交互模态的使用顺序是通过平衡拉丁方阵确定，这样在所有参与者中，每种模式在其他模式之后呈现的次数相等,以减少顺序效应的可能性。在统一的屏幕亮度和环境光线下,每位参与者完成所有测试的时间为 20 至 30 分钟。

表 7.1　实验任务内容安排

任务	触控	语音	眼控
预约选择	预约挂号	预约挂号	预约挂号
预约时间选择	2022 - 5 - 17	2022 - 5 - 13	2022 - 5 - 12
医院科室选择	骨科	皮肤科	胃肠外科
详细科室选择	骨科护理	皮肤激光科	胃肠外科护理
医院医生选择	王哲洋医生	朱红明医生	谢建明医生
问诊号源选择	上午 36 号	上午 48 号	上午 31 号
验证信息	确认	确认	确认

7. 老年人触控、语音和眼控输入模态实验数据分析

实验数据采集设备 Tobii Pro Spectrum 眼球追踪器的采样率为 1200 赫兹,精度为 $0.3°$,精确度为 $0.1°$。通过设备采集的眼球运动数据包括总注视时间和注视点个数。本实验共收集了 96 个视频数据和量表。在进行进一步分析之前,每个实验视频在任务界面中兴趣区 AOIs 的数据根据任务定义(图 7.4)。在图 7.4 中,(a)代表触控输入界面,黄色区域是任务的 AOIs;(b)代表语音输入界面,紫色区域是任务的 AOIs;(c)代表眼控输入界面,绿色区域是任务的 AOIs。通过比较参与者在交互界面上的总注视时间和总注视点个数,研究参与者对不同交互界面的处理水平。所有的数据都通过重复测量方差分析进行分析。SPSS 19.0 被用来分析上述结果,$p < 0.05$ 被设定为显著性水平。在进行方差分析之前,对每个条件的正常数据分布进行了检查。此外,还进行了 Mauchly's 球形检验,以校正不同输入模态和不同年龄组用户重复测量方差分析的结果。

预约挂号　　　2022-5-17　　　骨科　　　骨科护理

王哲洋医生　　　上午 36 号　　　确认

（a）

预约挂号　　　2022-5-13　　　皮肤科　　　皮肤激光科

朱红明　　　上午 48 号　　　确认

（b）

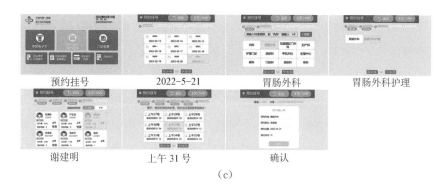

预约挂号　　　2022-5-21　　　胃肠外科　　　胃肠外科护理

谢建明　　　上午 31 号　　　确认

（c）

图 7.4　不同交互模态的兴趣区 AOIs 划分区域。(a)显示触摸交互界面的 AOIs 区域，(b)显示语音交互界面的 AOIs 区域，(c)显示眼控交互界面的 AOIs 区域

三、老年人多模态输入交互实验结果

在这项实验中，认知负荷是通过主观的 NASA－TLX 量表和客观

的眼动追踪指标评估。NASA - TLX 量表按 20 分制评分(0=低,20=高)。根据六个子量表的平均分相加得到一个总的工作量分数:精神需求、身体需求、时间需求、表现、努力和挫折程度。眼动追踪指标是总注视时间和注视点个数。

1. 多模态输入之间具有不同认知工作量

(1) 老年人使用眼控需要付出大量认知工作量

主观 NASA - TLX 量表被用于测量认知工作量,其中年轻人在使用触摸时认知工作量最低,老年人在使用语音时认知工作量最低。重复测量方差分析结果表明,年龄($F=8.227, p=0.003, \eta p^2=0.478$)和输入模态($F=4.367, p=0.028, \eta p^2=0.327$)对认知工作量的影响显著。如表 7.2 所示,年龄和输入模态对认知工作量的交互效应边缘显著($F=2.259, p=0.082, \eta p^2=0.201$)。该数据表明,老年人需要付出较大的认知努力来完成任务。语音的认知工作量最低,而眼控的认知工作量最高。

表 7.2 年龄与输入模态的主观认知负荷方差分析结果

	平方和	自由度	F	p	η_p^2
年龄	143.342	2	8.227	0.003**	0.478
输入模态	50.891	2	4.367	0.028*	0.327
年龄 x 输入模态	65.861	4	2.259	0.082	0.201

注: * 表示 $p<0.05$, * * 表示 $p<0.01$, * * * 表示 $p<0.001$

各种条件组合之间的表现有显著差异。通过多重比较(图 7.5)显示,年轻人在完成任务时的总认知工作量最低,触控是他们认为最容易的输入模态(SD=5.74±1.181),显著比眼控(SD=9.33±0.551)和语音(SD=8.28±0.526)更容易。对于初老组,认知工作量的结果显示,语音(SD=4.6±0.638)明显比眼控(SD=7.52±0.714)容易。触控(SD=5.5±1.084)比语音(SD=4.6±0.638)需要更多的认知努力,但差异并不显著。对于老年组,三种方式所需的认知努力相似:触控(SD

＝9.39±0.966)，语音(SD＝8.51±1.039)和眼控(SD＝8.9±0.960)。总的来说,所有用户在使用眼控输入时都需要较大的认知努力,因为眼控输入需要人们长时间地将注意力集中在屏幕上。年轻组使用触控输入的认知工作量最低。语音交互适合于初老用户,因为它产生的认知负荷最低。无论采用何种输入模态,老年组的认知负荷最高,需要付出许多的努力来完成任务。

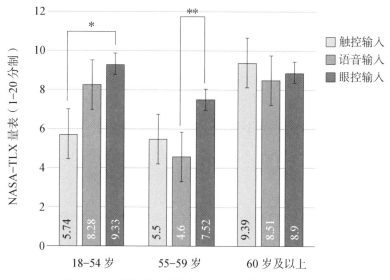

图 7.5　年龄和交互模态的主观认知负荷多重比较图

（2）所有用户使用语音交互的认知负荷较低

实验结果显示,年龄($F＝11.695,p<0.001,\eta_p^2＝0.626$)和输入模态($F＝52.293,p<0.001,\eta_p^2＝0.882$)对兴趣区 AOIs 的总注视点个数有显著影响(表 7.3);年龄与输入模态对兴趣区内的注视点个数存在显著的交互效应($F＝3.945,p＝0.001,\eta_p^2＝0.360$)。注视点个数随年龄的增长而增加,因此老年人在完成任务时的注视点个数最多。在所有用户中,语音输入的注视点个数最少,而眼控输入的注视点个数最多。

表 7.3　年龄与输入模态的总注视点个数方差分析结果

	平方和	自由度	F	p	η_p^2
年龄	5022.25	2	11.695	0.001**	0.626
输入模态	12774.25	2	52.293	0.000***	0.882
年龄 x 输入模态	2778.75	4	3.945	0.012*	0.360

注：* 表示 $p<0.05$，** 表示 $p<0.01$，*** 表示 $p<0.001$

交互效应结果（见图 7.6）表明，年轻组使用语音输入时的注视点个数最少（SD＝13±1.052），明显低于眼控（SD＝25±3.442）和触控（SD＝16±1.931）。眼控输入的注视点个数最多（SD＝25±3.442），明显高于触控（SD＝16±1.931）。初老组使用眼控输入时的注视点个数最多，明显高于语音（SD＝18±3.805）和触摸（SD＝29±4.057）。老年组在使用语音输入时的注视点个数最少（SD＝15±2.698），明显低于触控（SD＝34±5.192）和眼控（SD＝64±6.964）。

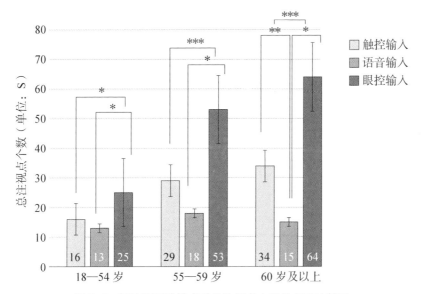

图 7.6　年龄和互动模式对总注视点个数的多重比较图

综上所述，在所有用户中眼控输入的注视点个数最多（SD＝47.333

± 1.886)，而语音输入(SD=15.208±1.560)的注视点个数最少。尤其对于老年组，他们在使用眼控完成任务时，注视点个数最多。这表明老年组在使用眼控搜索和识别任务目标时感到困难，需要较高的认知负荷。所有参与者使用语音的注视点个数最少，表明使用语音完成任务最容易。

（3）所有用户使用语音交互的视觉搜索时间最短

Tobii Pro Spectrum 设备测量了年龄和输入模态的总注视时间，以评估年龄和输入模态如何影响认知负荷。结果显示，年龄($F=8.127$，$p=0.012$，$\eta p^2=0.67$)和输入模态($F=287.814$，$p<0.001$，$\eta p^2=0.986$)显著影响了总注视时间。年龄和输入模态的交互效应也存在显著差异($F=3.223$，$p=0.04$，$\eta p^2=0.446$)(见表 7.4)。总注视时间随着年龄的增长而增加。语音输入的总注视时间最短，而眼控输入的总注视时间最长。年龄和输入模态影响了客观认知负荷，从而导致总注视时间的增加。

表 7.4 年龄与输入模态的总注视时间方差分析结果

	平方和	自由度	F	p	η_p^2
年龄	215.886	2	8.127	0.012*	0.67
输入模态	1782.994	2	287.814	0.000***	0.986
年龄 x 输入模态	129.286	4	3.223	0.04*	0.446

注：* 表示 $p<0.05$，* * 表示 $p<0.01$，* * * 表示 $p<0.001$

多重比较结果(图 7.7)显示，在年轻组中，眼控输入的总注视时间(SD=13.83±2.097)显著高于触控(SD=5.758±0.6)和语音(SD=4.556±1.023)。对于初老组，语音输入的总注视时间最低(SD=5.116±0.934)，显著低于触控(SD=8.764±0.593)和眼控(SD=20.676±0.934)。老年组与年轻组一致，眼控输入的总注视时间最高(SD=24.772±1.687)，显著高于语音(SD=6.414±0.931)和触控(SD=8.806±1.142)。在三种交互模态中，总注视时间随着年龄的增长而增加。高龄组的总注视时间最长,在任务中提取目标信息的难度更大,对目标的视觉敏感性更低。所有参与者语音输入时的总注视时间最低,所需认知负荷最低。在触控输入模态中,初老组和老年组的总注视时间相似,说明他们在触控输入时从兴趣区 AOIs 中提取目标信息比较困难。

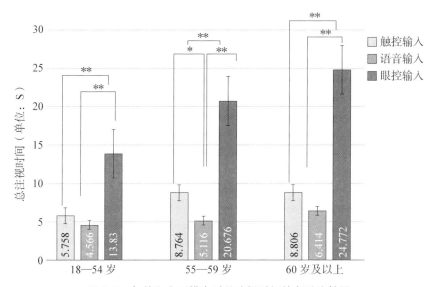

图 7.7　年龄和交互模态对总注视时间的多重比较图

2. 语音输入的任务表现最佳

Tobii Pro Spectrum 设备被用于测量任务完成时间。本实验从任务完成时间的角度调查了任务表现。年龄($F = 4.686, p = 0.02, \eta_p^2 = 0.342$)和输入模态($F = 94.963, p < 0.001, \eta_p^2 = 0.913$)显著影响任务完成时间(表 7.5)。年龄和输入模态对任务完成时间的交互效应无显著差异($F = 1.282, p = 0.295, \eta_p^2 = 0.125$)。任务完成时间随年龄增长而增加。使用语音输入完成任务的时间最长;触控和眼控的任务完成时间无显著差异。

表 7.5　年龄与输入模态的总任务完成时间方差分析结果

	平方和	自由度	F	p	η_p^2
年龄	5635.932	2	4.686	0.02*	0.342
输入模态	22074.39	2	94.963	0.000***	0.913
年龄 x 输入模态	276.991	4	1.282	0.295	0.125

注: * 表示 $p<0.05$, * * 表示 $p<0.01$, * * * 表示 $p<0.001$

多重比较的结果(图 7.8)显示,年轻组眼控输入完成任务的时间最短(SD = 47.232±2.258),显著短于语音完成任务的时间(SD = 105.146±7.507)。语音(SD = 105.146±7.507)完成任务的时间最长,显著长于触控(SD = 50.886±1.964)。初老组触控输入完成任务的时间最短(SD = 57.115±3.106),显著短于语音完成任务的时间(SD = 103.791±6.107);使用语音完成任务的时间最长(SD = 103.791±6.107),明显长于眼控(SD = 61.124±5.306)。老年组的结果与初老组的结果基本一致。语音输入完成任务的时间(SD = 113.525±9.727)最长,显著长于使用触控(SD = 71.184±5.256)和眼控(SD = 75.604±

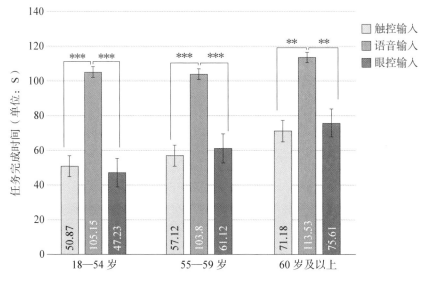

图 7.8　不同年龄段和交互模态的总任务完成时间多重比较图

5.593)完成任务的时间；触控（SD＝71.184±5.256）和眼控（SD＝75.604±5.593）之间没有显著差异。综上所述，在所有年龄组中语音输入完成任务的时间比其他输入模态完成任务的时间更长。综合其他指标的结果表明，语音可以帮助人们轻松地完成任务，但需要付出更长的任务完成时间作为代价。此外，年轻人眼控输入完成任务时表现最好，效率最高；老年人触控输入完成任务的时间最短，但认知努力程度比语音更高。

四、老年人多模态输入交互设计分析

1. 输入模态对认知负荷和任务表现具有影响

实验结果表明，眼控输入对用户的认知负荷要求最高。因为眼控需要更高的视觉注意力和记忆力[72]，导致了更高的认知负荷。此外，眼控需要复杂而持续的注视运动来执行复杂的操作任务，所以它比语音和触控需要更高的认知负荷[97]。语音所需的总注视点个数最少，总注视时间也最短。与眼控和触控输入相比，用户在使用语音完成任务时从 GUI 中提取目标信息的总注视时间最短。用户只需观测来自屏幕的反馈，形成了较短的注视时间和较少的认知努力[99]。这与前人的研究一致，语音可以有效减少用户与界面交互时的眼球运动[100]。语音输入也简化了界面设计，减少视觉搜索所需的认知努力，并增强了参与者积极的用户体验[82]。同时，先前的使用经验决定了用户对语音和触控输入的熟悉程度。这种先前经验使用户能够快速、直观地与智能设备交互，并增强了用户对交互的沉浸式感知[101]。因此，在认知负荷方面，语音模态受到了参与者的高度青睐。

任务完成时间表明了用户信息处理的效率[102]。实验发现，输入模态显著影响了任务完成时间，这与前人研究一致[103-104]。在界面交互的背景下，用户使用触控和眼控与智能设备交互的过程步骤非常相似，即点击或注视控制界面。在触控和眼控中使用适当的字体大小、颜色对比和界面设计可以提高用户交互的效率[105]。语音通过提供交流式反馈改善了用户体验,但语言文字的长度和速度导致了任务完成时间较长。Saktheeswaran 等人[106]也表明语义表达的复杂性和语音速度影响了语音交互中双向交流的有效性。因此,当用户需要使用快速输入模态节省任务时间时,建议使用触控和眼控输入模态。用户为了获得更好的主观体验和简易操作时建议使用语音输入。由于语音操作比较简单和便捷更适合老年人。

2. 适合不同用户年龄组的输入方式

认知负荷随年龄增长而增加。与年轻人相比,老年人从系统界面中提取信息的难度更大,他们对目标信息的视觉敏感度更低,付出的认知努力和工作量更高。随着人们年龄的增长,短期记忆会降低,流动智力也在下降。因此,老年人学习和操作智能设备变得困难[107]。使用语音完成任务时,初老和老年人付出认知负荷最低。年轻人在使用触控和语音时的认知负荷最低。语音是老年人减少对图形界面依赖的一种自然方式[108]。它提供了清晰的信息、语音的提示和反馈,让老年人更容易操作[109]。触控是年轻人众所周知且长期使用的一种输入模态,他们认为触控更方便快捷[58,110]。因此,建议初老和老年人使用语音输入,以减少他们在视觉搜索过程中的认知负荷,推荐年轻人使用触控输入。

在任务表现方面,使用触控和眼控输入模态完成任务时,年轻人的表现优于初老和老年人。由于老年人在系统操作过程中经常发生重复和错误触发系统,任务完成的时间更长。以及随着年龄的增长,认知记忆和运动技能下降[111],导致完成任务的能力有所下降[112]。年轻人对智能设备比较熟悉,而老年人却不熟悉。然而,对智能设备操作的熟悉度是发展心理模型和提高交互效率的关键[113-114]。年轻人在使用眼控完成任务时表现最好,效率最高。视觉渠道是获取信息的主要感知渠道,眼睛注视被认为是衡量注意力和意图的最好方法之一[97]。然而,与年龄有关的认知退化,屏幕上不相关的设计元素可能会分散老年人的注意力,延长任务完成时间[115]。

3. 不同年龄段输入方式的适宜性

基于输入模态对不同用户组认知负荷和任务表现的影响,得出不同年龄组在认知负荷和任务表现下最佳输入模态的选择。表7.6列出了在不同环境下选择不同输入模态的建议。以及在实践中,设计者可以根据主观和客观结果,判断不同年龄组和交互环境来考虑广泛的因素。例如,在大流行环境中,在医疗自助服务系统背景下,应该优先考虑非接触式交互(语音和眼控)。

表7.6 各种情况下实施输入模态的建议

年龄组	主客观指标	大流行环境	非大流行环境
年轻组	任务完成时间	眼控	触控
	认知负荷	语音	触控
	主观评价	语音/眼控	触控
	综合	语音/眼控	触控
初老组	任务完成时间	眼控	触控
	认知负荷	语音	语音
	主观评价	语音	触控
	综合	语音	触控
老年组	任务完成时间	眼控	触控
	认知负荷	语音	语音
	主观评价	语音	语音
	综合	语音	语音

本节从主客观认知负荷和任务表现方面探究了触控、语音和眼控输入在医疗自助服务系统中的影响。三种输入模态的主要影响被汇总起来,以获得可供设计师参考的设计指南,旨在帮助研究人员根据不同环境和人群的需求来选择适合的输入模态。

第二节 视觉与听觉:交互反馈适老化设计研究

前文对老年人在医疗自助服务系统中使用触控、语音和眼控三种输入模态进行研究。结果发现单一的输入模态交互研究并不是解决老年交互障碍的最佳方法，老年人在界面操作过程中也需要界面提供及时和有用的输出反馈。因此，本节探讨在触控和眼控输入模态交互下，适合老年人的视觉和听觉输出反馈。

一、适合老年人的输出反馈设计研究

除了传统的交互方式外，用户利用不同的感官通道与系统进行多模态交互[116-117]。在人机交互（HCI）中，多模态交互发挥着重要作用，它影响了人们的交互表现和用户体验[118]。多模态界面比单模态界面更受用户欢迎，因为它具有更好的灵活性和可靠性，满足不同用户使用不同模式和偏好的需求[119]。多模态交互分为输入和输出技术，其中研究较多的是输入技术，如语音、手势识别和触控输入，而多模态输出研究集中于多媒体和可视化因素。多模态交互研究的目标是开发技术、交互方式和界面，消除对人机交互可能的限制。然而，当信息以多种方式呈现时，也会对用户造成信息冗余，降低交互效率。因此，需要进一步研究多模态输入和输出之间的最佳组合以充分了解多模态交互在智能设备中的正确应用。

输出模态的交互反馈在界面中发挥着重要作用，交互反馈是移动应用程序界面中重要的设计因素，有助于创建可用且舒适的界面[120]。反馈能为用户提供操作指导和帮助[121]。其中反馈方式包含视觉反馈、听觉反馈、触觉反馈、运动反馈等。视觉反馈能加强用户的控制感知，缓解等待焦虑，减少交互失误。Fang 等人[122]发现视觉反馈为用户提供了更多的控制感知。在等待界面中的三种视觉反馈（条形指示器、饼图指示器和卡通指示器），Chen 和 Li[120]发现卡通的视觉反馈可以帮助用户减少对等待时间的感知。Eisma 等人[123]调查增强感知控制视觉反馈对参与者工作量、表现和视觉注意力的影响，其中视觉反馈减少了工作负载，提升了准确率。因此，有效的视觉反馈能够增加用户的交互效率。响应时间是人以技术为媒介交互中的重要线索，也是网站和移动应用程序可用性的关键因素[124]。用户在交互时对系统响应时间有一定的期望,当系统无法满足用户的期望时,用户会降低对系统的满意度。因此,探究在输出模态中合适的视觉反馈和响应时间至关重要。

在眼控系统中,听觉反馈所提供的声音线索易于辨认,有助于提高用户的任务绩效。在引入听觉反馈代替触觉反馈的研究中,听觉比触觉更易于用户感知并提高任务绩效,是非接触交互方式的必要补充[125]。在眼控系统中声音作为交互指令的一种反馈,它帮助用户提高眼控操作的准确度和效率[126]。在触摸屏文本输入过程中,听觉反馈提高了系统可用性和用户体验。例如,Park[127]等人发现用户编写文本消息和访问邮件时,听觉反馈能提升文本输入效率,并且有助于用户轻松地识别不同图标和功能,进一步优化用户体验。添加声音反馈提高了用户在遥控器触控屏界面的可用性[128]。听觉反馈作为交互系统中的必要方式,能够提高交互效率和系统的可用性。

二、老年人输出反馈和响应时间交互设计研究

1. 视觉反馈输出交互研究

视觉反馈是用户确认计算机工作状态的直接途径,赋予屏幕上静态元素以生命。用户在操作按钮时,需要获得系统的反馈。尤其对于老年人,与系统界面交互时若没有任何的反馈会容易感到困惑和无措。视觉反馈主要包括颜色变化(背景颜色、色调、亮度和饱和度)、按钮变化(按钮变大、边界变厚和闪烁)。在研究中人们通常关注这些视觉变量对用户产生的影响。例如,Choi 和 Suk[129]发现暖色色调最吸引人,高饱和度的鲜艳色彩,以及前景和背景之间的高对比度关注度最高。Yeh 等人[128]研究表明,点击图标时背景颜色变化能有效缩短任务完成时间;当图标的亮度值高于 16%,饱和度区间为 73%—81%时搜索效率最高[130];黑色/红色和白色/蓝色按钮图标的搜索时间最短,按钮边框闪烁的搜索时间比按钮符号闪烁的搜索时间更短[131];用户使用中号到大号(17.5 毫米及以上)方形按钮的交互表现最佳[132]。视觉反馈可

以帮助用户在交互阶段了解系统的功能、状态和结果，且能够提高搜索效率。然而，视觉反馈研究多集中于颜色的色调、亮度和饱和度，对视觉按钮反馈的研究涉及较少。由于老年人随着年龄的增加，视觉敏感度逐渐降低，简单的颜色反馈无法完全改善他们对界面按钮图标的识别。

2. 响应时间输出反馈研究

应用程序界面系统的反馈与响应时间息息相关。系统的响应时间是从用户输入命令到计算机开始在显示屏上显示结果的秒数[133]。响应时间模型图(图 7.9)表示响应时间与用户输入命令、系统开始响应以及系统响应时间有关。命令投射到显示屏上的输出反馈须在有限时间内发生，延迟的响应时间会增加用户的认知负荷，降低工作效率。Bouch 等人[134]研究表明超过 10 秒的延迟响应是不令人满意的，用户可能认为系统卡顿且效率低下。当延时保持在 1 秒内，用户认为系统是响应和在线的[135]。Galitz[121]也认为短于 1 秒的响应时间可以提高生产率，是用户的首选。响应时间与用户的记忆负荷有关，短时记忆存在时间上限，响应时间短有助于降低短时记忆负荷[136]。综上所述，延迟超过 1 秒会增加错误率并降低用户满意度。1 秒内的响应时间对用户的交互效率和体验具有重要作用。因此，本研究侧重于探索"系统开始响应"和"系统完成响应"之间最佳的 1 秒内系统响应的具体时间。

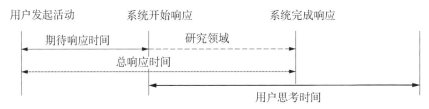

图 7.9　响应时间模型(改编自 Shneiderman 等人[133])

3. 听觉输出反馈研究

听觉反馈主要包括基于语音或非语音的两种提示方式。语音的听觉反馈为文字转语音，它由计算机处理、记录、播放或合成。语音的听觉反馈传达速度缓慢且转换形式有限。非语音的听觉反馈由环境声音、音乐或不同的人工声音形成[137],常见的非语音听觉反馈为听觉图标、耳标(earcons)和矛标。与语音的听觉反馈相比,它传达信息的时间更短[138]。听觉图标是物体、功能和事件的音频代表[139]。它是自然事件所产生的具有代表性声音,如打字的声音可以代表打字输入或打字机;Brewster 等人[140]将耳标定义为"抽象且用于结构组合的基于铃声、音乐和人工声音等合成声音,并向用户传达有关实体、过程或交互的信息";矛标指当文本转换的语音被加速到不能被识别或识别为语音极限时产生的非语音听觉反馈[141]。

已有研究表明,语音的听觉反馈形式自然,在系统和老年用户之间建立积极的情感关系,提高了老年人的接受度和用户体验[142]。在听觉反馈中与耳标和矛标等其他非语音反馈相比,听觉图标可以更清晰地表示界面中的各种物体或事件,因为语音来源于事物原本自然发生的声音。所以它通常不需要额外的训练,易于理解和识别。听觉图标来自事件的独特声音,辨识度和隐私程度较高[143]。然而,用户需要清晰了解事件和听觉图标之间的联系。相对听觉图标而言,语音听觉反馈的信息传递较慢。由于触控和眼控输入方式不同,与两种听觉反馈方式的适配存在差异,因此本研究将探究语音和非语音在老年人触控与眼控交互中的最佳方案。

三、交互系统构建和研究模式

1. 系统构建的硬件环境

本研究使用了 Tobii Pro Spark 眼动仪设备进行眼控输入,如图7.10a 所示。该眼控输入设备适用于基于各种环境下注视行为的科学研究。它为用户的头部运动提供了极大的自由度,让参与者在记录过程中摇晃时保持一致的准确性和精确性。它可以安装在显示器、笔记本电脑或其他设备上进行眼控。触控输入设备采用了 24 英寸 IPS 无边框触摸屏显示器(图 7.10b)。该显示器支持全高清 1080p 显示,最大分辨率为 1920×1080(16∶9 宽高比)。

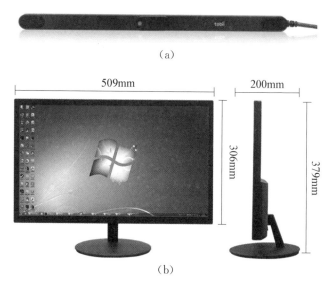

（a）

（b）

**图 7.10　系统建设的硬件设备。(a)显示 Tobii Pro Spark 眼动仪，
(b)显示 24 英寸 IPS 无边框触控屏显示器**

2. 系统构建的软件环境

本研究使用了以下软件：用于程序编译和调试的 Visual Studio
2022，用于眼控系统开发的 Unity 3D，用于视觉跟踪校准的 Tobii
Studio 2022，用于图标制作的草图 Photoshop 和 AI，以及用于功能设
置和视觉识别的 Tobii Unity SDK 桌面版。上述所有软件都部署在
Windows 10 操作系统中。触控和眼控输入系统可以自动生成，参与者
触摸点击显示器完成触控输入。眼控输入是一个由眼睛注视触发的
系统。

3. 实验研究模式

本研究模式(图 7.11)包含两个实验，在医疗自助服务系统中使用
触控和眼控输入交互。实验 A 探究输入过程中触发系统界面按钮后，
按钮变大的具体尺寸大小，以及触发后的具体响应时间。实验 B 探索
不同输入条件下，适合老年人的听觉反馈方式(语音、非语音)。所有实
验围绕客观的任务完成时间和主观 ASQ 场景后问卷展开。

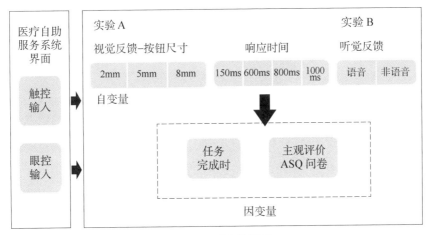

图 7.11   研究流程图

四、实验 A:老年人输入模态与输出反馈研究

1. 老年人视觉和响应时间输出反馈研究问题

已有研究肯定了视觉反馈和响应时间输出在人机交互中的重要性,但反馈的研究多集中于触控交互,针对眼控交互的反馈研究较少。此外,眼控交互时按钮尺寸变化和响应时间输出反馈如何影响用户感知还不清楚。因此本文将探讨按钮尺寸变化和低于 1 秒的具体响应时间等反馈对触控与眼控输入效率的影响,以改善用户体验和交互效率。本节将回答以下研究问题:

(1)在触控和眼控输入中,视觉反馈尺寸和响应时间如何影响用户交互绩效和满意度?

(2)在不同的输入模态下,哪种输出反馈方式组合更适合老年人?

2. 老年人视觉和响应时间输出反馈实验参与者

实验 1 共招募了 20 名 60 岁以上的老年参与者。老年人能够独立完成任务。所有参与者都是右手利。此外,通过使用中文版的功能性视觉筛查问卷(FVSQ)(1991 年),在老年参与者中进行了视力能力测试,以进行筛选。所有老年参与者允许佩戴他们的日常助视器,以确保他们能看清楚且他们的视力为 1.0。最后,每位参与者需具备至少三年

使用智能手机的经验。20 名老年参与者的平均年龄为 61.15(SD＝2.
89)；他们均为学校在职或退休的员工。在实验进行之前，已经获得了
所有参与者的知情同意。

3. 老年人视觉和响应时间输出反馈实验设计

实验采用了 3（视觉反馈）×4（响应时间）×2（输入模态）的组内实
验设计来评估视觉反馈、响应时间和输入模态对任务表现和满意度的
影响。Yeh 和 Hsu[128]研究表明，在触摸屏界面视觉反馈中按钮图标变
大比按钮边框变粗完成任务的效率更高。并未探究按钮图标变大的具
体大小，因此本实验将视觉反馈分为三个水平：触发界面系统后按钮变
大 2mm、5mm 和 8mm，如图 7.12 所示。已有研究表明低于 150ms 的
即时反馈会对用户造成负面影响[133,144]。1 秒内的延迟响应时间让用
户感到真实且满意[121,135,145]，所以实验将响应时间分为四个水平：即时
响应 150ms、延时响应 600ms、800ms 和 1000ms；输入被分为两个水
平：触控和眼控。

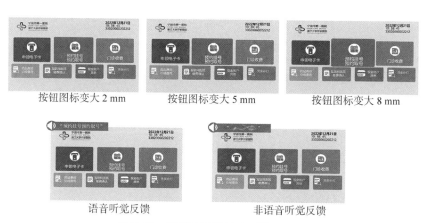

按钮图标变大 2 mm　　　按钮图标变大 5 mm　　　按钮图标变大 8 mm

语音听觉反馈　　　　　　非语音听觉反馈

图 7.12　视觉和听觉输出反馈展示图

任务表现是以完成任务的时间来评估，其中总任务完成时间减去
每个界面的响应时间为用户真实的任务完成时间；ASQ 场景后问卷评
估用户满意度。任务完成时间是指参与者完成每项任务所花费的时
间。满意度采用 ASQ 场景后问卷来测量[146]。参与者在完成每次任务

后使用 7 分李克特型评分量表评估每种输入方式和输出反馈条件的任务难度、完成效率和帮助信息满意度,范围从"非常不同意"到"非常同意"。

4. 老年人视觉和响应时间输出反馈实验材料

本实验采用网络研究和实地调研的方式,分析了中国医疗自助服务系统的界面,并以一个医疗自助服务系统的标准界面作为实验材料(图 7.13)。

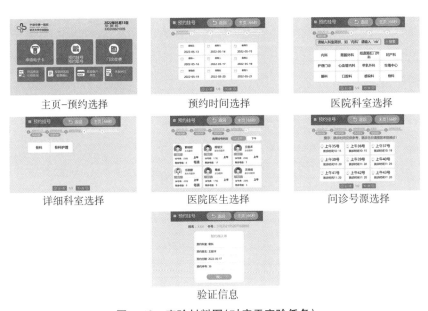

主页-预约选择	预约时间选择	医院科室选择
详细科室选择	医院医生选择	问诊号源选择
	验证信息	

图 7.13 实验材料图(对应于实验任务)

5. 老年人视觉和响应时间输出反馈实验流程

参与者被要求舒适地坐在显示屏幕前。他们的眼睛与屏幕之间的距离约为 65 厘米至 75 厘米,视觉角度为 28.16°×28.16°。在进行正式实验之前,使用了视力测试来筛选参与者。为了每位参与者熟悉触控和眼控输入方式,我们设计了一个练习环节。每位参与者通过搜索医院预约时间任务来练习使用两种不同的输入方式。该训练任务区别于正式任务,以免参与者在正式实验中产生熟悉效益。且训练一直持续到参与者熟悉两种输入方式为止。

实验过程包括以下步骤。首先，参与者被要求回答一份关于他们的年龄、教育背景和使用智能手机经验的基本调查问卷，以及填写实验的知情同意书。其次，一名研究人员介绍实验的程序和任务。在触控输入中，需要先进行点击测试；在眼控输入中，需要先进行眼睛的校准，校准完成后开始正式实验。最后，参与者需要按要求执行相关任务和填写 ASQ 任务后量表。在正式实验中，当使用一种输入模态、视觉反馈和响应时间输出反馈完成六项医疗预约任务后，参与者被要求完成该输入输出模态的 ASQ 场景后问卷[146]。每种输入方式共有 12 种输出模式的刺激材料被随机呈现。每位参与者将接收 24 种输入输出模式组合的刺激材料，以及大约需要 30—45 分钟来完成任务。具体实验任务如表 7.7 所示。

表 7.7　实验任务内容

任务	任务 1	任务 2
预约选择	预约挂号	预约挂号
预约时间选择	2022 - 5 - 17	2022 - 5 - 14
医院科室选择	内科	口腔科
医院医生选择	郑擎医生	朱红明医生
问诊号源选择	上午 50 号	上午 52 号
验证信息	确认	确认

6. 老年人视觉和响应时间输出反馈数据分析

老年人视觉和响应时间输出反馈实验结束后，所有参与者的数据共有 20 位（参与者）×12 组（视觉和响应时间组合）×2（输入方式）= 480 份数据。因此，实验共收集了 480 份任务完成时间数据和 480 份主观评分问卷。采用描述性统计和重复测量方差分析方法进行分析。同时采用 SPSS 19.0 对上述结果进行分析，以 $p < 0.05$ 为显著性水平。在进行方差分析之前，对每个条件的正常数据分布进行了检查。此外，还进行了 Mauchly's 球形检验，以校正不同输入模态和不同输出反馈

重复测量方差分析的结果。

五、实验 A:老年人输入模态与输出反馈实验结果

本实验从任务完成时间的角度调查了任务表现。在 Unity3D 设备中使用程序编译编写计时器来测量任务完成的时间。用户对输入输出模态的满意度通过 ASQ 场景后问卷评估。ASQ 场景后问卷按 7 分制评分(0=低,7=高)。

1. 不同输入模态所适用的输出反馈组合略有不同

任务完成时间被用于衡量任务表现。按钮变大尺寸($F=19.183$, $p<0.001$, $\eta_p^2=0.502$);响应时间($F=14.420$, $p<0.001$, $\eta_p^2=0.431$)和输入模态($F=128.476$, $p<0.001$, $\eta_p^2=0.871$)显著影响任务完成时间(表 7.8)。按钮变大尺寸和响应时间对任务完成时间的交互效应无显著差异($F=1.030$, $p=0.410$, $\eta_p^2=0.051$);按钮变大尺寸和输入模态对任务完成时间的交互效应边缘显著($F=2.709$, $p=0.079$, $\eta_p^2=0.125$);响应时间和输入模态对任务完成时间的交互效应差异显著($F=12.129$, $p<0.001$, $\eta_p^2=0.390$);按钮变大尺寸、响应时间和输入模态对任务完成时间的交互效应差异显著($F=5.190$, $p<0.001$, $\eta_p^2=0.215$)。在使用不同的输入模态下,按钮变大尺寸受响应时间的影响。在两种输入模态中,不同的按钮变大尺寸相匹配的响应时间存在差异。

表 7.8　输入模态与输出反馈的总任务完成时间方差分析结果

	平方和	自由度	F	p	η_p^2
按钮尺寸	323.037	2	19.183	0.000***	0.502
响应时间	469.373	3	14.420	0.000***	0.431
输入模态	4781.719	1	128.476	0.000***	0.871
按钮尺寸 x 响应时间	38.846	6	1.030	0.410	0.051

续　表

	平方和	自由度	F	p	η_p^2
按钮尺寸 x 输入模态	63.763	2	2.709	0.079	0.125
响应时间 x 输入模态	271.173	3	12.129	0.000***	0.390
按钮尺寸 x 响应时间 x 输入模态	122.221	6	5.190	0.000***	0.215

注：* 表示 $p<0.05$，** 表示 $p<0.01$，*** 表示 $p<0.001$

（1）在触控输入中 8mm 与 600ms 输出反馈的任务表现最高

各种条件组合之间的表现有显著差异。通过多重比较（图 7.14）显示，老年人在使用按钮变大 8mm（SD＝11.113±0.464）时任务表现最高，显著高于按钮变大 2mm（SD＝13.725±0.685）和 5mm（SD＝13.15±0.484）。按钮变大 2mm（SD＝13.725±0.685）与 5mm（SD＝13.15±0.484）之间无显著差异。关于响应时间的数据表明，老年人在600ms（SD＝10.95±0.372）响应时间中完成任务时的任务绩效显著最高；在 1000ms（SD＝15.45±0.891）响应时间中的任务表现显著最低。

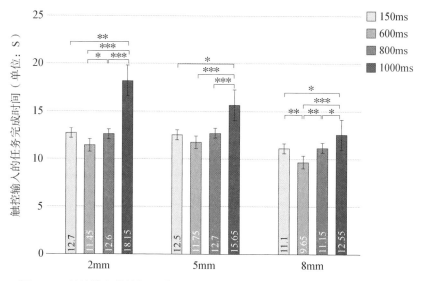

图 7.14　触控输入的按钮尺寸和响应时间输出反馈任务完成时间多重比较图

600ms(SD＝15.9±0.848)的响应时间中完成任务表现显著高于150ms(SD＝12.1±0.522)、800ms(SD＝12.15±0.542)和1000ms(SD＝15.45±0.891)。

根据按钮尺寸与响应时间的多重比较数据显示,老年人在按钮变大2mm中,使用600ms(SD＝11.45±0.654)响应时间完成任务时的任务表现显著高于800ms(SD＝12.6±1.493)和1000ms(SD＝18.15±1.493);150ms(SD＝12.7±0.688)与600ms(SD＝11.45±0.654)无显著差异。使用1000ms(SD＝18.15±1.493)响应时间完成任务时的任务表现最低。在按钮变大5mm中,使用1000ms(SD＝15.65±1.055)响应时间完成任务时的任务表现最低,显著低于150ms(SD＝12.5±0.634)、600ms(SD＝11.75±0.467)和800ms(SD＝12.7±0.696);其他无显著差异。在按钮变大8mm中,使用600ms(SD＝9.65±0.319)响应时间完成任务时的任务表现显著高于150ms(SD＝11.1±0.525)、800ms(SD＝11.15±0.602)和1000ms(SD＝12.55±0.803);使用150ms(SD＝11.1±0.525)与800ms(SD＝11.15±0.602)响应时间完成任务时的任务表现无显著差异;使用1000ms(SD＝12.55±0.803)响应时间完成任务时的任务表现显著最低。

综上所示,老年人完成任务过程中,在触发系统后呈现按钮图标变大8mm的视觉反馈时任务表现最好;在触发系统后呈现按钮图标变大2mm和5mm的视觉反馈时任务表现最差。对于响应时间,在600ms响应时间的任务表现最高;在1000ms响应时间的任务表现最低。最后研究表明,老年人在触发系统后呈现按钮图标变大8mm视觉反馈和600ms响应时间的任务表现最好。

（2）在眼控输入中8mm与600ms和800ms输出反馈的任务表现最高

交互效应结果(图7.15)表明,老年人在使用按钮变大8mm(SD＝5.788±0.532)时任务表现最高,显著高于按钮变大2mm(SD＝7.175±0.753)和5mm(SD＝6.088±0.593)。按钮变大2mm(SD＝7.175±0.753)与5mm(SD＝6.088±0.593)之间无显著差异。关于响应时间的数据表明,老年人在 600ms(SD＝5.633±0.594)和 800ms(SD＝6.15±0.593)响应时间中完成任务时的任务表现显著高于 150ms(SD＝7.017±0.639)和 1000ms(SD＝6.6±0.676);其他无显著差异。

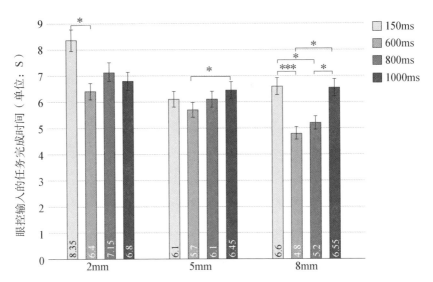

图 7.15 眼控输入的按钮尺寸和响应时间输出反馈任务完成时间多重比较图

根据按钮尺寸与响应时间的多重比较数据显示,老年人在按钮变大 2mm 中,使用 600ms(SD＝6.4±0.904)响应时间完成任务时的任务表现显著高于 150ms(SD＝8.35±1.274);其他无显著差异。在按钮变大 5mm 中,使用 600ms(SD＝5.7±0.598)响应时间完成任务时的任务表现显著高于 1000ms(SD＝6.45±0.816);其他无显著差异。在按钮变大 8mm 中,使用 600ms(SD＝4.8±0.481)和 800ms(SD＝5.2±0.614)响应时间完成任务时的任务表现显著高于 150ms(SD＝6.6±0.704)和 1000ms(SD＝6.55±0.860);其他无显著差异。

综上所示,老年人完成任务过程中,在触发系统后呈现按钮图标变大 8mm 的视觉反馈时任务表现最好;在触发系统后呈现按钮图标变大 2mm 和 5mm 的视觉反馈时任务表现最差。对于响应时间,在 600ms 和 800ms 响应时间的任务表现最高。最后研究表明,老年人在触发系统后呈现按钮图标变大 8mm 视觉反馈与 600ms 和 800ms 响应时间的

第七章
感官代偿：破除老年用户感官障碍的设计赋能实证研究

任务表现最好。

2. 输入模态与输出反馈组合在满意度上存在差异

ASQ 场景后问卷被用于衡量满意度。按钮变大尺寸（$F=46.762$，$p<0.001$，$\eta_p^2=0.711$），响应时间（$F=37.502$，$p<0.001$，$\eta_p^2=0.0.664$）和输入模态对（$F=11.046$，$p<0.01$，$\eta_p^2=0.368$）用户满意度影响显著（表 7.9）。按钮变大尺寸和响应时间对满意度的交互效应差异显著（$F=13.545$，$p<0.001$，$\eta_p^2=0.416$）；按钮变大尺寸和输入模态对满意度的交互效应无显著差异（$F=0.505$，$p=0.607$，$\eta_p^2=0.026$）；响应时间和输入模态对满意度的交互效应差异显著（$F=406.056$，$p<0.001$，$\eta_p^2=0.955$）；按钮变大尺寸、响应时间和输入模态对满意度的交互效应差异显著（$F=7.487$，$p<0.001$，$\eta_p^2=0.283$）。随着按钮尺寸的变大，不同的响应时间对满意度产生了影响。在使用不同的输入模态下，按钮变大尺寸受响应时间的影响。在两种输入模态中，不同的按钮变大尺寸相匹配的响应时间存在差异。

表 7.9　输入模态与输出反馈的 ASQ 场景后问卷方差分析结果

	平方和	自由度	F	p	η_p^2
按钮尺寸	35.887	2	46.762	0.000***	0.711
响应时间	82.484	3	37.502	0.000***	0.664
输入模态	9.436	1	11.046	0.004**	0.368
按钮尺寸 x 响应时间	29.31	6	13.545	0.000***	0.416
按钮尺寸 x 输入模态	0.308	2	0.505	0.607	0.026
响应时间 x 输入模态	1441.180	3	406.056	0.000***	0.955
按钮尺寸 x 响应时间 x 输入模态	20.316	6	7.487	0.000***	0.283

注：* 表示 $p<0.05$，** 表示 $p<0.01$，*** 表示 $p<0.001$

（1）在触控输入中 8mm 与 150ms 和 600ms 输出反馈的用户满意度最高

多重比较结果(图 7.16)显示,老年人在使用按钮变大 8mm(SD＝
4.51±0.139)时满意度最高,显著高于按钮变大 2mm(SD＝3.789±
0.047)和 5mm(SD＝4.224±0.098)。5mm 按钮变大(SD＝4.224±
0.098)比 2mm(3.789±0.047)的用户满意度更高。关于响应时间的
数据表明,老年人在 600ms(SD＝6.05±0.077)响应时间中老年人完成
任务时的满意度最高,显著高于 150ms(SD＝5.578±0.078)、800ms
(SD＝2.442±0.207)和 1000ms(SD＝2.638±0.160)。150ms(SD＝
5.578±0.078)响应时间中老年人完成任务时的满意度显著高于
800ms(SD＝2.442±0.207)和 1000ms(SD＝2.638±0.160)。800ms
(SD＝2.442±0.207)与 1000ms(SD＝2.638±0.160)响应时间的满意
度无显著差异。

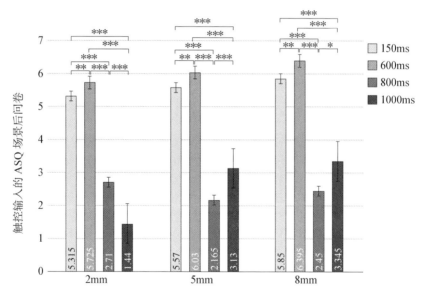

图 7.16　触控输入的按钮尺寸和响应时间输出反馈的满意度多重比较图

根据按钮尺寸与响应时间的多重比较数据显示,老年人在按钮变
大 2mm 中,使用 600ms(SD＝5.725±0.107)响应时间完成任务时的
满意度最高,显著高于 150ms(SD＝5.315±0.08)、800ms(SD＝2.71±
0.113)和 1000ms(SD＝1.44±0.104)。1000ms(SD＝1.44±0.104)响

应时间完成任务时的满意度最低。使用 150ms(SD＝5.315±0.08)响应时间完成任务时的满意度显著高于 800ms(SD＝2.71±0.113)。在按钮变大 5mm 中,使用 600ms(SD＝6.03±0.125)响应时间完成任务时的满意度最高,显著高于 150ms(SD＝5.57±0.109)、800ms(SD＝2.165±0.251)和 1000ms(SD＝3.13±0.233)。800ms(SD＝2.165±0.251)响应时间完成任务时的满意度最低。使用 150ms(SD＝5.57±0.109)响应时间完成任务时的满意度显著高于 1000ms(SD＝3.13±0.233)。在按钮变大 8mm 中,使用 600ms(SD＝6.395±0.158)响应时间完成任务时的满意度最高,显著高于 150ms(SD＝5.85±0.158)、800ms(SD＝2.45±0.38)和 1000ms(SD＝3.345±0.252)。800ms(SD＝2.45±0.38)响应时间完成任务时的满意度最低。使用 150ms(SD＝5.85±0.158)响应时间完成任务时的满意度显著高于 1000ms(SD＝3.345±0.252)。

综上所示,老年人完成任务过程中,在触发系统后呈现按钮图标变大 8mm 的视觉反馈时满意度最高;在触发系统后呈现按钮图标变大 2mm 和 5mm 的视觉反馈时满意度最低。对于响应时间,600ms 响应时的满意度最高;在 800ms 和 1000ms 延迟响应时的满意度最低。最后研究表明,老年人在触发系统后呈现按钮图标变大 8mm 视觉反馈和 600ms 响应时间的满意度最高。

(2)在眼控输入中 8mm 与 800ms 输出反馈的用户满意度最高

多重比较结果(图 7.17)显示,老年人在使用按钮变大 8mm(SD＝4.211±0.068)时满意度最高,显著高于按钮变大 2mm(SD＝3.586±0.07)和 5mm(SD＝3.893±0.078)。5mm 按钮变大(SD＝3.893±0.078)比 2mm(SD＝3.586±0.07)的用户满意度更高。关于响应时间的数据表明,老年人在 800ms(SD＝6.228±0.072)延迟响应时间中完成任务时的满意度最高;在 150ms(SD＝1.3±0.09)即时延迟响应时间中的满意度最低。1000ms(SD＝5.108±0.149)的响应时间中完成任务效率显著高于 600ms(SD＝2.95±0.139)。

根据按钮尺寸与响应时间的多重比较数据显示,老年人在按钮变

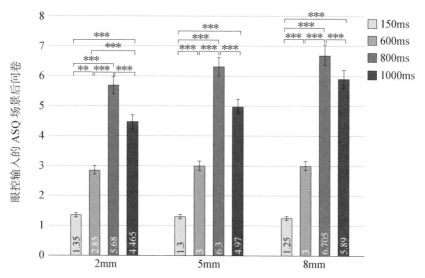

图 7.17 眼控输入的按钮尺寸和响应时间输出反馈的满意度多重比较图

大 2mm 中，使用 800ms（SD＝5.68±0.12）响应时间完成任务时的满意度显著高于 150ms（SD＝1.35±0.109）、600ms（SD＝2.85±0.131）和 1000ms（SD＝4.465±0.202）；使用 1000ms（SD＝4.465±0.202）响应时间完成任务时的满意度显著高于 600ms（SD＝2.85±0.131）；使用 150ms（SD＝1.35±0.109）即时响应时间完成任务时的满意度最低。在按钮变大 5mm 中，使用 800ms（SD＝6.3±0.093）响应时间完成任务时的满意度显著高于 150ms（SD＝1.3±0.105）、600ms（SD＝3±0.262）和 1000ms（SD＝4.97±0.179）；使用 1000ms（SD＝4.97±0.179）响应时间完成任务时的满意度显著高于 600ms（SD＝3±0.262）；使用 150ms（SD＝1.3±0.105）即时响应时间完成任务时的满意度最低。在按钮变大 8mm 中，使用 800ms（SD＝6.705±0.121）响应时间完成任务时的满意度显著高于 150ms（SD＝1.25±0.099）、600ms（SD＝3±0.126）和 1000ms（SD＝5.89±0.212）；使用 1000ms（SD＝5.89±0.212）响应时间完成任务时的满意度显著高于 600ms（SD＝3±0.126）；使用 150ms（SD＝1.25±0.099）即时响应时间完成任务时的满意度最低。

综上所示，老年人完成任务过程中，在触发系统后呈现按钮图标变大 8mm 的视觉反馈时满意度最高。对于响应时间，在 800ms 延迟响应时间的满意度最高；在 150ms 即时响应时的满意度最低。最后研究表明，老年人在触发系统后呈现按钮图标变大 8mm 视觉反馈与 800ms 响应时间的满意度最高。

六、实验 A：老年人触控与眼控输入系统中视觉和响应时间输出反馈的研究讨论

基于眼动追踪的眼控交互大多利用响应时间触发点击选择对象。适当的响应时间阈值将确保操作效率并减少误触发[147]。以往的研究表明，延长响应时间阈值可以有效减少选择误差，提高效率[148]。视觉也会影响响应时间阈值，因此实验 A 进一步探讨了在不同的视觉反馈中，响应时间阈值对眼控输入的影响，并试图解决老年人使用智能设备障碍问题。

1. 眼控交互的任务表现高于触控

当医疗自助系统接口加入视觉和响应时间输出反馈时，老年人用眼控比触控执行任务所需时间更短，任务表现最好。任务完成时间表示用户在界面上对目标信息进行搜索的效率[102]。本实验发现任务表现水平与交互模态相关，符合以往的研究结果[104,149]。相对于眼控输入，Liu 等人[149]研究显示触控输入在执行拖拽，旋转和滑动任务时速度较快。与实验 2A 的结果存在分歧。Voelker 等人[150]发现眼控输入比触控输入的任务绩效更高，尤其在执行搜索任务中。Lutteroth 等人[151]的研究显示，眼控交互注视不仅速度快，而且自然。输入模态的交互效率与执行任务的类型有关，当完成简单任务时，眼控输入的任务绩效高于触控输入。其次，Sibert 和 Jacob[152]在响应时间设置为 150 毫秒的简单任务实验中发现注视选择比触控选择速度更快。当眼控输入的响应时间比较快时，任务类型差异和响应时间对输入模态的任务表现造成影响。因此，在用户完成简单搜索任务和即时响应时间中，眼

控输入模态的任务表现高于触控。

老年人对使用触控完成任务的满意度高于眼控。首先,触控是人们众所周知且长期使用的一种交互模态[58,110]。由于先前的使用经验决定了用户对触控输入的熟悉程度,使用户能够直接地与智能设备交互[101]。其次,老年人对新技术的接受度普遍低于年轻人[153]。即使眼控交互的任务表现更好,但在满意度方面老年人对触控输入评价更高。

2. 按钮 8mm 的任务表现和满意度最高

关于视觉输出反馈结果表明,老年人在触发目标后按钮图标变大 8mm 的任务表现最佳。由于大按钮图标能够提高老年人的可读性和易读性[154]。Zhou 等人[155]研究也发现老年人更喜欢大显示屏、大字体和大图标来清晰地搜索信息。此外,老年人喜欢比标准尺寸大 50％的图标,这可能有助于与年轻成年人的表现相媲美[156]。相比按钮图标变大 2mm 和 5mm 来讲,老年人更青睐按钮图标变大 8mm 的视觉输出反馈。

对于总的输入模态下的响应时间反馈结果显示,老年人在 600ms 响应时间的任务表现最佳。该结果与前人研究一致。Lv 等人[157]提出在 600ms 下的认知负荷最低,误差最小。当响应时间设置为 600 毫秒时,界面的效率最高[130]。1000ms 的响应时间的任务表现最差。较长的系统响应时间增加用户认知负荷,尤其对于老年人[158]。长时间的停留时间会产生焦虑的心理,影响老年用户的用户体验[159]。

3. 适合不同输入模态的视觉和响应时间反馈组合

老年人完成任务过程中,在触发系统后呈现按钮图标变大 8mm 的视觉反馈时任务表现和满意度最好。与上述结果一致,无关输入模态,老年人在交互界面中使用大图标的任务绩效高,产生的认知负荷较低[160]。大的图标能够帮助老年人快速地搜索目标信息,有利于短时记忆和降低认知负荷[73]。用户在按钮变大 8mm 中,600ms 响应时间的任务绩效最高和满意度最高。该结果与上述结论一致,在快速识别和搜索的实验中,典型的反应时间为 600ms[161]。

任何输入模态下最佳的按钮图标变化的尺寸为 8mm,由此在眼控输入中触发系统后任务表现最佳也是按钮图标变大 8mm。当输出条件为响应时间时,趋势是不同的。600ms 和 800ms 响应时间无显著差异,两者完成任务的绩效最高。这与前人研究结果相悖[157,130],研究者们一致认为在眼控中最佳响应时间为 600ms。然而,在用户满意度方面,老年人一致认为 800ms 响应时间的输出反馈令人满意。原因可能受视觉反馈和年龄的影响,造成了响应时间的变化。一方面,本研究的视觉反馈不同于颜色变化(背景颜色、色调、亮度和饱和度),随着按钮的触发呈现放大的效果,在视觉效果强烈的刺激下对响应时间感知产生变化。Nissen 发现刺激强度影响了影响感觉途径的感知和处理速度[162]。另一方面,随着年龄的增加,老年人的感知和反应能力存在衰退现象。老年人需要更慢的系统反应时间,归因于他们接受刺激的能力变慢,导致感觉运动处理时间变慢[163]。

七、实验 B:老年人输入模态与听觉输出反馈研究

1. 老年人听觉输出反馈研究问题

已有研究表明听觉反馈可以有效地为人机交互提供线索,使用户更好地了解交互过程和任务执行。听觉反馈的类型较多,主要分为语音和非语音两种类别。然而,研究者们对于在不同情境下推荐的听觉反馈存在差异。因此本文将探讨在医疗自助服务系统情境下,适合老年人的听觉反馈方式。本节将回答以下研究问题:

(1)在触控和眼控输入中,听觉反馈如何影响用户交互绩效和满意度?

(2)在不同的输入模态下适合老年人的听觉反馈方式是否存在差异?

2. 老年人听觉输出反馈实验参与者

实验 1 共招募了 20 名 60 岁以上的老年参与者。老年人能够独立完成任务。所有参与者都是右手利。此外,通过使用中文版的功能性视觉筛查问卷(FVSQ)(1991 年),在老年参与者中进行了视力和听力

能力测试,以进行筛选。所有老年参与者允许佩戴他们的日常助视器,以确保他们能看清楚。他们的视力为1.0,听力能力为25分贝或以下[89-90]。最后,每位参与者需具备至少三年使用智能手机的经验。20名老年参与者的平均年龄为61.15(SD=2.89);他们均为学校在职或退休的员工。在实验进行之前,已经获得了所有参与者的知情同意。

3. 老年人听觉输出反馈实验设计

实验采用了2(听觉反馈)×2(输入方式)的组内实验设计来评估听觉反馈和输出方式对任务绩效和满意度的影响。Hussain等人[138]将听觉反馈分为语音和非语音两种类别,其中非语音包括听觉图标、耳标(earcons)和矛标。本研究使用语音和听觉图标的非语音作为听觉反馈的两个水平;输入被分为两个水平:触控和眼控。

任务绩效是以完成任务的时间来评估,其中总任务完成时间减去每个界面的听觉反馈时间为用户真实的任务完成时间;ASQ场景后问卷评估用户满意度。任务完成时间是指参与者完成每项任务所花费的时间。满意度采用ASQ场景后问卷来测量[146]。参与者在完成每次任务后使用7分李克特型评分量表评估每种输入方式和输出反馈条件的任务难度、完成效率和帮助信息满意度,范围从"非常不同意"到"非常同意"。

4. 老年人听觉输出反馈实验材料

本实验采用网络研究和实地调研的方式,分析了中国医疗自助服务系统的界面,并以一个医疗自助服务系统的标准界面作为实验材料(图7.18)。

5. 老年人听觉输出反馈实验流程

参与者被要求舒适地坐在显示屏幕前。他们的眼睛与屏幕之间的距离约为65厘米至75厘米,视觉角度为28.16°×28.16°。在进行正式实验之前,使用了视力和听力测试来筛选参与者。为了每位参与者熟悉触控和眼控输入方式,我们设计了一个练习环节。每位参与者通过搜索医院预约时间任务来练习使用两种不同的输入方式。该训练任务区别于正式任务,以免参与者在正式实验中产生熟悉效益。且训练一

第七章
感官代偿:破除老年用户感官障碍的设计赋能实证研究

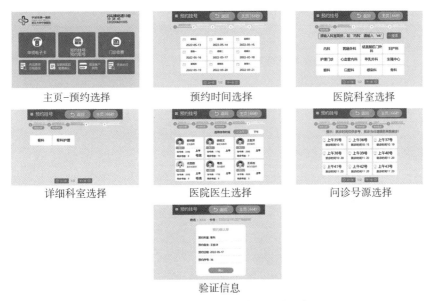

图 7.18　实验材料图(对应于实验任务)

直持续到参与者熟悉两种输入方式为止。

实验过程包括以下步骤。首先,参与者被要求回答一份关于他们的年龄、教育背景和使用智能手机经验的基本调查问卷,以及填写实验的知情同意书。其次,一名研究人员介绍实验的程序和任务。在触控输入中,需要先进行点击测试;在眼控输入中,需要先进行眼睛的校准,校准完成后开始正式实验。最后,参与者需要按要求执行相关任务和填写 ASQ 任务后量表。在正式实验中,当使用一种输入模态和一种听觉输出反馈完成六项医疗预约任务后,参与者被要求完成该输入输出模态的 ASQ 场景后问卷[146]。每位参与者大约需要 5—10 分钟来完成任务。具体实验任务如表 7.10 所示。

表 7.10　实验任务内容

任务	触控任务	眼控任务
预约选择	预约挂号	预约挂号
预约时间选择	2022 - 5 - 21	2022 - 5 - 15

277

续　表

任务	触控任务	眼控任务
医院科室选择	胃肠外科	护理门诊
医院医生选择	张长宋医生	俞颖哲医生
问诊号源选择	上午 49 号	上午 54 号
验证信息	确认	确认

6. 老年人听觉输出反馈数据分析

整个实验中所有参与者的数据共有 20 位（参与者）×2（听觉反馈）×2（输入方式）＝80 个数据点。实验 2 共收集了 80 份时间数据和 80 份主观问卷。采用描述性统计和重复测量方差分析方法进行分析。同时采用 SPSS 19.0 对上述结果进行分析，以 $p<0.05$ 为显著性水平。在进行方差分析之前，对每个条件的正常数据分布进行了检查。此外，还进行了 Mauchly's 球形检验，以校正不同输入模态和不同听觉输出反馈重复测量方差分析的结果。

八、实验 B：老年人输入模态与听觉输出反馈实验结果

1. 语音听觉反馈任务绩效最高

任务完成时间被用来测量任务绩效。重复测量方差分析结果表明（表 7.11），听觉反馈（$F=3.112$, $p=0.094$, $\eta p^2=0.141$）对任务绩效的影响边缘显著；输入模态（$F=86.937$, $p<0.001$, $\eta p^2=0.821$）对任务绩效影响显著；听觉反馈和输入模态对认知工作量的交互效应无显著差异（$F=1.356$, $p=0.259$, $\eta p^2=0.067$）。该结果表明，在任务绩效中两种听觉反馈完成任务的时间存在边缘显著差别，言语听觉反馈的任务绩效更高。但不同的输入模态完成任务的时间存在显著区别，其中触控的任务绩效高于眼控。

表 7.11 听觉输出反馈任务完成时间的方差分析结果

	平方和	自由度	F	p	η_p^2
听觉反馈	30.012	1	3.112	0.094	0.141
输入模态	262.812	1	86.937	0.000***	0.821
听觉反馈 x 输入模态	7.812	1	1.356	0.259	0.067

注：* 表示 $p<0.05$，* * 表示 $p<0.01$，* * * 表示 $p<0.001$

　　两种模态组合之间的表现有显著差异。通过多重比较(图 7.19)显示,老年人在触控输入中,使用语音的听觉输出反馈完成任务时间最快,任务绩效最高(SD＝17.4±0.55),显著高于听觉图标非语音听觉输出反馈的任务绩效(SD＝21.65±0.65)。老年人在眼控输入结果与触控输入结果一致。在使用语音的听觉输出反馈完成任务时间最快,任务绩效最高(SD＝19.25±0.788),且显著高于听觉图标非语音听觉输出反馈的任务绩效(SD＝22.25±0.672)。综上所述,老年人无论在触控或眼控输入中,使用语音听觉输出反馈的任务绩效最高。

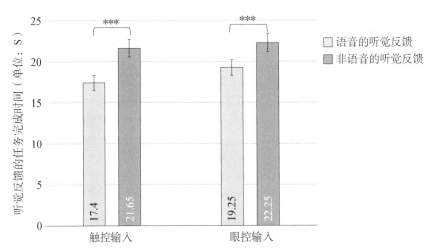

图 7.19 听觉反馈的任务完成时间多重比较图

2. 语音听觉反馈满意度最高

ASQ 场景后问卷被用来测量用户满意度。重复测量方差分析结果表明(表 7.12)，听觉反馈($F=1.000,p=0.330,\eta p^2=0.050$)对用户满意度的影响无显著差异；输入模态($F=8.605,p<0.01,\eta p^2=0.821$)对用户满意度影响显著；听觉反馈和输入模态对用户满意度的交互效应无显著差异($F=1.338,p=0.262,\eta p^2=0.066$)。该结果表明，不同的输入模态的用户满意度有显著区别，其中触控的用户满意度高于眼控。

表 7.12　听觉输出反馈满意度的方差分析结果

	平方和	自由度	F	p	η_p^2
听觉反馈	0.20	1	1.000	0.330	0.050
输入模态	156.80	1	8.605	0.009**	0.821
听觉反馈 x 输入模态	1.25	1	1.338	0.262	0.066

注：* 表示 $p<0.05$，** 表示 $p<0.01$，*** 表示 $p<0.001$

　　两种模态组合之间的表现有显著差异。通过多重比较(图 7.20)显示，老年人在触控输入中，使用语音的听觉输出反馈的 ASQ 主观评分最高，用户的满意度最高($SD=5.65\pm0.494$)，显著高于听觉图标非语音听觉输出反馈的满意度($SD=3.1\pm0.512$)。老年人在眼控输入结果

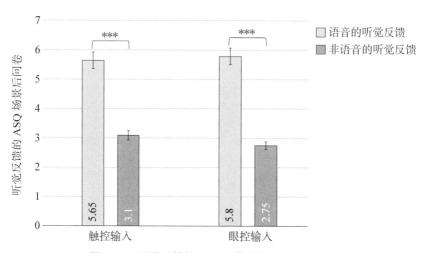

图 7.20　听觉反馈的 ASQ 场景后问卷多重比较图

与触控输入结果一致。在使用语音的听觉输出反馈完成任务的满意度最高(SD=5.8±0.474),且显著高于听觉图标非语音听觉输出反馈的满意度(SD=2.75±0.517)。综上所述,老年人无论在触控或眼控输入中,使用语音听觉输出反馈的满意度最高。

九、语音听觉反馈为老年人传达指示方向的详细信息

本实验旨在探讨在医疗自助服务系统中使用触控和眼控时适合的听觉反馈方式。结果表明,老年人在使用两种输入模态下,语音听觉反馈的任务绩效最高。Loomis 等人[164]研究也表明老年人与计算机交互依赖于语音听觉反馈来传输有关用户附近环境的信息。然而,与前人研究结果相悖[165-166]。例如,Jacko 等人[165]研究了听觉图标反馈对用户在计算机上完成拖放任务的影响,实验结果表明听觉图标的非语音反馈可以提高老年人的任务表现。这可能跟使用环境和操作情境有关联。在获取信息的情境下,文字转语音合成的听觉反馈能够提供直接和详细的反馈信息[167]。在操作任务中,简单的提示听觉图标更能快速反馈。针对用户满意度来讲,语音听觉反馈的满意度最高。Montuwy 等人[168]发现老年人使用语音的听觉反馈在虚拟环境中执行导航任务时用户体验更好。老年人喜欢直接地表现事物,通过隐喻等手法呈现听觉图标反馈的辨识度更薄弱。因此,在医疗自助服务系统中,老年人使用语音的听觉输出反馈效率和满意度最佳。

实验 2 中研究了视觉和响应时间在输入模态下应用,以及适用于老年人的组合匹配。同时探究了两种不同类型听觉反馈在老年人医疗自助服务系统和输入模态中的影响。实验 A 发现在不同输入模态下适合老年人的视觉和响应时间反馈存在差异。在触控输入模态下,推荐老年人使用按钮变大 8mm 和 600ms 的输出反馈;在眼控模态下,老年人更适合按钮变大 8mm 和 800ms 的输出反馈。实验 B 研究表明,老年人无论在触控或是眼控输入模态下,均推荐使用语音的听觉反馈。最后,通过实验 A 和 B 的结果进一步研究实验三适合老年人输入模态

和输出反馈组合。

第三节　输入与反馈：多模态适老化交互设计研究

前文总结出在触控和眼控输入模态下，适合老年人的视觉、响应时间和听觉反馈输出方式。本章基于前文研究结果，探究不同形式的视听反馈在触控和眼控输入模态下的应用，并阐述其设计方法和结论。通过主客观的方式对老年人操作实验进行测评，了解老年人对不同的输入和输出模态更加全面的感受。最终对输入模态和输出模态组合进行总结。

一、老年人多模态输入输出反馈组合设计相关研究

输入模态（如语音、手势、眼控或使用有形输入设备）通常作为用户向系统传输信息的手段。其中备受人们关注的是非接触式交互（眼控、语音和手势）[116]。它们有利于在大流行环境下降低感染可能性。触控输入是智能设备最常见，老年人最熟知的交互模态。眼控作为有效辅助障碍者的输入模态之一，只需要使用眼睛注视即可操作系统。这一输入系统还可以弥补老年人因运动功能减退导致无法操作系统的问题[169]。研究者们关于老年人输入模态的研究结论各抒己见，他们发现输入模态的选择受环境的影响。

反馈作为一种语言机制，为用户提供了有关如何执行任务的信息。由于技术和应用程序的复杂性日益增加，单一的输出反馈不再允许用户在所有任务和环境中进行有效交互[170]。老年人由于身体机能的衰退，各个感知觉开始退化。单一的输出方式可能造成老年人感知负荷加重而影响交互效率和体验。多模态输出能够为用户带来性能优势[139]。吸收不同的反馈条件可以满足老年人等特殊用户群交互的要求。McGee 等人[171]也发现不同输出方式的组合对用户感知功能造成

的不良影响较小。

二、老年人多模态输入输出反馈组合交互设计研究

1. 老年人多模态输入输出反馈组合研究问题

前人研究肯定了多模态输出反馈对老年人交互的可及性。适当的多模态反馈可以提高性能，但它也可能从任务中增加了交互注意力，增加用户的任务绩效和认知负荷。因此本章探讨在医疗自助服务系统中适合老年人的多模态输出反馈组合，以增加老年人的交互体验和可操作性。因此，本研究旨在探讨以下问题：

（1）在触控和眼控输入中，输出反馈组合如何影响用户交互绩效和偏好？

（2）在不同的输入模态下，哪种输出反馈组合更适合老年人？

2. 老年人多模态输入输出反馈组合实验的参与者

实验共招募了 30 名 60 岁以上的老年参与者，其中包含 15 名男性，15 名女性。老年参与者皆为右手利，且能够独立完成任务。此外，通过使用中文版的功能性视觉筛查问卷（FVSQ）（1991 年），在老年参与者中进行了视力和听力能力测试，以进行筛选。所有参与者允许佩戴他们的日常助视器，以确保他们能看清楚。他们的视力为 1.0，听力能力为 25 分贝或以下[89-90]。最后，每位参与者需具备至少三年使用智能手机的经验。30 名老年参与者的平均年龄为 60.27（SD＝2.41）；他们均为学校在职或退休的员工。在实验进行之前，已经获得了所有参与者的知情同意。

3. 老年人多模态输入输出反馈组合实验设计

实验采用了 4（输出反馈组合）×2（输入模态）的组内组间混合实验设计来评估输出组合和输入模态对任务绩效（任务完成时间、正确率）和模式偏好（输入、输出组合）的影响。

本实验使用了两种输入模态：触控和眼控（图 7.21）。触控输入通过触摸点击来执行。另一方面，眼控输入是通过使用眼睛注视来执行

的。输出模态提供了两种方式的反馈：视觉和听觉，基于实验 2 的结果
以不同的信息处理代码组合呈现。视觉反馈为当用户触发系统后呈现
按钮图标变大 8mm 和按钮图标变黄；听觉反馈为语音的听觉反馈，通
过语言化的声音来描述正在采取的任务。本实验共使用了四种输出类
型的条件。按钮黄色和按钮 8mm（VC‐VS）；按钮黄色和语音听觉反
馈（VC‐NA）；按钮 8mm 和语音听觉反馈（VS‐NA）；按钮黄色、按钮
8mm 和语音听觉反馈（VC‐VS‐NA），如图 7.22。

触控输入　　　　　　　　　　　眼控输入

图 7.21　输入模态展示图

按钮颜色＋按钮变大（VC＋VS）　　　　按钮颜色＋听觉反馈（VC＋NA）

按钮变大＋听觉反馈（VS＋NA）　　　按钮颜色＋按钮变大＋听觉反馈（VC＋VS＋NA）

图 7.22　输出反馈组合图

任务绩效以完成任务的时间和任务的出错率来评估,其中总任务完成时间需减去每个界面听觉反馈的时间为用户真实任务完成时间;正确率是根据参与者在实验过程中出现的输入或输出正确的百分比来计算;模式偏好以用户对每种输入模态和输出反馈的满意度评估。任务完成时间是指参与者完成每项任务所花费的时间;正确率表示用户在任务过程中出现的操作正确百分比。模式偏好是被试者根据他们的偏好,使用 7 分李克特量表(Likert Scale)对每一种输入—输出模式进行评分,并说明他们最喜欢哪一种输入—输出组合。

4. 老年人多模态输入输出反馈组合实验材料

本实验采用网络研究和实地调研的方式,分析了中国医疗自助服务系统的界面,并以一个医疗自助服务系统的标准界面作为实验材料(图 7.23)。

图 7.23 实验材料图(对应于实验任务)

5. 老年人多模态输入输出反馈组合实验设备与程序

（1）系统建设的硬件环境

眼控输入模态通过 Tobii Pro Spark 眼球追踪设备进行，如图 7.24（a）所示。该眼控交互设备适用于基于各种环境下注视行为的科学研究。它为用户的头部运动提供了极大的自由度，让参与者在记录过程中摇晃时保持一致的准确性和精确性。它可以安装在显示器、笔记本电脑或其他设备上进行注视输入。使用 24 英寸 IPS 无边框触摸屏显示器实现触控交互，如图 7.24（b）所示。该显示器支持全高清 1080p 显示，最大分辨率为 1920×1080（16∶9 长宽比）。

数据采集设备为 Tobii Pro Spectrum 设备（55 厘米×18 厘米×6 厘米/22 英寸×7 英寸×2 英寸），如图 7.24（b）。这种高性能的眼球追踪器能够以高达 1200Hz 的采样率获取眼球追踪数据。该设备使用视频来记录参与者的动作数据，并使用红外线来捕捉参与者眼睛的数据。它是为研究从基于目光到基于微观眼动行为的方法而设计的。实验中使用了触控显示器和 Tobii Pro Spectrum 设备的组合，如图 7.24（b）所示。

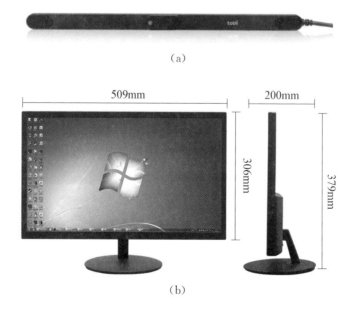

（a）

（b）

(c)

图 7.24 系统建设的硬件设备。(a)显示 Tobii Pro Spark 眼球追踪设备;(b)显示 24 英寸 IPS 无边框触摸屏显示器;(c)显示实验环境和参与者图

（2）系统建设的软件环境

本实验使用 Visual Studio 2022 用于 C♯程序编译和调试,Unity Hub 用于交互系统开发,Tobii Experience 用于视线跟踪校准,Adobe Illustrator/Photoshop 用于图标制作和界面设计。上述所有的软件都部署在 Windows 10 操作系统上。根据实验 2A 的结果,触控输入通过点击触摸屏设备完成,且触发系统后的视觉响应时间为 600ms;眼控输入由眼睛注视触发的系统,实验 2A 发现老年人最佳的响应时间为 800ms。因此,本实验中触发触控输入系统的响应时间为 600 毫秒;眼控输入系统的响应时间为 800 毫秒。

6. 老年人多模态输入输出反馈组合实验流程

在实验室中参与者被要求舒适地坐在显示屏幕前。他们的眼睛与屏幕之间的距离约为 65 厘米至 75 厘米,视觉角度为 $28.16° \times 28.16°$。实验开始前,参与者被要求回答一份关于他们的年龄、教育背景和使用智能手机经验的问卷。此外,还采用了视觉和听觉能力测试来筛选参与者。在进行正式实验之前,为了每位参与者熟悉触控和眼控输入方式,我们设计了一个练习环节。每位参与者通过搜索医院预约时间任务来练习使用两种不同的输入方式。该训练任务区别于正式任务,以免参与者在正式实验中产生熟悉效益。且训练一直持续到参与者熟悉两种输入方式为止。实验分为两个阶段:执行任务和填写量表。首先,参与者按照显示屏上的指示,使用触控和眼控两种输入模态完成相关

287

任务，如表 7.13 所示。其次，在使用一种输入模态和输出反馈完成任务后，参与者被要求完成该组合的偏好量表。每位参与者完成所有测试的时间大约为 30 分钟。

表 7.13　实验任务内容安排

任务	任务 1	任务 2	任务 3	任务 4
主页选择	凭条补打	凭条补打	凭条补打	凭条补打
凭条补打选择	缴费单补打	缴费单补打	缴费单补打	缴费单补打
读卡类型	读卡	读卡	读卡	读卡
缴费单记录选择	2022 - 12 - 5	2022 - 12 - 16	2022 - 12 - 25	2022 - 12 - 20
门诊缴费明细确认	打印	打印	打印	打印
确认打印	关闭	关闭	关闭	关闭
主页选择	预约挂号 预约取号	预约挂号 预约取号	预约挂号 预约取号	预约挂号 预约取号
预约选择	预约挂号	预约挂号	预约挂号	预约挂号
预约时间选择	2022 - 12 - 24	2022 - 12 - 22	2022 - 12 - 26	2022 - 12 - 28
医院科室选择	肾内科	消化内科	神经外科	护理门诊
医院医生选择	李府融医生	张青松医生	侯永胜医生	蓝沁医生
问诊号源选择	下午 23 号	下午 25 号	下午 28 号	下午 21 号
验证信息	确认	确认	确认	确认

7. 老年人多模态输入输出反馈组合实验数据分析

整个实验中所有参与者的数据共有 15 位（参与者）×2（输入模态）×4（输出反馈）＝120 个数据点。实验 2 共收集了 120 份时间数据和 120 份主观问卷。采用描述性统计和重复测量方差分析方法进行分析。同时采用 SPSS 19.0 对上述结果进行分析，以 $p < 0.05$ 为显著性水平。在进行方差分析之前，对每个条件的正常数据分布进行了检查。此外，还进行了 Mauchly's 球形检验，以校正不同输入模态和不同输出反馈重复测量方差分析的结果。

三、老年人多模态输入输出反馈组合实验结果

1. 三模态输出反馈组合任务绩效和正确率最佳

任务完成时间和正确率被用于衡量任务绩效。输入模态($F=$ 13.875，$p<0.01$，$\eta_p^2=0.536$)和输出反馈组合($F=17.649$，$p<$ 0.001，$\eta_p^2=0.595$)显著影响任务完成时间。输入模态和输出反馈组合对任务完成时间的交互效应无显著差异($F=0.671$，$p=0.576$，η_p^2 $=0.053$)，如表 7.14 所示。输入模态受任务完成时间的影响。触控输入(SD$=59.058\pm6.06$)的任务绩效显著高于眼控输入(SD$=101.346$ ±9.652)。输出反馈组合的任务完成时间存在显著差异，其中 VC‑ VS‑NA 输出组合(SD$=67.077\pm5.338$)的任务绩效显著最高；VC‑ VS 输出组合(SD$=99.385\pm6.57$)的任务绩效显著最低。

表 7.14　输入模态与输出反馈任务完成时间的方差分析结果

	平方和	自由度	F	p	η_p^2
输入模态	46496.163	1	13.875	0.003**	0.536
输出反馈组合	14704.26	3	17.649	0.000***	0.595
输入模态 x 输出反馈组合	546.337	3	0.671	0.576	0.053

注：* 表示 $p<0.05$，* * 表示 $p<0.01$，* * * 表示 $p<0.001$

在执行不同输入模态时，输出组合的最佳任务绩效选择是相同的。多重比较(图 7.25)显示，老年人在触控输入中，使用 VC‑VS‑NA(SD $=49.769\pm5.71$)和 VC‑NA(SD$=53.385\pm7.229$)输出组合的任务时间显著最短。显著短于 VC‑VS(SD$=76\pm5.85$)和 VS‑NA(SD$=$ 57.077 ± 6.27)的任务完成时间。VS‑NA(SD$=57.077\pm6.27$)输出组合的任务完成时间显著短于 VC‑VS(SD$=76\pm5.85$)。老年人在眼控输入结果与触控输入结果基本一致。在使用 VC‑VS‑NA(SD$=$ 84.385 ± 8.95)输出组合的任务时间最短，且显著短于 VC‑VS(SD$=$

122.769±10.926)，VC－NA(SD＝97.231±11.255)和 VS－NA(SD
＝101±12.716)输出组合的任务时间。在使用 VC－VS(SD＝122.769
±10.926)输出组合的任务时间最长。综上所述，老年人在触控输入
中，VC－VS－NA 和 VC－NA 输出组合的任务绩效最高；VC－VS 输
出组合的任务绩效最低。在眼控输入中，VC－VS－NA 输出组合的任
务绩效最高；VC－VS 输出组合的任务绩效最低。

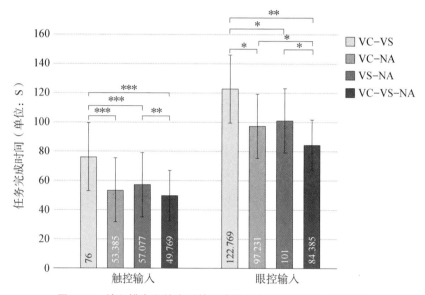

图 7.25　输入模态和输出反馈组合的任务完成时间多重比较图

　　输入模态($F＝3.508$，$p＝0.086$，$\eta_p^2＝0.226$)边缘显著影响正确
率；输出反馈组合($F＝2.272$，$p＜0.05$，$\eta_p^2＝0.604$)显著影响正确率；
输入模态和输出反馈组合对正确率的交互效应无显著差异($F＝0.922$，
$p＝0.15$，$\eta_p^2＝0.398$)，如表 7.15 所示。触控输入(SD＝0.973±
0.009)的正确率边缘显著高于眼控输入(SD＝0.935±0.021)。输出反
馈组合的正确率存在显著差异，其中 VC－VS－NA 输出组合(SD＝
0.992±0.004)的正确率显著最高；VS－NA 输出组合(SD＝0.921±
0.038)的正确率显著最低。

表 7.15　输入模态与输出反馈正确率的方差分析结果

	平方和	自由度	F	p	η_p^2
输入模态	0.038	1	3.508	0.086	0.226
输出反馈组合	0.072	3	2.272	0.022*	0.604
输入模态 x 输出反馈组合	0.026	3	0.922	0.15	0.398

注：* 表示 $p<0.05$，* * 表示 $p<0.01$，* * * 表示 $p<0.001$

通过多重比较(图 7.26)显示，老年人在触控输入中使用 VC‐VS‐NA(SD＝0.995±0.005)输出组合的正确率最高，显著高于 VC‐VS(SD＝0.968±0.013)，VC‐NA(SD＝0.968±0.017)和 VS‐NA(SD＝0.962±0.01)输出组合。其他结果无显著差异。老年人在眼控输入中使用 VC‐VS‐NA(SD＝0.989±0.007)输出组合的正确率最高，且显著高于 VC‐VS(SD＝0.914±0.2)，VC‐NA(SD＝0.957±0.013)和 VS‐NA(SD＝0.88±0.074)输出组合的正确率。VC‐NA(SD＝0.957±0.013)输出组合的正确率显著高于 VC‐VS(SD＝0.914±0.02)。综上所述，老年人在触控和眼控输入中，VC‐VS‐NA 输出组合的正确率最高。

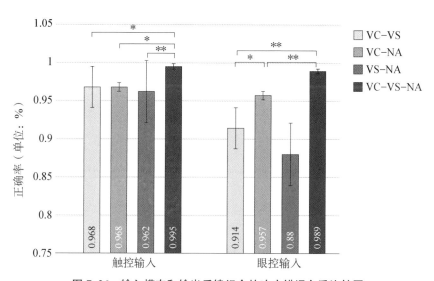

图 7.26　输入模态和输出反馈组合的响应错误多重比较图

2. 用户偏好三模态输出反馈组合

输入模态（$F=6.255$，$p<0.05$，$\eta_p{}^2=0.343$）显著影响用户偏好；输出反馈组合（$F=74.057$，$p<0.001$，$\eta_p{}^2=0.861$）显著影响用户偏好；输入模态和输出反馈组合对用户偏好的交互效应无显著差异（$F=1.865$，$p=0.153$，$\eta_p{}^2=0.134$），如表7.16所示。老年人使用触控输入（SD=4.173±0.087）的偏好高于眼控输入（SD=3.904±0.092）。输出反馈组合的用户偏好存在显著差异，其中老年人使用VC－VS－NA输出组合（SD=6.462±0.262）的偏好显著最高；VC－VS输出组合（SD=1.615±0.151）的偏好显著最低。

表7.16　输入模态与输出反馈用户偏好的方差分析结果

	平方和	自由度	F	p	η_p^2
输入模态	1.885	1	6.255	0.028*	0.343
输出反馈组合	310.231	3	74.057	0.000***	0.861
输入模态 x 输出反馈组合	10.962	3	1.865	0.153	0.134

注：* 表示 $p<0.05$，* * 表示 $p<0.01$，* * * 表示 $p<0.001$

通过多重比较（图7.27）显示，老年人在触控输入中使用VC－VS－NA（SD=6.385±0.401）输出组合的偏好最高，显著高于VC－VS（SD=1.769±0.231），VC－NA（SD=4.385±0.368）和VS－NA（SD=4.154±0.355）输出组合。VC－VS（SD=1.769±0.231）的用户偏好最低，且显著低于VC－NA（SD=4.385±0.368）和VS－NA（SD=4.154±0.355）。老年人在眼控输入中使用VC－VS－NA（SD=6.538±0.312）输出组合的偏好最高，且显著高于VC－VS（SD=1.462±0.183），VC－NA（SD=3.077±0.329）和VS－NA（SD=4.538±0.351）输出组合。VC－VS（SD=1.462±0.183）的用户偏好最低，显著低于VC－NA（SD=3.077±0.329）和VS－NA（SD=4.538±0.351）输出组合。VS－NA（SD=4.538±0.351）的用户偏好显著高于VC－NA（SD=3.077±0.329）。综上所述，老年人在触控和眼控输入

中最喜欢 VC-VS-NA 的视听三种输出组合；且最不喜欢 VC-VS 双视觉输出组合。然而，在触控输入中，VC-NA 视听双组合和 VS-NA 视听双组合之间无显著差别；在眼控输入中，VS-NA 视听双组合的用户偏好高于 VC-NA 视听双组合。

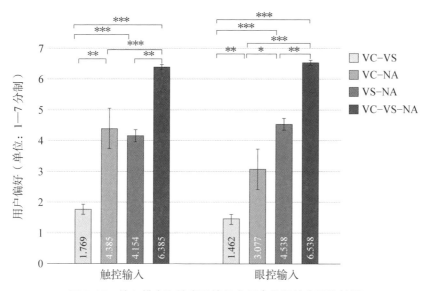

图 7.27　输入模态和输出反馈组合用户偏好的多重比较图

　　另一方面，在触控输入—输出反馈组合中，最优选的组合是 VC-VS-NA 输出（73.3%）；VC-NA 和 VS-NA 输出反馈的偏好均为13.3%，参与者均未选 VC-VS 输出反馈组合。在眼控输入—输出反馈组合中，参与者选择 VC-VS-NA 输出反馈的占比最大（86.7%）；VS-NA 输出反馈的偏好为 13.3%。

四、视听三模态输出反馈交互效率和满意度高

　　触控输入的任务绩效显著高于眼控输入，体现于任务完成时间和正确率。与前人研究结果一致[104,149]。Pfeuffer 和 Gellersen[104] 研究表明触控输入的任务完成时间短于眼控输入。这一结论与研究 2 结论相

悖。一方面由任务加重所致,实验三增加了实验的任务导致执行任务时间延长。眼控输入随任务难度的提高而延长执行任务所需时间[172]。另一方面,老年人使用眼控输入需要付出高认知负荷,因而影响交互的正确率。用户偏好也对应了这一结果,老年人使用触控输入的偏好高于眼控输入。Chen 等人[72]研究表明眼控需要更高的视觉注意力,导致了更高的认知负荷。

在两种输入模态中,VC－VS 输出组合的任务绩效最低。这一发现表明,增加语音听觉反馈可以改善老年人与医疗自助服务系统交互效率。其一,听觉反馈使参与者能够快速完成任务。Vitense 等人[173]发现单模态(听觉)还是双模态(听觉/视觉)反馈条件下,完成实验的时间效率最佳。其二,听觉反馈比视觉反馈进入大脑的速度更快。与运动响应的视觉输入相比,听觉输入的处理速度更快,反应时间更短[174-175]。本研究还发现 VC－VS－NA 输出组合的任务绩效高于 VC－NA 和 VS－NA 输出组合。除了听觉反馈,视觉反馈也是影响老年人交互效率因素之一。在双视觉的加持下,用户完成任务的时间和正确率显著提升。与年龄相关的视觉反馈依赖性表明,老年人比年轻人更依赖视觉反馈[176]。因此,用户在双视觉和听觉反馈组合的三模态条件下,任务绩效最高。

老年人在输入模态中最喜欢 VC－VS－NA 的视听三种输出组合;最不喜欢 VC－VS 双视觉输出组合。该结果与客观任务绩效结果相一致。在触控输入时,最优选 VC－VS－NA 三模态输出反馈组合(73.3％)。眼控输入时,VC－VS－NA 三模态输出反馈组合最受老年人欢迎,占比 86.7％。数据表明,VC－VS－NA 视听三模态对眼控输入的影响高于触控输入。眼控比触控更依赖视听输出反馈[177]。反馈对于老年人眼控交互来说是必不可少的。Bouma[178]表示在视觉搜索能力下降时,增加视听反馈于眼控输入中可以提高交互体验。VC－NA 视听与 VS－NA 视听双模态组合在触控输入时并没有明显的区别,偏好占比均为 13.3％。令人吃惊的是,眼控输入时 VS－NA 视听双组合比 VC－NA 视听双组合更受欢迎,且 VS－NA 偏好占比为

13.3%。然而,VC - NA 输出组合的正确率显著高于 VC - VS;VC - NA 和 VS - NA 输出组合的任务时间无显著差异。颜色反馈比按钮变大对老年人视觉注意力影响更明显。Tamura 和 Sato[179]研究表明与年龄相关的注意力功能下降,颜色提示改善了老年人的视觉注意力。颜色提示提高了环境的易读性和老年人快速瞄准物体的能力[180]。因此,与 VC - NA 组合相比,眼控输入时用户更偏好 VS - NA 组合,但颜色反馈输出组合的正确率高于按钮反馈输出组合。

本实验结果强调了视觉和听觉反馈对老年人交互的重要性,也证明了不同的输入模态和输出反馈组合方式影响了老年人的交互表现。在触控和眼控的输入中适合老年人的输出反馈为 VC - VS - NA 三模态组合方式。该研究结果作为一个初步的说明,为后文老年人多模态交互研究提供了设计建议。

参考文献

[1] 周珂. 多模态码字信息无序交融输入系统设计与实现[D].湘潭大学硕士学位论文,2012.

[2] 徐梦陶.中国画院美术馆多模态交互数字体验设计研究[D].大连理工大学硕士学位论文,2021.

[3] Turk M. Multimodal interaction: A review [J]. Pattern recognition letters, 2014,36:189 - 195.

[4] 徐洁漪,席涛.基于多模态感官理论的交互式数字艺术研究[J].工业设计, 2018(03):97 - 99.

[5] 郭梦瑶,徐进波,夏宇诚.多模态交互方式的用户接受度研究[J].艺术与设计(理论),2019,2(12):104 - 106.

[6] 汪海波,张春杰.包容性视角下老年智能拐杖多模态交互体验设计研究[J].工业设计,2020(11):128 - 129.

[7] Harley D, Howland K, Harris E, et al. Online communities for older users: what can we learn from local community interactions to create social sites that work for older people [C]//Proceedings of the 28th International BCS Human Computer Interaction Conference (HCI 2014) 28. 2014:42 - 51.

[8] Baecker R, Sellen K, Crosskey S, et al. Technology to reduce social isolation and loneliness [C]//Proceedings of the 16th international ACM SIGACCESS conference on Computers & accessibility. 2014:27 - 34.

[9] Cornejo R, Tentori M, Favela J. Enriching in-person encounters through social media: A study on family connectedness for the elderly [J]. International Journal

of Human-Computer Studies, 2013,71(9):889-899.

[10] 国家统计局. 国务院第七次全国人口普查领导小组办公室负责人接受中新社专访[EB/OL]. (2021-05-13)[2023-2-29]. http://www.stats.gov.cn/sj/zxfb/202302/t20230203_1901094.html.

[11] 央广网. 互联网适老化改造加速老年人上网越来越"6"[EB/OL]. (2021-02-27)[2023-2-29]. https://baijiahao.baidu.com/s?id=1692816774977322738&wfr=spider&for=pc.

[12] 国务院办公厅. 国务院办公厅印发关于切实解决老年人运用智能技术困难实施方案的通知[EB/OL]. (2020-11-24)[2023-2-29]. http://www.gov.cn/zhengce/content/2020-11/24/content_5563804.htm.

[13] 王萍. 新媒介使用对老年人生活质量的影响[J]. 理论界,2010(10):186-188.

[14] 汪斌. 多维解释视角下中国老年人互联网使用的影响因素研究[J]. 人口与发展,2020(3):98-106.

[15] 许肇然,胡安安,黄丽华. 国内外老年人互联网使用行为研究述评[J]. 图书情报工作,2017,61(20):140-148.

[16] 谢祥龙,陈艳,劳颖欣,江雅琴. 老年人互联网使用现状、影响因素及应对策略[J]. 中国老年学杂志,2017,37(13):3368-3370.

[17] Cotten S R, Ford G, Ford S, et al. Internet use and depression among older adults [J]. Computers in human behavior, 2012,28(2):496-499.

[18] Sims T, Reed A E, Carr D C. Information and communication technology use is related to higher well-being among the oldest-old [J]. The Journals of Gerontology: Series B, 2017,72(5):761-770.

[19] Miller A M, Iris M. Health promotion attitudes and strategies in older adults [J]. Health Education & Behavior, 2002,29(2):249-267.

[20] 孟伦. 网络沟通对老年人家庭角色缺失的补偿[J]. 新闻界,2013(7):3-8.

[21] 张萍,丁晓敏. 代偿机制下适老智慧产品交互设计研究[J]. 图学学报,2018,39(04):700-705.

[22] 熊兴福,李姝瑶. 感官代偿设计在产品中的应用[J]. 包装工程,2009,30(10):131-132,139.

[23] 李旭初. 我的老龄观[M]. 武汉大学出版社,2014.

[24] Jess, James, Garrett. 用户体验要素：以用户为中心的产品设计:第2版[M]. 机械工业出版社,2011.

[25] 王亦敏,焦斐. 多感官参与下的体验式产品设计[J]. 艺术与设计(理论),2013,2(09):135-137.

[26] Wagner N, Hassanein K, Head M. Computer use by older adults: A multi-disciplinary review [J]. Computers in human behavior, 2010, 26(5):870-882.

[27] Coelho J, Rito F, Duarte C. "You, me & TV" — Fighting social isolation of older adults with Facebook, TV and multimodality [J]. International Journal of Human-Computer Studies, 2017,98:38-50.

[28] Schiavo G, Mich O, Ferron M, et al. Trade-offs in the design of multimodal interaction for older adults [J]. Behaviour & Information Technology, 2022, 41(5):1035 - 1051.

[29] 侯冠华. 数字图书信息界面布局影响老年人信息检索交互绩效的眼动实证研究[J]. 国家图书馆学刊,2020,29(05):21 - 32.

[30] 张佳瑾. 探索触觉减压产品设计的系统模式:一种治愈行为模型研究方法[J]. 艺术与设计(理论),2022,2(08):94 - 96. DOI:10.16824/j.cnki. issn10082832.2022.08.026.

[31] 葛美芹. 听力言语障碍群体信息交流产品的设计研究[D]. 无锡:江南大学,2011.

[32] Bach-y-Rita P, Kercel S W. Sensory substitution and the human-machine interface [J]. Trends in cognitive sciences, 2003,7(12):541 - 546.

[33] Brown D J, Proulx M J. Audio-vision substitution for blind individuals: Addressing human information processing capacity limitations [J]. IEEE Journal of Selected Topics in Signal Processing, 2016,10(5):924 - 931.

[34] Fletcher M D. Using haptic stimulation to enhance auditory perception in hearing-impaired listeners [J]. Expert Review of Medical Devices, 2021, 18 (1):63 - 74.

[35] Sorgini F, Caliò R, Carrozza M C, et al. Haptic-assistive technologies for audition and vision sensory disabilities [J]. Disability and Rehabilitation: Assistive Technology, 2018,13(4):394 - 421.

[36] 杨志. 针对老年人的文字、色彩及版式设计研究述评[J]. 装饰,2012(05):86 - 87. DOI:10.1672/j.cnki.cn11 - 1392/j.2012.05.016.

[37] Huang H, Yang M, Yang C, et al. User performance effects with graphical icons and training for elderly novice users: A case study on automatic teller machines [J]. Applied Ergonomics, 2019,78:62 - 69.

[38] 陈建新,王升,雷程淋. 多感官体验下适老智能穿戴产品研究[J]. 艺术与设计(理论),2021,2(10):96 - 98.

[39] Zhang S, Xu W, Zhu Y, et al. Impaired multisensory integration predisposes the elderly people to fall: a systematic review [J]. Frontiers in neuroscience, 2020,14:411.

[40] Carr S, Pichora-Fuller M K, Li K Z H, et al. Multisensory, multi-tasking performance of older adults with and without subjective cognitive decline [J]. Multisensory Research, 2019,32(8):797 - 829.

[41] Nanay B. Sensory substitution and multimodal mental imagery [J]. Perception, 2017,46(9):1014 - 1026.

[42] 杨冬梅,张从,张健楠. 基于具身认知的老年人多通道感知与行为研究[J]. 包装工程艺术版,2022,43(14):122 - 128.

[43] 郭会娟,丁明珠,汪海波. 高龄用户智能产品多通道交互映射路径研究[J]. 包装工程,2020,41(24):85 - 90. DOI:10.19554/j.cnki.1001 - 3563.2020.

24.012.

［44］谷学静,王志良,贺杰,郑思仪,王巍.面向老年人的智能家居多模态交互系统研究［J］.计算机科学,2011,38(11):216－219.

［45］Lloyd-Esenkaya T, Lloyd-Esenkaya V, O'Neill E, et al. Multisensory inclusive design with sensory substitution ［J］. Cognitive Research: Principles and Implications, 2020,5:1－15.

［46］童永红.基于"FSIS"设计模型的家电类触摸屏产品用户界面概念设计研究［D］.北京邮电大学硕士学位论文,2010.

［47］Jacobson H. The Informational Capacity of the Human Eye ［J］. Science, 1950,112(2901):143－144.

［48］White B W, Saunders F A, Scadden L, et al. Seeing with the Skin ［J］. Attention Perception & Psychophysics, 1970,7(1):23－27.

［49］Osinski D, Hjelme D R. A Sensory Substitution Device Inspired by the Human Visual System ［C］//2018 11th International Conference on Human System Interaction (HSI). IEEE, 2018.

［50］Maidenbaum S, Abboud S, Buchs G, et al. Blind in a virtual world: Using sensory substitution for generically increasing the accessibility of graphical virtual environments ［C］//2015 IEEE Virtual Reality (VR). IEEE, 2015.

［51］Fletcher M D, Verschuur C A. Electro-haptic stimulation: A new approach for improving cochlear-implant listening ［J］. Frontiers in Neuroscience, 2021, 15:613.

［52］Jaimes A, Sebe N. Multimodal human-computer interaction: A survey ［J］. Computer vision and image understanding, 2007,108(1－2):116－134.

［53］Brasel S A, Gips J. Interface psychology: Touchscreens change attribute imp-ortance, decision criteria, and behavior in online choice ［J］. Cyberpsychology, Behavior, and Social Networking, 2015,18(9):534－538.

［54］Irwin C B, Sesto M E. Performance and touch characteristics of disabled and non-disabled participants during a reciprocal tapping task using touch screen technology ［J］. Applied ergonomics, 2012,43(6):1038－1043.

［55］Harada S, Sato D, Takagi H, et al. Characteristics of elderly user behavior on mobile multi-touch devices ［C］//Human-Computer Interaction-INTERACT 2013: 14th IFIP TC 13 International Conference, Cape Town, South Africa, September 2－6, 2013, Proceedings, Part IV 14. Springer Berlin Heidelberg, 2013:323－341.

［56］Wu X, Heo H, Liu G, et al. Touchware: A software-based technique for high-resolution multi-touch sensing devices ［J］. International Journal of Ad Hoc and Ubiquitous Computing, 2014,17(1):18－30.

［57］Iqbal M Z, Campbell A G. From luxury to necessity: Progress of touchless interaction technology ［J］. Technology in Society, 2021,67:101796.

［58］Iniguez-Carrillo A L, Gaytan-Lugo L S, Garcia-Ruiz M A, et al. Usability

Questionnaires to Evaluate Voice User Interfaces [J]. IEEE Latin America Transactions, 2021,19(9):1468 - 1477.

[59] Mhaidli A H, Venkatesh M K, Zou Y, et al. Listen Only When Spoken To: Interpersonal Communication Cues as Smart Speaker Privacy Controls [J]. Proc. Priv. Enhancing Technol, 2020,2020(2):251 - 270.

[60] Murad C, Munteanu C, Clark L, et al. Design guidelines for hands-free speech interaction [C]//Proceedings of the 20th International Conference on Human-Computer Interaction with Mobile Devices and Services Adjunct. 2018:269 - 276.

[61] Jacob M G, Wachs J P, Packer R A. Hand-gesture-based sterile interface for the operating room using contextual cues for the navigation of radiological images [J]. Journal of the American Medical Informatics Association, 2013, 20(e1):e183 - e186.

[62] Wang L, Wang D, Zhou Y, et al. The Influence of Target Layout and Clicking Method on Picking Time and Dragging Performance Based on Eye-Control Technique [J]. Frontiers in Psychology, 2020,11:1618.

[63] Majaranta P, Aoki H, Donegan M, et al. Gaze Interaction and Applications of Eye Tracking: Advances in Assistive Technologies [M]. IGI Global, 2012.

[64] Schilbach L, Timmermans B, Reddy V, et al. Toward a second-person neuroscience1 [J]. Behavioral and brain sciences, 2013,36(4):393 - 414.

[65] Aschwanden D, Langer N, Allemand M. Eye Tracking in the Wild: Piloting a Real-Life Assessment Paradigm for Older Adults [J]. Journal of Eye Movement Research, 2019,12(1).

[66] 中商产业研究院. 2021—2027 全球与中国安全自助服务终端软件市场现状及未来发展趋势[EB/OL]. (2021 - 12 - 17)[2023 - 2 - 29]. https://www. askci. com/reports/20211217/1630283713911944. shtml.

[67] Nurgalieva L, Laconich J J J, Baez M, et al. A systematic literature review of research-derived touchscreen design guidelines for older adults [J]. IEEE Access, 2019,7:22035 - 22058.

[68] Soebandrio A, Kusumaningrum T, Yudhaputri F A, et al. COVID - 19 prevalence among healthcare workers in Jakarta and neighbouring areas in Indonesia during early 2020 pandemic [J]. Annals of medicine, 2021,53(1): 1896 - 1904.

[69] Fiorillo L, Cervino G, Matarese M, et al. COVID - 19 surface persistence: a recent data summary and its importance for medical and dental settings [J]. International journal of environmental research and public health, 2020, 17(9):3132.

[70] Ferron M, Mana N, Mich O. Designing mid-air gesture interaction with mobile devices for older adults [J]. Perspectives on human-computer interaction research with older people, 2019(1):81 - 100.

[71] Angelini L, Baumgartner J, Carrino F, et al. Comparing gesture, speech and

touch interaction modalities for in-vehicle infotainment systems [C]//Actes de la 28e conférence francophone sur l'Interaction Homme-Machine on-IHM'16, 25 – 28 octobre 2016, Fribourg, Suisse. 25 – 28 Octobre 2016.

[72] Chen C M, Wang J Y, Lin Y C. A visual interactive reading system based on eye tracking technology to improve digital reading performance [J]. The Electronic Library, 2019,37(4):680 – 702.

[73] McLaughlin A, Pak R. Designing displays for older adults [M]. CRC press, 2020.

[74] Leonardi C, Albertini A, Pianesi F, et al. An exploratory study of a touch-based gestural interface for elderly [C]//Proceedings of the 6th nordic conference on human-computer interaction: Extending boundaries. 2010:845 – 850.

[75] Hou G, Anicetus U, He J. How to design font size for older adults: A systematic literature review with a mobile device [J]. Frontiers in Psychology, 2022(1):4389.

[76] Chêne D, Pillot V, Bobillier Chaumon M É. Tactile Interaction for Novice User: Uncolocated Gestures [C]//Human Aspects of IT for the Aged Population. Design for Aging: Second International Conference, ITAP 2016, Held as Part of HCI International 2016, Toronto, ON, Canada, July 17 – 22, 2016, Proceedings, Part I 2. Springer International Publishing, 2016: 412 – 423.

[77] Liu F, Zhou J. How to help older adults learn smartphone applications? A case study of instructional design for video training [C]//Proceedings of the 20th Congress of the International Ergonomics Association (IEA 2018) Volume IX: Aging, Gender and Work, Anthropometry, Ergonomics for Children and Educational Environments 20. Springer International Publishing, 2019:123 – 136.

[78] AbuHmed T, Lee K, Nyang D H. UOIT keyboard: A constructive keyboard for small touchscreen devices [J]. IEEE Transactions on Human-Machine Systems, 2015, 45(6):782 – 789.

[79] Ali N M, Shahar S, Kee Y L, et al. Design of an interactive digital nutritional education package for elderly people [J]. Informatics for health and social care, 2012,37(4):217 – 229.

[80] Murata A, Iwase H. Usability of touch-panel interfaces for older adults [J]. Human factors, 2005,47(4):767 – 776.

[81] Gao Q, Sun Q. Examining the usability of touch screen gestures for older and younger adults [J]. Human factors, 2015,57(5):835 – 863.

[82] Kaufman A E, Bandopadhay A, Shaviv B D. An eye tracking computer user interface [C]//Proceedings of 1993 IEEE Research Properties in Virtual Reality Symposium. IEEE, 1993:120 – 121.

[83] Kim M, Lee M K, Dabbish L. Shop-i: Gaze based interaction in the physical world for in-store social shopping experience [C]//Proceedings of the 33rd annual ACM conference extended abstracts on human factors in computing

systems. 2015:1253-1258.

[84] Pfeuffer K, Abdrabou Y, Esteves A, et al. ARtention: A design space for gaze-adaptive user interfaces in augmented reality [J]. Computers & Graphics, 2021, 95:1 - 12.

[85] Jacob R J K. What you look at is what you get: eye movement-based interaction techniques [C]//Proceedings of the SIGCHI conference on Human factors in computing systems. 1990:11 - 18.

[86] Hyrskykari A. Gaze control as an input device [J]. Proceedings of ACHCI, 1997, 97:22 - 27.

[87] Sato H, Abe K, Ohi S, et al. A Text Input System Based on Information of Voluntary Blink and Eye-Gaze Using an Image Analysis [J]. Electronics and communications in Japan, 2018, 101(2):9 - 22.

[88] Rozado D, Agustin J S, Rodriguez F B, et al. Gliding and saccadic gaze gesture recognition in real time [J]. ACM Transactions on Interactive Intelligent Systems (TiiS), 2012, 1(2):1 - 27.

[89] Roth T N, Hanebuth D, Probst R. Prevalence of age-related hearing loss in Europe: a review [J]. European Archives of Oto-Rhino-Laryngology, 2011, 268:1101 - 1107.

[90] De Raedemaeker K, Foulon I, Azzopardi R V, et al. Audiometric Findings in Senior Adults of 80 Years and Older [J]. Frontiers in Psychology, 2022, 13.

[91] Eckstein M K, Guerra-Carrillo B, Singley A T M, et al. Beyond eye gaze: What else can eyetracking reveal about cognition and cognitive development? [J]. Developmental cognitive neuroscience, 2017, 25:69 - 91.

[92] Just M A, Carpenter P A. Eye fixations and cognitive processes [J]. Cognitive psychology, 1976, 8(4):441 - 480.

[93] Poole A, Ball L J. Eye tracking in HCI and usability research [M]. Encyclopedia of human computer interaction. IGI global, 2006:211 - 219.

[94] Olsen A. The Tobii I-VT fixation filter [J]. Tobii Technology, 2012, 21:4 - 19.

[95] Hart S G, Staveland L E. Development of NASA-TLX (Task Load Index): Results of Empirical and Theoretical Research [J]. Advances in Psychology, 1988, 52(6):139 - 183.

[96] Lowndes B R, Forsyth K L, Blocker R C, et al. NASA-TLX assessment of surgeon workload variation across specialties [J]. Annals of surgery, 2020, 271(4):686 - 692.

[97] Ya-feng N, Jin L, Jia-qi C, et al. Research on visual representation of icon colour in eye-controlled systems [J]. Advanced Engineering Informatics, 2022, 52:101570.

[98] Adler R F, Iacobelli F, Gutstein Y. Are you convinced? A Wizard of Oz study to test emotional vs. rational persuasion strategies in dialogues [J]. Computers in Human Behavior, 2016, 57:75 - 81.

[99] Liu H C, Lai M L, Chuang H H. Using eye-tracking technology to investigate the redundant effect of multimedia web pages on viewers' cognitive processes [J]. Computers in human behavior, 2011,27(6):2410-2417.

[100] Ma J, Ding Y. The Impact of In-Vehicle Voice Interaction System on Driving Safety [C]//Journal of Physics: Conference Series. IOP Publishing, 2021, 1802(4):042083.

[101] Blackler A, Hurtienne J. Towards a unified view of intuitive interaction: definitions, models and tools across the world [J]. MMI-interaktiv, 2007, 13(2007):36-54.

[102] Hou G, Dong H, Ning W, et al. Larger Chinese text spacing and size: effects on older users' experience [J]. Ageing & Society, 2020, 40 (2): 389-411.

[103] Le Bigot L, Jamet E, Rouet J F, et al. Mode and modal transfer effects on performance and discourse organization with an information retrieval dialogue system in natural language [J]. Computers in Human Behavior, 2006, 22(3):467-500.

[104] Pfeuffer K, Gellersen H. Gaze and touch interaction on tablets [C]//Proceedings of the 29th Annual Symposium on User Interface Software and Technology. 2016: 301-311.

[105] Saariluoma P, Parkkola H, Honkaranta A, et al. User psychology in interaction design: the role of design ontologies [J]. Future interaction design II, 2009(1): 69-86.

[106] Saktheeswaran A, Srinivasan A, Stasko J. Touch? speech? or touch and speech? investigating multimodal interaction for visual network exploration and analysis [J]. IEEE transactions on visualization and computer graphics, 2020,26(6):2168-2179.

[107] Barnard Y, Bradley M D, Hodgson F, et al. Learning to use new technologies by older adults: Perceived difficulties, experimentation behaviour and usability [J]. Computers in human behavior, 2013,29(4):1715-1724.

[108] Tubin C, Rodriguez J P M, De Marchi A C B. Voice and touch interaction: a user experience comparison of elderly people in smartphones [C]// Proceedings of the XX Brazilian Symposium on Human Factors in Computing Systems. 2021:1-7.

[109] Portet F, Vacher M, Golanski C, et al. Design and evaluation of a smart home voice interface for the elderly: acceptability and objection aspects [J]. Personal and Ubiquitous Computing, 2013,17:127-144.

[110] Romano Bergstrom J C, Olmsted-Hawala E L, Jans M E. Age-related differences in eye tracking and usability performance: website usability for older adults [J]. International Journal of Human-Computer Interaction, 2013,29(8):541-548.

[111] Hawthorn D. Possible implications of aging for interface designers [J].

Interacting with computers, 2000,12(5):507 - 528.

[112] Kester J D, Benjamin A S, Castel A D, et al. Memory in elderly people [J]. Handbook of memory disorders, 2002,2:543 - 567.

[113] Blackler A, Mahar D, Popovic V. Older adults, interface experience and cognitive decline [C]//Proceedings of the 22nd Conference of the Computer-Human Interaction Special Interest Group of Australia on Computer-Human Interaction. 2010:172 - 175.

[114] Chang H H, Fu C S, Jain H T. Modifying UTAUT and innovation diffusion theory to reveal online shopping behavior: Familiarity and perceived risk as mediators [J]. Information Development, 2016,32(5):1757 - 1773.

[115] Jones B D, Bayen U J. Teaching older adults to use computers: Recommendations based on cognitive aging research [J]. Educational Gerontology: An International Quarterly, 1998,24(7):675 - 689.

[116] Kim J C, Laine T H, Åhlund C. Multimodal interaction systems based on internet of things and augmented reality: A systematic literature review [J]. Applied Sciences, 2021,11(4):1738.

[117] Lazaro M J, Kim S, Lee J, et al. A Review of Multimodal Interaction in Intelligent Systems [C]//Human-Computer Interaction. Theory, Methods and Tools: Thematic Area, HCI 2021, Held as Part of the 23rd HCI International Conference, HCII 2021, Virtual Event, July 24 - 29, 2021, Proceedings, Part I 23. Springer International Publishing, 2021:206 - 219.

[118] Oviatt S. Mulitmodal interactive maps: Designing for human performance [J]. Human-Computer Interaction, 1997,12(1 - 2):93 - 129.

[119] Oviatt S, Lunsford R, Coulston R. Individual differences in multimodal integration patterns: What are they and why do they exist? [C]. Proceedings of the SIGCHI conference on Human factors in computing systems. 2005: 241 - 249.

[120] Chen C H, Li S. The effect of visual feedback types on the wait indicator interface of a mobile application [J]. Displays, 2020,61:101928.

[121] Fowler S. The Essential Guide to User Interface Design: An Introduction to GUI Design Principles and Techniques [J]. Technical Communication, 2003, 50(3):403 - 405.

[122] Fang N, Hu T, Shi M, et al. Effects of Different Visual Feedback Types on Perception of Online Wait [J]. Traitement du Signal, 2022,39(4).

[123] Eisma Y B, Borst C, Paassen R, et al. Augmented visual feedback: cure or distraction? [J]. Human factors, 2021,63(7):1156 - 1168.

[124] Kohrs C, Hrabal D, Angenstein N, et al. Delayed system response times affect immediate physiology and the dynamics of subsequent button press behavior [J]. Psychophysiology, 2014,51(11):1178 - 1184.

[125] Black D, Unger M, Fischer N, et al. Auditory display as feedback for a novel

eye-tracking system for sterile operating room interaction [J]. International journal of computer assisted radiology and surgery, 2018,13:37 - 45.

[126] Scott MacKenzie I, Ashtiani B. BlinkWrite: efficient text entry using eye blinks [J]. Universal Access in the Information Society, 2011,10:69 - 80.

[127] Park Y, Heo H, Lee K. Enhanced auditory feedback for Korean touch screen keyboards [J]. International journal of human-computer studies, 2015,73: 1 - 11.

[128] Yeh P C, Hsu Y C. Operation of button feedback design within TV remote control applications for middle-aged and older adult [J]. Journal of the Society for Information Display, 2021,29(4):247 - 253.

[129] Choi K, Suk H J. Optimal employment of color attributes to achieve saliency in icon matrix designs [J]. Color Research & Application, 2015,40(5):429 - 436.

[130] Niu Y, Gao Y, Zhang Y, et al. Improving eye-computer interaction interface design: Ergonomic investigations of the optimum target size and gaze-triggering dwell time [J]. Journal of Eye Movement Research, 2019,12(3).

[131] Huang K C, Chen C F, Chiang S Y. Icon flickering, flicker rate, and color combinations of an icon's symbol/background in visual search performance [J]. Perceptual and motor skills, 2008,106(1):117 - 127.

[132] Tao D, Yuan J, Liu S, et al. Effects of button design characteristics on performance and perceptions of touchscreen use [J]. International Journal of Industrial Ergonomics, 2018,64:59 - 68.

[133] Shneiderman B, Plaisant C. Designing the User Interface-Strategies for Effective Human-Computer Interaction (5. ed.) [J]. Information Design Journal, 2009, 17(2):157 - 158.

[134] Bouch A, Kuchinsky A, Bhatti N. Quality is in the eye of the beholder: Meeting users' requirements for internet quality of service [C]//Proceedings of the SIGCHI conference on Human factors in computing systems. 2000: 297 - 304.

[135] MMiller R B. Response time in man-computer conversational transactions [C]// Proceedings of the December 9 - 11, 1968, fall joint computer conference, part I. 1968:267 - 277.

[136] Kohlisch O, Kuhmann W. System response time and readiness for task execution the optimum duration of inter-task delays [J]. Ergonomics, 1997, 40 (3): 265 - 280.

[137] Mitsuya T, Munhall K G. The influence of bistable auditory feedback on speech motor control [J]. Experimental brain research, 2019, 237: 3155 - 3163.

[138] Hussain I, Chen L, Mirza H T, et al. Right mix of speech and non-speech: hybrid auditory feedback in mobility assistance of the visually impaired [J].

Universal access in the Information Society, 2015, 14:527 – 536.

[139] Gaver W W. Auditory icons: Using sound in computer interfaces [J]. ACM SIGCHI Bulletin, 1987, 19(1):74.

[140] Brewster S A, Wright P C, Edwards A D N. Experimentally derived guidelines for the creation of earcons [C]//Adjunct Proceedings of HCI. 1995, 95: 155 – 159.

[141] Walker B N, Nance A, Lindsay J. Spearcons: Speech-based earcons improve navigation performance in auditory menus [C]. Georgia Institute of Technology, 2006.

[142] Wulf L, Garschall M, Himmelsbach J, et al. Hands free-care free: elderly people taking advantage of speech-only interaction [C]//Proceedings of the 8th Nordic Conference on Human-Computer Interaction: Fun, Fast, Foundational. 2014:203 – 206.

[143] Cabral J P, Remijn G B. Auditory icons: Design and physical characteristics [J]. Applied ergonomics, 2019, 78:224 – 239.

[144] Attig C, Rauh N, Franke T, et al. System latency guidelines then and now-is zero latency really considered necessary? [C]//Engineering Psychology and Cognitive Ergonomics: Cognition and Design: 14th International Conference, EPCE 2017, Held as Part of HCI International 2017, Vancouver, BC, Canada, July 9 – 14, 2017, Proceedings, Part II 14. Springer International Publishing, 2017:3 – 14.

[145] Gnewuch U, Morana S, Adam M, et al. Faster is Not Always Better: Understanding the Effect of Dynamic Response Delays in Human-Chatbot Interaction [C]//European Conference on Information Systems, 2018.

[146] Lewis J R. Psychometric evaluation of an after-scenario questionnaire for computer usability studies: the ASQ [J]. ACM Sigchi Bulletin, 1991, 23(1): 78 – 81.

[147] Chin C A, Barreto A. The integration of electromyogram and eye gaze tracking inputs for hands-free cursor control [J]. Biomed Sci Instrum, 2007, 43: 152 – 157.

[148] Istance H O, Spinner C, Howarth P A. Providing motor impaired users with access to standard Graphical User Interface (GUI) software via eye-based interaction [C]//Proceedings of the 1st european conference on disability, virtual reality and associated technologies (ECDVRAT'96). 1996.

[149] Liu Y, Gao L, Ji K, et al. Experimental research on the Influence of multi-channel interaction on plotting task [C]//ICMLCA 2021; 2nd International Conference on Machine Learning and Computer Application. VDE, 2021: 1 – 7.

[150] Voelker S, Matviienko A, Schöning J, et al. Combining direct and indirect touch input for interactive workspaces using gaze input [C]//Proceedings of

the 3rd ACM symposium on spatial user interaction, 2015:79 - 88.

[151] Lutteroth C, Penkar M, Weber G. Gaze vs. mouse: A fast and accurate gaze-only click alternative [C]//Proceedings of the 28th annual ACM symposium on user interface software & technology, 2015:385 - 394.

[152] Sibert L E, Jacob R J K. Evaluation of eye gaze interaction [C]//Proceedings of the SIGCHI conference on Human Factors in Computing Systems, 2000: 281 - 288.

[153] Lee C, Coughlin J F. PERSPECTIVE: Older adults' adoption of technology: an integrated approach to identifying determinants and barriers [J]. Journal of Product Innovation Management, 2015,32(5):747 - 759.

[154] Morey S A, Stuck R E, Chong A W, et al. Mobile health apps: improving usability for older adult users [J]. Ergonomics in Design, 2019, 27(4): 4 - 13.

[155] Zhou J, Rau P L, Salvendy G. Age-related difference in the use of mobile phones [J]. Universal Access in the Information Society, 2014, 13(4): 401 - 413.

[156] Hourcade J P, Berkel T R. Simple pen interaction performance of young and older adults using handheld computers [J]. Interacting with Computers, 2008,20(1):166 - 183.

[157] Lv Z, Zhang C, Zhou B, et al. Design and implementation of an eye gesture perception system based on electrooculography [J]. Expert Systems with Applications, 2018,91:310 - 321.

[158] Zeeb K, Buchner A, Schrauf M. Is take-over time all that matters? The impact of visual-cognitive load on driver take-over quality after conditionally automated driving [J]. Accident analysis & prevention, 2016,92:230 - 239.

[159] Liu C, Wei Y. The impacts of time constraint on users' search strategy during search process [J]. Proceedings of the Association for Information Science and Technology, 2016,53(1):1 - 9.

[160] Machado E, Singh D, Cruciani F, et al. A conceptual framework for adaptive user interfaces for older adults [C]//2018 IEEE International Conference on Pervasive Computing and Communications Workshops (PerCom Workshops). IEEE, 2018:782 - 787.

[161] Reimers S, Stewart N. Presentation and response timing accuracy in Adobe Flash and HTML5/JavaScript Web experiments [J]. Behavior research methods, 2015,47:309 - 327.

[162] Nissen M J. Stimulus intensity and information processing [J]. Perception & Psychophysics, 1977,22:338 - 352.

[163] Hardwick R M, Forrence A D, Costello M G, et al. Age-related increases in reaction time result from slower preparation, not delayed initiation [J]. Journal of neurophysiology, 2022,128(3):582 - 592.

[164] Loomis J M, Klatzky R L, Golledge R G. Navigating without vision: basic and applied research [J]. Optometry and vision science, 2001, 78 (5): 282 – 289.

[165] Jacko J, Emery V K, Edwards P J, et al. The effects of multimodal feedback on older adults' task performance given varying levels of computer experience [J]. Behaviour & Information Technology, 2004,23(4):247 – 264.

[166] Cabral J P, Remijn G B. The duration of an auditory icon can affect how the listener interprets its meaning [J]. ACM Transactions on Applied Perceptions (TAP), 2022,19(2):1 – 16.

[167] Lutz R J. Prototyping and evaluation of landcons: auditory objects that support wayfinding for blind travelers [J]. ACM SIGACCESS Accessibility and Computing, 2006(86):8 – 11.

[168] Montuwy A, Dommes A, Cahour B. Helping older pedestrians navigate in the city: comparisons of visual, auditory and haptic guidance instructions in a virtual environment [J]. Behaviour & Information Technology, 2019,38(2): 150 – 171.

[169] Parit S S, Dharmannavar P S, Bhabire A A, et al. Eye tracking based human computer interaction [C]//2015 International Conference o n Man and Machine Interfacing (MAMI). 2015,10.

[170] Oviatt S, Cohen P. Perceptual user interfaces: multimodal interfaces that process what comes naturally [J]. Communications of the ACM, 2000, 43(3):45 – 53.

[171] Mc Gee M R, Gray P, Brewster S. The effective combination of haptic and auditory textural information [C]//Haptic Human-Computer Interaction: First International Workshop Glasgow, UK, August 31 — September 1, 2000 Proceedings. Berlin, Heidelberg: Springer Berlin Heidelberg, 2001: 118 – 126.

[172] Biele C. Human Movements in Human-Computer Interaction (HCI) [M]. Springer, 2022.

[173] Vitense H S, Jacko J A, Emery V K. Multimodal feedback: an assessment of performance and mental workload [J]. Ergonomics, 2003, 46 (1 – 3): 68 – 87.

[174] Nijhawan R. Visual prediction: Psychophysics and neurophysiology of compensation for time delays [J]. Behavioral and Brain Sciences, 2008, 31 (2): 179 – 198.

[175] Hove M J, Fairhurst M T, Kotz S A, et al. Synchronizing with auditory and visual rhythms: an fMRI assessment of modality differences and modality appropriateness [J]. Neuroimage, 2013,67:313 – 321.

[176] Franz J R, Francis C A, Allen M S, et al. Advanced age brings a greater reliance on visual feedback to maintain balance during walking [J]. Human

movement science, 2015,40:381 – 392.

[177] Seiple W H, Babaeva I, Kilbride P, et al. The Effects of Feedback on Eye Movement Control Training [J]. Investigative Ophthalmology & Visual Science, 2019,60(9):3308 – 3308.

[178] Bouma H. Visual search and reading: Eye movements and functional visual field: A tutorial review [J]. Attention and performance VII, 1978(1): 115 – 147.

第八章

数字交互适老化
设计导则与实践

　　根据前文的实验及讨论,针对老年人感知障碍、操作障碍、多模态输入和输出反馈提出了设计建议,制定出在不同情境下适合老年人数字交互的适老化设计导则,进一步制定了多模态输入和输出组合的设计原则。基于设计原则对移动支付系统、医疗自助服务系统展开适老化设计实践。

第一节　原则与规范:数字交互适老化设计指南

一、基于感知类障碍和操作类障碍的移动支付系统适老化设计导则

1. 基于感知类障碍的适老化设计导则

（一）基于可读性目的的适老化设计要素

　　老年用户由于视网膜上的视锥细胞和视杆细胞数量减少,活性水平降低,视觉敏感度较低使得老年用户难以分辨较小和轮廓复杂的文字,而字体和字符的高度是影响老年用户支付系统资讯信息易读性的重要因素[1]。张丽娜研究结果表明无衬线字体对老年用户具有识别优

势。笔画开始和结尾处装饰性低，装饰线条少是无衬线字体相较于衬线字体的区别，且无衬线字体的笔画与笔画之间线条粗细保持一样，因此老年用户有利于将文字内部部件划分，从而更容易识别[2]。无衬线字体容易判断文字结构，进而识别速度较衬线字体快，且无衬线字体外轮廓清晰，避免了老年用户视觉疲劳。在系统设计中，建议使用无衬线字体，如黑体以及黑体的变式字体等，识别速度比宋体以及宋体的变式字体等衬线字体快。字体类型示意图如图 8.1 所示。

衬线字体—宋体　　　　　　非衬线字体—思源黑体

图 8.1　老年用户适用字体类型

字符高度方面，根据层级进行调整，16—22pt 的字体老年用户视觉识别更有利。标题、正文等不同层级的内容需要使用不同大小的字号，像数字、金额等重要的信息字体从 48pt 放大到 64pt，可以有效缩短眼球的锁定时间，提高老年用户的动态捕捉精准度，保证了屏幕可读性同时确保支付金额的准确性。

（二）基于可视化目的的适老化设计要素

老年用户眼睛周围的肌肉调节力变弱、接受光亮的视网膜质量变差等原因，造成老年用户的视力水平下降，所以在辨色、搜索信息时等方面容易出现问题。年龄的增长会使得老年用户晶状体黄且浑，因此老年用户会选择性吸收蓝色光，进而使得老年用户对蓝色鉴别能力比红色、绿色的鉴别能力低，在界面设计中应当避免大篇幅使用蓝色紫色等冷色调，多使用红色等高饱和度色突出重点。色彩尽量选用高饱和颜色，增加色彩对比度。色彩的适老化改造应遵循"色彩无障碍"原则，多使用复色，少使用单色，避免老年用户出现选择障碍。色彩饱和度的对比度保持在 4.5:1 以上，即界面中的信息与其背景间的对比度至少为 4.5 倍,可充分增加信息与其背景的对比,保证信息清晰可见。当界面信息与界面背景色之间的关系对比度较大时,可以让老年用户更好地看清信息。色彩对比度示意图如图 8.2 所示。

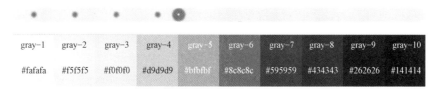

gray-1	gray-2	gray-3	gray-4	gray-5	gray-6	gray-7	gray-8	gray-9	gray-10
#fafafa	#f5f5f5	#f0f0f0	#d9d9d9	#bfbfbf	#8c8c8c	#595959	#434343	#262626	#141414

图 8.2 老年用户适用色彩对比度图

(三)基于声音识别目的的适老化设计要素

由于老年用户视力下降,所以对语音功能的需求在不断变化,而随着年龄的增长老年用户听力能力不断下降。在支付系统内容搜索中,对语音功能综合优化,利用语音进行导读、搜索和咨询等功能。保持提高音量、降低语速,对听力体验做到综合优化。同时引入语音 AI 技术,利用语音人格的情感化优势提高老年用户接受度。在语音技术方面,需要考虑地域语言的差别,照顾不会普通话的方言老人,可以进行方言识别,适配我国不同地域的方言类型。另外在支付系统应用中,可以添加声音反馈机制,如果支付操作成功,应该给予正确的声音提示,保持页面即时反馈。

2. 基于操作类障碍的适老化设计导则

(一)基于可用性目的的适老化设计要素

随着年龄增长老年用户肢体运动能力下降,因此在系统交互过程中反应变慢,手指灵活性降低,进而出现界面误触情况,因此需要降低系统交互复杂度、缩短系统层级深度、简化交互路径。在适老化产品设计时,可通过梳理老年用户的支付系统使用习惯与使用逻辑,对支付操作流程展开分析,排除老年用户在使用过程中不必要的操作步骤,从而进行功能简化与操作弱化,减少冗余操作。

除简化交互路径外,操作手势的简化对于老年用户具有重要作用。老年用户的手势操作精准度降低,不利于进行太复杂的手势交互动作。

在系统交互手势中,多使用下图中单击、下拉、上滑等老年用户适用动作,避免使用长按、双击等复杂手势,降低老年用户因动作不够精细带来的误操作,如图 8.3 所示。

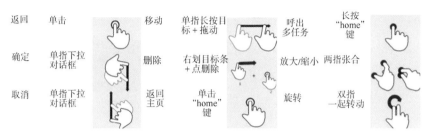

返回	单击	移动	单指长按目标 + 拖动	呼出多任务	长按 "home" 键
确定	单指下拉对话框	删除	右划目标条 + 点删除	放大/缩小	两指张合
取消	单指下拉对话框	返回主页	单击 "home" 键	旋转	双指一起转动

图 8.3　老年用户适用交互手势图

（二）基于易用性目的的适老化设计要素

老年用户对于感知反馈会随着身体的衰老而逐渐衰退,因此在界面的适老化设计中,设计方便老年用户的点击的合适尺寸触摸模块,以提高老年用户点击过程中的准确率。通过扩大点击模块的面积,在系统应用中实现精准点得到,并且易操作,避免界面信息过于庞杂和过度密集。在界面的图形大小规范上,最小尺寸的大小长度不能小于8.5mm,宽度不能小于 6.8mm,并保持组件与组件之间的距离不小于2mm,避免手指误触。图形最小尺寸不小于 8.5mm 一方面能够保持界面中视觉重心平衡,另一方面可以避免老年用户因生理障碍带来的点击错误,从而降低老年用户在使用系统过程中的出错率。

二、基于理解类障碍的适老化设计导则

1. 图形隐喻适老化设计导则

在移动支付系统适老化设计中,综合象征相似隐喻更准确完成任务、外观相似隐喻页面处理时间短、关系相似隐喻任务理解难度低的优势,探究得出不同功能类型最匹配的图形隐喻类型。具体设计应用中,表示"扫码""设置"等操作型功能时选用关系相似隐喻表征,挖掘关系

相似隐喻时充分利用 A 和 B 之间的关系表达 C 和 D 之间较复杂的联系,如"设置"图形用硬件机器和技术调整的关系表达软件功能和内容调整的关系;表示"客服""卡包"等认知型功能时选用外观相似隐喻,用现实生活中出现的形象简化表达该概念。运用外观相似隐喻>关系相似隐喻>象征相似隐喻的图形隐喻适用性排序,寻求图形隐喻最优解,解决老年用户从"不会用"到"会用"、"不想用"到"想用"的认知障碍难题,从而加快老年用户的数字融入。

2. 文字隐喻适老化设计导则

老年用户由于机体衰老,对运用和理解语言的认知能力衰退,当前支付系统中存在文字内容与老年用户已有认知不符问题,出现老年用户对系统文字不理解、理解错的情况。在移动支付系统设计中,文字表征要做到真正以"老"为本,系统开发者应切实从老年用户的立场出发,探究老年用户语义思维。开发适老化 APP 应避免文字类型千篇一律,探究不同文字类型优势,例如本义表征下更准确完成任务且页面处理时间短,隐喻表征下任务理解难度低等。在移动支付系统中,操作型功能如"分享投资盈利"时运用隐喻"晒晒收益"表征,老年用户加工难度较低,降低理解成本;认知型功能如"在手机上办理银行业务"时运用本义"在线柜台"表征,老年用户的信息加工效率高。依据不同功能类型选用合适文字类型表征,使得语义表征方式符合老年认知规律,帮助老年用户更好地理解文字信息,并提高老年用户对支付系统的实用性和操作效率。

三、基于感官代偿理论的适老化交互设计原则

基于第七章的三个实证研究结果,归纳出不同情境下适合老年人数字交互的输入模态选择;在触控和眼控输入下适合的视觉、响应时间和听觉反馈的输出反馈;以及在不同输入模态下最佳的多模态输出反馈组合。为以感官代偿为核心思想的适老化交互设计实践奠定了基础。

1. 多模态输入的适老化交互设计建议

根据输入模态对不同用户组认知负荷和任务表现的影响，提炼出不同年龄组在认知负荷和任务表现下的最佳选择。表 8.1 列出了在不同环境下选择不同输入模态的建议。认知工作量方面，初老组使用语音的认知工作量低于眼控。语音与触控的认知工作量无显著差异。对于老年组，三种方式所需的认知努力无显著差异，但是语音输入的认知工作量最低（SD＝8.51±1.039），其次是眼控输入（SD＝8.9±0.960）和触控（SD＝9.39±0.966）。

表 8.1　不同环境下选择不同输入模态的建议

用户	主客观指标	大流行环境	非大流行环境
老年人	任务表现	眼控	触控
	认知负荷	语音	语音
	认知工作量	语音	语音
	综合	语音	语音

认知负荷和任务表现方面，初老组和老年组在使用语音输入时的注视点个数和总注视时间最短，认知负荷最低。说明在认知负荷中老年人们无论在大流行或非大流行环境中均适合使用语音输入模态。初老组和老年组触控输入完成任务时间最短，显著短于语音输入。触控和眼控之间没有显著差异，因此推荐老年人在大流行环境中使用眼控输入，在非大流行环境中使用触控输入。

基于多模态输入实验发现，老年人使用语音输入所需的认知努力和负荷最低，且主观认知工作量最低。最终实验表明无论在何种环境中皆推荐老年人使用语音输入。由此引出改善老年人触控和眼控输入的输出反馈交互研究。

2. 输出反馈的适老化交互设计建议

依据第七章第二节的实证研究结果总结归纳了在触控和眼控输入

中视觉和响应时间的最佳组合反馈方式,以及适合老年人的听觉反馈方式(表8.2)。首先,在视觉反馈和响应时间的任务表现中,老年人使用触控输入时,视觉反馈8mm和600ms响应时间的任务表现最好;老年人使用眼控输入时,视觉反馈8mm与600ms和800ms响应时间的任务表现最好。其次,针对用户满意度结果发现,老年人在触控输入中视觉反馈8mm和600ms响应时间的满意度最高。老年人在眼控输入中视觉反馈8mm与800ms响应时间的满意度最高。通过综合评估得出,老年人适合在触控输入时使用视觉反馈8mm和600ms响应时间;在眼控输入时使用视觉反馈8mm和800ms响应时间。老年人听觉反馈实验结果表明,无论触控或眼控输入,皆使用语音听觉输出反馈时任务表现和满意度最高。

表8.2　不同输入模态下选择不同输出反馈方式建议

输入模态	主客观指标	视觉反馈 * 响应时间	听觉反馈
触控输入	任务表现	8mm * 600ms	语音听觉反馈
	满意度	8mm * 600ms	语音听觉反馈
	综合	8mm * 600ms	语音听觉反馈
眼控输入	任务表现	8mm * 600ms/800ms	语音听觉反馈
	满意度	8mm * 800ms	语音听觉反馈
	综合	8mm * 800ms	语音听觉反馈

3. 输入模态和输出反馈组合的适老化交互设计建议

通过第七章第三节的研究结果概括了输入模态和输出反馈的最佳组合(表8.3)。任务绩效方面,老年人使用触控输入时 VC‑VS‑NA 和 VC‑NA 输出组合的任务绩效最高;使用眼控输入时 VC‑VS‑NA 输出组合的任务绩效最高。正确率方面,老年人在触控和眼控输入中,VC‑VS‑NA 输出组合的正确率最高。对于用户满意度和偏好,老年人在触控和眼控输入中最喜欢 VC‑VS‑NA 的视听三种输出组合。

在触控输入-输出反馈组合中偏好 VC‐VS‐NA 输出反馈,占比为
73.3%；在眼控输入-输出反馈组合中偏好 VC‐VS‐NA 输出反馈,占
比为 86.7%。综合评估得出,老年人适合在触控和眼控输入中使用
VC‐VS‐NA 输出反馈组合。

表 8.3　不同输入模态和输出反馈组合建议

输入模态	主客观指标	输出反馈组合
触控输入	任务绩效	VC‐VS‐NA/VC‐NA
	正确率	VC‐VS‐NA
	用户偏好	VC‐VS‐NA
	综合	VC‐VS‐NA
眼控输入	任务绩效	VC‐VS‐NA
	正确率	VC‐VS‐NA
	用户偏好	VC‐VS‐NA
	综合	VC‐VS‐NA

4. 多模态交互适老化设计原则

　　交互设计(Interaction Design)是研究人与人造物之间交互模式的
一门学科。交互设计研究的对象是人与产品之间的关系,即在一定时
间内如何使用户能够获得满足其需求的信息或服务。交互设计是研究
人们在与产品进行沟通时,其心理及行为模式的设计[3]。语音和屏幕
成为绝大多数智能产品的交互媒介,交互模式的设计趋同限制了自然
交互的发展,使智能产品用户体验难以提升[4]。因此,在医疗自助服务
系统中,探究老年人能否简单操作且快速地完成挂号缴费任务,增强其
用户的交互体验至关重要。

　　人类主要通过视觉、听觉、触觉、嗅觉和味觉五大感官与世界互
动,在感知中,模态是指接收来自特定感官的刺激。通信通道是传输

信息的特定途径[4]。在 HCI 中,通道描述了一种交互技术,该技术利用用户和设备功能的特定组合(例如用于输入文本的键盘或用于手势识别的 3D 传感器)。用户输入模式(如语音,手势,眼控或使用有形输入设备)通常用作向系统传输信息的手段。这类简单、舒适和直观的输入可以降低卸载行为的感知成本,并降低老年人操作的认知负荷。在此基础上为他们提供简单且容易操作的交互界面。并以此为前提,提出基于老年人的医疗自助服务系统交互设计原则。该设计原则包含三种不同的输入模态,用户可以根据不同的环境选择不同的交互方式。

(一)基于触控输入的老年人医疗自助服务系统交互设计原则

触控作为直接输入设备,它无需用户在进行运动活动之间进行空间或时空转换。但老年人更倾向于使用像按下物理按钮一样有感知和反应的虚拟按钮。因此,在触控输入中,老年人适合使用 VC(按钮变黄)+VS(按钮变大 8mm×600ms 响应时间)+语音听觉的视听三种输出反馈组合。

(二)基于语音输入的老年人医疗自助服务系统交互设计原则

语音输入允许老年人发出系统可以识别的命令,以执行操作(例如,预约挂号)或输入某些信息(例如,医生姓名)。语音输入不会竞争视觉资源,因此能够有效降低认知工作量,老年人操作起来简单便捷。同时仅输入即可无需其他的输出反馈。

(三)基于眼控输入的老年人医疗自助服务系统交互设计原则

眼控输入作为一种非接触交互设备以眼睛注视来执行任务,有利于帮助肢体及身体障碍老年人进行人机交互。在眼控输入中,输出反馈和响应时间对于用户起关键作用。首先,输入中缺失反馈会使用户感到迷茫,不清楚自己注视的位置。其次,当响应时间太快时,用户的扫视就成功触发系统,给用户带来不好的体验。因此,在眼控输入中,老年人适合使用 VC(按钮变黄)+VS(按钮变大 8mm×800ms 响应时间)+语音听觉的视听三种输出反馈组合。

第二节　数字支付系统：适老化图文隐喻 设计实践与验证

一、移动支付系统适老化隐喻界面设计应用

1. 移动支付系统适老化调研分析

2022年腾讯公司和中国信息通讯研究院合作展开了《移动互联网应用适老化研究与实践》调研，关注老年用户互联网应用问题。该研究报告调研了60岁及以上的老年用户群体使用手机软件的障碍和障碍成因，使用过程中的障碍非常多样化——受访老年用户反馈的问题有"记不住""看不清""搞不懂"等各类问题。研究从调研数据发现：老年用户理解类障碍（不理解、记不住），去重合并占比53%；而感知类障碍比例接近41%（看不清和听不清），操作类障碍（点不中、手势做不到）比例26%。当前在解决感知类障碍和操作类障碍做了大量研究，并且成效明显，因此后两项障碍占比较低，但在理解类障碍中探究内容较少，存在问题较多。与"理解"相关的障碍，最直接的表现是"不理解、看不懂"。互联网产品发展至今，已经形成了大量的专用文字词汇、图形样式，这些文字和图形对于老年用户来说并不容易理解。

结合以上桌面调研情况，针对移动支付系统实地展开老年用户研究。通过线下邀约方式，邀请5名60岁以上的上海老年用户进行沟通访谈，发现在移动支付系统应用中，不理解文字、图形的问题突出，具体问题如表8.4所示。对于文字和图形的认知理解障碍，严重影响了老年用户对移动支付系统的使用意愿和接受度。

表 8.4　老年用户移动支付系统访谈调研

序号	用户情况	访谈过程	用户原声
1	67 岁 吴女士		"扫码这个图形我认识,经常见到,但是'出行'这个箭头不知道啥意思,看不懂"
2	65 岁 孔女士		"养老金需要每年认证,最开始注册登录的时候就不懂'验证码'什么意思……"
3	60 岁 王女士		"这个图形没见过,不知道(什么是刷新)……? 不太懂。"
4	64 岁 王女士		"账户旁边那个'小眼睛'图不知道是干嘛的,不懂啥意思就没敢尝试点过……"
5	60 岁 黄女士		"有好几个支付系统,简单理财啥的这些都会,但是用的时候还是会出现不理解的图形和文字"

　　国务院办公厅于 2020 年发布了《关于切实解决老年人运用智能技术困难实施方案》,为助力消除老年人等群体面临的数字鸿沟问题,工信部宣布在 2021 年开展"互联网应用适老化及无障碍改造专项行动",适老化改造取得显著成效。切换适老化模式后,当前系统在标准模式和适老化模式更多的是视觉内容改变,放大字号和图标、简化削减功能、界面布局简洁。适老化改造缺少对图形以及文字的认知理解方向

的设计,忽略了老年用户理解类障碍。针对以上研究空缺和突出问题,本研究借助隐喻理论,在不同功能类型下进行图形和文字设计,有助于老年用户理解信息。

2. 移动支付系统适老化设计定位

(一)视觉风格设计定位

根据老年用户感知类障碍,选取较大的字号,根据层级对字符高度进行调整,整体控制在 16—22pt,一级标题 22pt,二级标题 20pt,辅助信息在 16—18pt 范围之间,表示金额时将字体放大到 48pt 及以上,确保老年用户的可视性,避免因视觉障碍产生金额输入错误的情况;界面字体选用老年用户容易识别的无衬线黑体,图标大小不小于 8.5mm,确保清晰可读性;色彩对比度方面,色彩饱和度的对比度保持在 4.5∶1以上,确保色彩对比度明显;色彩倾向方面,老年用户对蓝色等冷色调鉴别能力比对红色等暖色调鉴别能力下降明显,因此颜色整体选用红色的暖色调(RGB239,103,119)。

(二)图文信息设计定位

该移动支付系统针对 60 岁及以上老年用户进行适老化版本设计,致力于降低老年用户在系统中的图文理解障碍。在系统设计中,根据实验得出的移动支付系统适老化设计导则,充分应用隐喻优势解决老年用户对图形以及文字的认知理解障碍。图形隐喻设计中,操作型功能时选用关系相似隐喻表征,对所选取的图形进行 A 和 B 简单熟悉的关系与 C 和 D 之间更为复杂陌生的关系构建对应结构分析;认知型功能时选用外观相似隐喻,将认知型功能事物的形状进行概括,提取该事物主要特征,对应建立界面视觉形象;运用外观相似隐喻>关系相似隐喻>象征相似隐喻的图形隐喻适用性排序,对互联网中已经形成记忆认知的功能选用象征相似隐喻表达,避免出现重新认知学习的现象。

文字隐喻设计中,操作型功能运用隐喻表征,对所选取的文字进行源域和目标域的映射分析,使文字隐喻满足从熟悉源域到陌生目标域之间关系、属性和知识的映射;认知型功能运用本义表征,功能名称是字面意思的直接呈现,不加任何语言修饰,在本义文字的选取上通过现代汉语词典查询,进行准确选取应用。

3. 移动支付系统适老化信息架构

在移动支付系统适老化设计中,采用简洁的信息架构。为避免出现老年用户认知负荷过高的情况,"易支付"界面架构较为简单,剔除了一些不常用的功能,用户可以在系统上查看账户信息、转账汇款、扫码支付、理财投资等任务。页面整体分为首页、支付、我的三大板块。"首页"内容主要为银行卡管理和理财常用功能展示,"支付"页面主要为日常扫码支付功能,"我的"页主要包括个人信息管理和新人帮助引导内容,如图 8.4 所示。

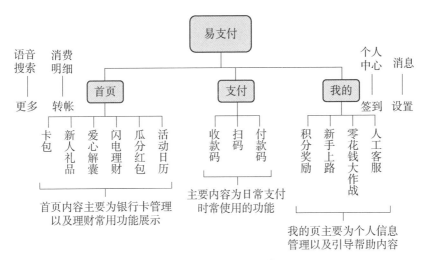

图 8.4 "易支付"信息架构图

4. 移动支付系统适老化低保真原型图设计

选取移动支付系统中几项常用功能以及重要页面,通过 XD 软件对其进行低保真界面绘制。低保真作为交互原型,可以帮助梳理交互路径、每个页面的功能模块及展示信息,对后期高保真界面设计具有重要指导作用,如图 8.5 所示。

图 8.5　低保真界面原型图

5. 移动支付系统适老化隐喻界面设计分析

（一）图形隐喻应用分析

将下图 8.5 隐喻界面应用图中的部分图形隐喻提炼出来，对界面中应用到的图形进行创作分析。认知型功能采用外观相似隐喻进行表征，通过提取生活中常见事物的外观形态特征，对主要特征进行概括提炼，从而对应建立界面中的图形视觉形象。"卡包"功能旨在为用户提供银行卡增删的管理，该图形设计的提炼路径为：将日常生活中常见的用来装公交卡、银行卡等卡片的卡包形状进行概括，提取卡包的长方形外轮廓以及锁扣的主要特征，对应建立界面中卡包的视觉形象，类比生活中人们常用的卡包样式；"新人礼品"功能旨在为使用该 app 的新用户提供福利，该图形设计的提炼路径为：将日常生活中常见的礼物外包装形状进行概括，提取礼品方盒子轮廓以及蝴蝶结的主要特征，对应建立礼品视觉形象，类比送礼物时常见的外包装礼品盒样式；"活动日历"功能旨在为用户提供每项活动的时间展示，该图形设计的提炼路径为：将日常生活中居家常见的台历的形状进行概括，提取方形外轮廓、锁圈的主要特征，对应建立日历的视觉形象，类比室内桌上常摆放的台历样式；"人工客服"功能旨在通过人力为用户提供答疑帮助，该图形设计的提炼路径为：将日常生活中常见的客服外形样式进行概括，提取人物外轮廓以及话务耳机的主要特征，对应建立人工客服视觉形象，类比戴着话务耳机的客服人员样式。

操作型功能采用关系相似隐喻进行表征，根据 A 和 B 之间简单熟悉的关系进行 C 和 D 之间更为复杂陌生的关系构建，使得 A 和 B 与 C 和 D 之间形成对应结构，利用用户已有的语义记忆和先验知识唤起更复杂的联系。"新手上路"功能旨在系统通过引导指示的方式帮助初次使用该系统的用户。该图形设计的关系提炼路径为：新手司机开车时需要导航隐喻新人用户初次使用系统时需要引导帮助。其中 ABCD 代表的具体内容为，A：新手司机，B：导航方向，C：引导操作，D：新人用户；"爱心解囊"功能旨在为用户进行公益捐款提供献爱心渠道。该图形设计的关系提炼路径为：人与人之间握手传递温暖隐喻公益奉献爱心。

其中 ABCD 代表的具体内容为，A：握手，B：温暖，C：奉献，D：爱心；"手动输入"功能旨在告知用户需要通过键盘手动输入文字信息，该图形设计的关系提炼路径为：手指操作键盘打字隐喻文字信息的手动输入。其中 ABCD 代表的具体内容为，A：操作，B：键盘，C：手动，D：输入；"瓜分红包"功能旨在众多用户一起薅平台羊毛，分取平台奖励的红包。该图形设计的关系提炼路径为：将西瓜分成一瓣瓣切开隐喻分取平台红包。其中 ABCD 代表的具体内容为，A：分切，B：西瓜，C：分取，D：红包，如表 8.5 所示。

表 8.5　不同功能下图形隐喻类型应用分析

功能类型	功能名称	图形隐喻类型	隐喻源域	隐喻目标域
认知型功能	卡包	外观相似隐喻		
	新人礼品	外观相似隐喻		
	活动日历	外观相似隐喻		
	人工客服	外观相似隐喻		
操作型功能	新手上路	关系相似隐喻		
	爱心解囊	关系相似隐喻		
	手动输入	关系相似隐喻		
	瓜分红包	关系相似隐喻		

（二）文字隐喻设计应用分析

将表 8.6 隐喻界面应用图中部分文字类型进行分析，认知型功能采用本义进行表征,本义的选取通过现代汉语词典对语义进行确认应用。"卡包"功能旨在为用户提供银行卡增删的管理,该文字设计的提炼路径为:卡包即钱包,是指人们随身携带装钱或者其他小件物品的东西;"新人礼品"功能旨在为使用该 app 的新用户提供福利,该文字设计的提炼路径为:新人指某方面新出现的人物,礼品指为了表示尊敬或庆贺而赠送的物品;"活动日历"功能旨在为用户提供每项活动的时间展示,该文字设计的提炼路径为:活动日历,活动:为达到某种目的而采取的行动,日历:记有年、月、日、星期、节气、纪念日等的本子,一年一本,每日一页,逐日揭去;"人工客服"功能旨在通过人力为用户提供答疑帮助,该图形设计的提炼路径为人工指人力做的工,客服是指客户服务工作(接受顾客咨询,帮顾客解答疑惑),或者是承担客户服务工作的机构。

表 8.6 不同功能下文字类型应用分析

功能类型	功能名称	文字类型	应用分析
认知型功能	卡包	本义	收纳信用卡的包
	新人礼品	本义	初用系统人的礼物
	活动日历	本义	显示活动日期
	人工客服	本义	人力为客户服务
操作型功能	新手上路	隐喻	喻体(源域):新手导航 本体(目标域):系统应用新人
	零花钱大作战	隐喻	喻体(源域):作战胜败 本体(目标域):投资盈亏
	闪电理财	隐喻	喻体(源域):大自然闪电 本体(目标域):快速短期
	瓜分红包	隐喻	喻体(源域):分切西瓜 本体(目标域):分取红包

操作型功能采用隐喻进行表征,分析源域和目标域具体语义内容,

从而建立搭建两个域之间的映射关系。"新手上路"功能旨在系统通过引导指示的方式帮助初次使用该系统的用户，该文字设计的关系提炼路径为：新手上路喻体（源域）为新手开车导航，本体（目标域）为系统应用新人；"零花钱大作战"功能旨在引导用户通过零花钱这样的闲钱进行理财投资，该文字设计的关系提炼路径为：零花钱大作战喻体（源域）为作战有胜有败，本体（目标域）为投资结果的盈亏；"闪电理财"功能旨在为理财用户提供时间周期短的理财投资项目，该文字设计的关系提炼路径为：闪电理财喻体（源域）为大自然快速的闪电，本体（目标域）为快速短期的理财项目；瓜分红包喻体（源域）为多人分切西瓜，本体（目标域）为分取红包。设计效果如图 8.6 所示。

图 8.6　隐喻应用界面图

6. 移动支付系统适老化设计视觉效果展示

根据上述分析及设计导则开展设计,形成设计方案如图 8.7、图 8.8 所示。

图 8.7　"易支付"效果展示图(1)

图 8.8 "易支付"效果展示图(2)

二、移动支付系统适老化隐喻界面设计验证

（一）测试对象

经过老年用户被试筛选，确定了 10 名 60 岁以上且使用支付系统的老年用户（M=60.7,SD=1.06），其中男性 6 名，女性 4 名，均有移动支付系统界面操作经验，矫正后无视力问题。

（二）测试内容

ISO 9241-11 将可用性定义为：特定环境下产品所具有的有效性和主观满意度。有效性指用户为完成目标任务时准确率程度；主观满意度指用户使用产品时对产品的主观满意和接受度。

测试材料为"易支付"APP 界面，使用 iPhone X 对界面原型进行测试，模拟老年用户使用支付系统时的真实场景。为避免顺序效应，任务次序随机打乱。测试内容分为两个方面：完成任务准确率与主观满意度量表，表 8.7 为可用性测试任务内容以及任务准确率结果。主观满意度测量采用 5 级里克特系统满意度量表,测评内容主要为界面信息设计、界面架构、界面视觉表现。

(三)测试结果

老年用户使用"易支付"移动支付系统时行为数据表现优异,在任务准确率方面,能够较为准确地完成五项任务,寻找语音搜索的功能时准确率为 0.8±0.42、寻找扫码付款的功能时准确率为 0.7±0.48、寻找引导新用户使用系统的功能时准确率为 0.7±0.48、寻找查看消费记录的功能时准确率为 0.9±0.32、寻找献爱心做公益的功能时准确率为 0.8±0.42。结果如表 8.7 所示。

表 8.7   不同功能下文字类型应用分析

任务序号	任务 1	任务 2	任务 3	任务 4	任务 5
任务内容	寻找语音搜索的功能	寻找扫码付款的功能	寻找引导新用户使用系统的功能	寻找查看消费记录的功能	寻找献爱心做公益的功能
准确率	0.8(0.42)	0.7(0.48)	0.7(0.48)	0.9(0.32)	0.8(0.42)

在界面主观满意度方面,文字理解度、图形理解度、架构简易度和设计美观度评分整体较高,分别为 4.5±0.53、4.6±0.52、4.3±0.67、4.6±0.52,结果如表 8.8 所述。从准确率和主观满意度数据来看,老年用户对界面的准确率和主观偏好度较高,系统可用性较高,该支付系统界面的适老化设计效果较为理想。

表 8.8   不同功能下文字类型应用分析

	界面中的文字理解度	界面中的图形理解度	界面中的架构简易度	界面中的设计美观度
任务内容	4.5(0.53)	4.6(0.52)	4.3(0.67)	4.6(0.52)

本节基于导则开展支付系统设计实践,并对实践成果展开评估。首先通过分析老年用户在支付系统中的功能需求进行设计定位以及搭建信息架构,之后对具体页面进行高保真设计,最后对该界面进行可用

性评估，验证"易支付"系统适老化设计实践的图形以及文字的理解度
和界面整体的可用性。

第三节　数字医疗系统：多模态适老化交互设计实践

一、医疗自助服务系统适老化交互设计实践

1. 老年人医疗服务系统的用户研究

老年群体在使用医疗自助服务系统过程中面临着操作障碍的问题。医院的预约挂号采用预约的形式，免去大众排队挂号的时间，但是对于不会使用自助服务系统的老年人常常发生不会挂号和缴费等问题。这些问题阻碍了老年人快速就医和迈向智能时代的步伐。对现有医疗自助服务系统进行改良设计是有必要的，并通过深入的调研和实验方法分析和解决问题。首先实地观察和访谈老年人使用的情况，结合情境访谈、任务分析等了解老年人在使用过程中的问题，结合生理和心理两个角度来分析老年人的使用障碍和现有产品所存在的问题。服务系统缺乏了解老年人使用逻辑和认知习惯，让老年人不能高效且愉快地使用。也并未从老年用户出发，了解他们真正的需求。因此，应该通过调研、访谈、实验方法等途径，真正挖掘老年用户对医疗服务终端的生理和心理的需求，总结出相应的设计原则并进行改良设计实践。

2. 老年人调研访谈

前往宁波第一人民医院进行实地考察和用户访谈，了解老年人使用医疗自助系统进行预约挂号、缴费和打印报告的基本情况。首先，医院在自助机器周围设立"志愿者服务站"，为老年人提供导诊、就医咨询等服务。这类情况导致基本没有老年人自主使用自助机器，依赖于志愿者。其次，在用户访谈过程中发现老年人难以使用系统存在以下几个方面原因：

（一）老年人识别和理解系统图标困难

图标识别是导致老年使用医疗设备障碍的原因之一，多数老年人无法或难以理解现有的图标设计。尤其是与医疗相关的图标，因为这类图标不常见。在设计医疗图标时运用的"始源域"和"目标域"都不是老年人生活中常见的物体所衍生形成的。这是老年人有限的使用经验以及对目前数据时代的新产物陌生造成的。老年人对界面中图标隐喻的理解存在障碍，无法根据图标语意提示进行操作，导致交互失败。

（二）系统的字号、字间距太小

目前医疗自助服务系统界面设计违反了设计的可用性原则，包括字体小、字体颜色与背景多样复杂等影响老年人浏览信息的问题和屏幕布局过于分散、无重点等影响使用体验的问题两大类，共同导致了老年人使用难度提高。就字号、字间距问题而言，又可分为探究最适合老年人的字号和字间距的单独研究和探究老年人阅读舒适感最强的字号和字间距的组合设计研究。相较于年轻人而言，老年人需要更大的字和字间距，以便于他们能看清屏幕上的字。

（三）操作复杂，界面布局不当影响老年人的使用

老年人完成预约挂号需要操作 7 个界面才能完成。操作流程复杂，且逻辑混乱，老年人容易在系统操作中迷失方向。其二是界面布局不当，字体和图标多且密集，老年人容易被误导。由于老年人的心智模型通常不同于设计师的心智模型。这种差异体现在对数字界面层次结构、导航、点击等交互控件的不同理解。老年人在使用数字界面进行交互时，难以理解数字界面的逻辑结构，在使用界面菜单时容易出现方向混乱的问题。界面布局的秩序、美感、逻辑都会严重影响用户信息检索绩效和用户体验，其对老年人的影响尤为强烈。界面布局就是以最适合浏览的方式将文字、图片、图标和按件等零件按照一定的形式，遵循一定的视觉规律，放置于页面的不同地方。以及给予相应的视觉和听觉反馈作为引导提示，有利于老年人理解基本使用逻辑。

3. 设计实践方案

基于用户访谈调研老年人操作问题，以及老年人多模态医疗自助服务系统的交互设计原则，本节对已有的宁波第一人民医院医疗自助服务系统的首页界面进行优化设计。

（一）医疗自助服务系统的触控交互界面设计

老年人在处理信息细节、准确移动和及时控制的能力减弱，他们更倾向于使用像按下物理按钮一样有感知和反应的虚拟按钮。本文通过主客观的方式探究老年人触控输入的用户研究，设计契合用户经验和舒适的交互方式。第七章第一节研究发现老年人使用触控完成任务的时间较长，任务表现比语音差，也容易出现错误点击的情况。同时老年人在点击操作后不确定点击是否正确，系统也没有提供相关的反馈。因此在触控输入中尝试增加反馈来提高老年人的任务表现和满意度。

图 8.9 是医疗自助服务系统的界面优化设计，按照设计原则在触控输入模态中，使用按钮变大 8mm 与 600ms 响应时间的视觉反馈和语音的听觉反馈。在界面交互时，首先进入医疗自助服务系统的初始界面 8.9(a)。随后用户点击触控屏操作任务时，系统界面会给予按钮大小和颜色改变视觉反馈以及语音听觉反馈，如图 8.9(b) 所示。

（a）

(b)

图 8.9 老年人触控输入和 VC‑VS‑NA 输出多模态交互界面设计。
(a)为系统初始页面,(b)为触控操作中的反馈交互界面

(二)医疗自助服务系统的语音交互界面设计

语音输入作为一种无需过多视觉注意的无接触交互模态,为视觉障碍者以及视力衰退的老年人提供了一种有用的人机交互输入方式。该输入方式是以说话沟通的方式来完成工作,使用者感觉在与别人交流,可以提高自己使用的自信和经验。通过调研发现老年人在使用移动设备语音功能与朋友们交流时,时常会在语音消息发出后再反复听取自己的语音内容,以确认正确与否。因此,本研究在语音交互界面设计中加入语音文字内容,显示于界面中便于老年人确认自己输入的信息。

自助医疗服务系统的语音交互初始界面如图 8.10(a)所示。用户在使用过程中,首先需要调用服务机进入语音启动界面 8.10(b)。进入启动界面后,老年人通过语音的方式进行挂号等相关操作任务,同时系统也将用户的语音内容通过文字转换于屏幕中,方便用户核实,如图8.10(c)所示。

(三)医疗自助服务系统的眼控交互界面设计

眼控是对视觉要求较高的输入方式,根据老年人的认知习惯,整体眼控交互界面应清晰明确,各按钮之间排列和功能分区的颜色和大小应设计明显便于认知,避免老年人误操作。眼控输入之前,对于眼睛的

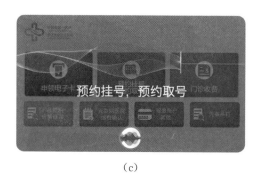

图 8.10　老年人语音交互界面设计。(a)为系统初始页面，
(b)为语音交互首页，(C)为语音操作反馈页面

校准必不可少。同时除了视觉反馈以外，添加代表眼睛位置的视标也至关重要。已有研究表明，视标颜色适合采用白色，大小为 20px[5]，以及圆形的光标从操作方便性和疲劳度两方面都得到了高度评价[6]。因此，在界面设计中本文选择圆形作为视标形状，视标颜色采用白色和20px 大小。

　　根据设计原则在眼控输入模态中，使用按钮变大 8mm 与 800ms响应时间的视觉反馈和语音的听觉反馈。在进入医疗自助服务系统初始界面后，需要进行眼睛校准确保注视交互时的准确性，图 8.11(c)。校准完毕后，用户通过眼睛注视进行界面操作时，系统界面将呈现按钮大小与颜色变化的视觉反馈以及语音的听觉反馈，如图 8.11(d)所示。

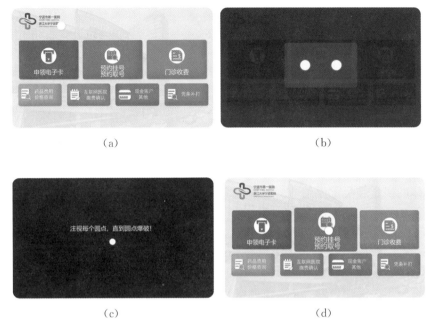

（a） （b）

（c） （d）

图 8.11 老年人眼控交互界面设计。（a）为眼控系统初始页面，（b）为眼睛注视位置的展示图，（c）为眼控交互的校准界面，（d）为眼控操作反馈页面

二、多模态适老化交互设计总结

本节以感官代偿与多模态理论交互作为基础，基于感官代偿方法介入多模态的设计思路。从老年人感官出发，构建老年人感官代偿交互路径。提炼出感官代偿设计框架，对国内外感官代偿与多模态的案例进行分析。明确了感官代偿与多模态对老年人交互的重要性，通过多感官联合的方式，结合多模态能够弥补老年人感官衰退造成的交互障碍问题。论证与评估老年人多模态输入和输出反馈的交互设计研究，并总结出适合老年人的多模态输入和输出反馈组合交互设计建议、策略和实践。

主要研究结论如下：

（一）基于感官代偿和多模态理论构建了老年人感官代偿设计框架，并分析国内外相关的设计案例研究。通过案例分析得出单一的感官代偿无法满足老年人因感官造成的交互问题，多感官联合的方式能够有效解决其问题。为后期老年人多模态交互的实验研究做铺垫。

（二）在老年人多模态交互实验研究中，第七章第一节探究了触控、语音和眼控输入模态对老年人交互的影响，结果表明老年人更适合使用语音输入。为了提高触控和眼控输入在老年人交互中的可用性。第七章第二节将感官代偿中的视觉和听觉运用于输出反馈中，探究适用于老年人的按钮变大与响应时间视觉反馈和听觉反馈类型，总结出具体的视觉和听觉反馈方式。根据第七章第二节研究结果，第七章第三节把视觉与听觉反馈结合在一起，一共组合成 4 种不同输出反馈。结果得出老年人在触控和眼控输入中，更适合按钮颜色＋按钮变大＋听觉反馈（VC＋VS＋NA）的输出反馈。基于三个实证研究结论提炼出适合老年人医疗自助服务系统的交互设计策略。

（三）根据设计策略对医疗自助服务系统界面首页进行优化设计，制作出适合老年人触控、语音和眼控输入的医疗自助服务系统。

参考文献

［1］Smith SL. Letter Size and Legibility ［J］. Human Factors, 1979, 21 (6): 661 - 670.

［2］张丽娜,张学民,陈笑宇.汉字字体类型与字体结构的易读性研究[J].人类工效学,2014,20(3):32 - 36.

［3］Cooper B A. The utility of functional colour cues: seniors' views ［J］. Scandinavian Journal of Caring Sciences, 1999,13(3):186 - 192.

［4］辛向阳.交互设计:从物理逻辑到行为逻辑[J].装饰,2015(01):58 - 62.

［5］Graupner S T, Pannasch S. Continuous gaze cursor feedback in various tasks: Influence on eye movement behavior, task performance and subjective distraction ［C］//HCI International 2014-Posters' Extended Abstracts: International Conference, HCI International 2014, Heraklion, Crete, Greece, June 22 - 27,2014. Proceedings, Part I 16. Springer International Publishing, 2014:323 - 329.

［6］Murata A, Uetsugi R, Hayami T. Study on cursor shape suitable for eye-gaze input system ［C］//2012 Proceedings of SICE Annual Conference (SICE). IEEE, 2012:926 - 931.

图书在版编目(CIP)数据

感官代偿与赋能:数字适老化设计理论、方法与实
践/侯冠华著.—上海:上海三联书店,2025.1.
ISBN 978-7-5426-8738-8

Ⅰ.D669.6-39

中国国家版本馆 CIP 数据核字第 2024G0H305 号

感官代偿与赋能:数字适老化设计理论、方法与实践

著　者／侯冠华

责任编辑／王　赟
装帧设计／徐　徐
监　制／姚　军
责任校对／王凌霄

出版发行／上海三联书店

　　　　(200041)中国上海市静安区威海路 755 号 30 楼
邮　箱／sdxsanlian@sina.com
联系电话／编辑部:021-22895517
　　　　　发行部:021-22895559
印　刷／上海惠敦印务科技有限公司

版　次／2025 年 1 月第 1 版
印　次／2025 年 1 月第 1 次印刷
开　本／710mm×1000mm　1/16
字　数／300 千字
印　张／21.5
书　号／ISBN 978-7-5426-8738-8/D·666
定　价／88.00 元

敬启读者,如发现本书有印装质量问题,请与印刷厂联系 13917066329